Spanish AS

ánimo 1

Isabel Alonso de Sudea
Vincent Everett

OXFORD
UNIVERSITY PRESS

Welcome to Ánimo!

The following symbols will help you to get the most out of this book:

🎧 listen to the recording with this activity

S 🎧 this item is also on the *Ánimo solo* recording

👥 work with a partner

👥👥 work in a group

📖 use a dictionary for this activity

Gramática an explanation and practice of an important aspect of Spanish grammar

➡ 160 refer to this page in the grammar section at the back of the book

➡ W65 there are additional grammar practice activities on this page in the *Spanish Grammar Workbook*

 Extra additional activities on Copymaster to extend what you have learned

 Frases claves useful expressions

Técnica practical ideas to help you learn more effectively

 Se pronuncia así pronunciation practice

We hope you enjoy learning with Ánimo.

¡Buena suerte!

Índice de materias

Puente

By the end of this unit you will be able to:

- Describe the area you live in
- Speak and write about a Spanish-speaking region or country
- Speak and write about yourself in some detail
- Understand and research some key events in Spanish history
- Write a profile of a country, person or period of history
- Use the infinitive after the verb *soler*
- Recognize and use gender markers correctly
- Make adjectives agree, shorten and place them accurately
- Use spelling change verbs in the present tense
- Write a brief description
- Record and learn vocabulary effectively
- Pronounce the five vowel sounds correctly

¡BIENVENIDOS A ÁNIMO!

1a 🎧 España en cifras. Escucha el comentario y escoge la foto adecuada.

1b 🎧 Escucha otra vez y empareja una cifra con cada foto.

1937	casi 1.000m	20%	50 millones
1975	785 d. de C.	400	1.200.000	163

1c Escoge un título adecuado para cada foto.

La juventud – nuestro porvenir
Una iglesia estrafalaria
Nuestra herencia romana
La familia real de España
Invasión siglo XXI
El ornamento del mundo – patrimonio mundial
La tercera edad
El espíritu creativo
Paisaje extraordinario

1d Escribe algunas frases sobre cada foto.

Ejemplo: **D** – *España es una democracia parlamentaria y tiene un rey que se llama Juan Carlos I.*

Gramática   ⇨ 169

Cardinal numbers

- *Uno* changes to *un* before masculine nouns, e.g. *veintiún años.*

- *Unos, unas* indicate approximation, e.g. *unas cincuenta personas* – about 50 people.

- *Ciento* changes to *cien* before nouns and the words *mil* and *millones*, e.g. *cien euros; cien mil habitantes; cien millones.* Note that *millones* is followed by *de* before another noun: *cien millones de premios.*

- From 200 onwards the hundreds have a feminine form: *doscientas personas.*

Ordinal numbers

- From eleventh onwards cardinal numbers are normally used: *Carlos quinto* (V) but *Alfonso doce* (XII).

- Remember: *primero* and *tercero* shorten to *primer/tercer* before masculine singular nouns.

Extra Completa las actividades en las Hojas 1 y 2.

Recorriendo las Españas

¿Cómo es la vida en España? Todo depende de la región donde vivas. Cuatro jóvenes hablan de su "patria chica".

Victoria

Omar

¡Saludos desde el Principado de Asturias!

Me llamo Victoria y vivo en Gijón, en el norte de España. Es una ciudad antigua de unos 500 mil habitantes con barrios modernos y un puerto industrial. Asturias tiene valles verdes entre montañas grises que llegan a las olas azules del mar.

Vivo en el casco viejo con mis padres – ambos son profesores en Oviedo, la capital de la Autonomía.

Hago bastante deporte y me encanta el surf. Por la semana suelo levantarme temprano para coger las mejores olas antes de ir al cole y los fines de semana mis amigos y yo solemos pasarlos en la playa – verano e invierno, ¡no importa el tiempo!

Aquí lo pasamos bien porque tenemos todo a mano. El único problema es que estamos un poco aislados.

¡Hola! Yo me llamo Omar y vivo no muy lejos de Lorca, un pueblo que data desde los moros, en Murcia, en el sureste del país. Mis padres son de Marruecos pero yo nací aquí y soy español – es más, soy murciano.

Cuando era niño mis padres solían hablarme de su país y sus costumbres y siempre solíamos comer a lo marroquí. Mi padre es agricultor y mi madre es ama de casa. Gran parte de los marroquíes trabajan en los cultivos de frutas y legumbres en esta región y dicen que no es un buen trabajo y pasan un mal rato.

Aunque me gustan los deportes y antes solía jugar al baloncesto en el equipo local, prefiero la música y por las tardes suelo practicar con un grupo. Nos llamamos Los Tarifeños. La semana entrante voy a grabar mi primer CD.

1a 🎧 Escucha y lee los dos textos de arriba.

1b Contesta a las preguntas.

1 ¿Cómo es su ciudad/región?
2 ¿Qué suelen hacer?
3 ¿Qué (no) les gusta?

Extra Completa las actividades en la Hoja 3.

Jordi

Pues, vivo en Sant Lluis, una aldea bonita no muy lejos de Maó, la capital de Menorca. Tiene unos 3.000 habitantes nada más y es muy tranquila, pintoresca y encantadora.

Sí y no ... pues, todos creen que lo pasamos bomba con tantos turistas pero no te creas ...

Porque no sólo son ruidosos sino que también dejan bastante basura por todas partes. Pero aportan dinero y de eso vivimos así que hay que ser práctico.

Mucho, mucho ... por ejemplo en Maó está el puerto deportivo e industrial, un poco más lejos está Cales Coves, un sitio neolítico ...

Pescar y comer mariscos y beber la ginebra local y, por supuesto, servir a los turistas. Hay algunas discos pero no hay muchos cines.

Bueno, antes solía trabajar en la oficina de turismo pero ahora soy empleado del nuevo aeropuerto.

2a 🎧 Escucha y anota las preguntas.

2b Escribe un reportaje breve sobre la isla de Menorca.

Silvana

3a 🎧 Escucha y anota las respuestas.

3b 👥 Practica el diálogo usando las preguntas de 2a.

4a Lee los textos otra vez y anota las palabras y frases que son aptas para ti.

4b 👥 Haz un diálogo con tu compañero/a usando las preguntas de las actividades 1, 2 y 3.

Frases claves

Vivo en + un pueblo/una aldea/una ciudad/una región
Es histórico/pintoresco/antiguo/moderno/industrial
Hay un parque/museo/polideportivo
No hay piscina/biblioteca
Algo/muy/bastante/poco
Tanto ... como/tan ... como
No sólo ... sino también ...

5 📖 Escribe una descripción breve de tu región o barrio. Usa las frases claves y los textos como modelo. Busca otras palabras descriptivas.

Gramática ⟹ 156, 162 ⟹ W9, W32

Revise the formation and uses of the present tense.

● The infinitive is used after the verb *soler*.

  Soler – to be used to doing something – is only used in the present and imperfect tenses: *Suelo trabajar*, *solía levantarme*. Remember that pronouns are attached to the end of infinitives.

Revise the agreement of adjectives.

● Adjectives ending in a consonant add *es* for the plural.

● Some adjectives shorten before masculine singular nouns.

● There is a form of present participle used as an adjective:

  -ar → -ante
  -er/-ir → -iente

  al día siguiente, la semana entrante, agua corriente
  These have a plural form and must agree.

(A) Re-read the texts opposite and note down examples of *soler* and adjectival agreements.

(B) Write further examples of your own based on your routines and life at home.

Otros países hispanohablantes

¡Unos 400 millones de personas hablan castellano en 23 países del mundo!

Mar Caribe
Costa Rica
Perú
Océano Pacífico

Centroamérica: Costa Rica

Rosa María

1 Dicen que mi país es uno de los más bonitos y pacíficos de Latinoamérica y francamente estoy de acuerdo. Se sitúa entre dos océanos, el Pacífico y el Atlántico o el mar Caribe y tiene 3.800.000 habitantes que viven en 51 km² de tierra – pero no es un país tan pequeño como El Salvador.

2 Vivo en Puntarenas, un pueblo costeño del Pacífico a unos 110 km de la capital, San José. La mayoría de la gente (los ticos) son descendientes de los españoles pero un 2% son indígenas y hablan su idioma nahua (que es parecido a la lengua azteca) y en la costa caribe hay un grupo de ascendencia africana que habla inglés-patois.

3 Costa Rica es un tesoro ecológico – un 5% de la biodiversidad del mundo entero se encuentra aquí y un 25% de la tierra es protegido en parques nacionales. Hay una enorme variedad – de bosques nubosos, selva tropical, playas extensas, manglares* y volcanes. El punto más alto se llama Monte Chiripó a 3819 m. De la historia del país lo más importante es que desde 1948 no hemos tenido ejército – por eso nos llaman la pequeña Suiza – ¡y uno de nuestros presidentes era un poeta famoso!

1a 🎧 Escucha y lee el texto.

1b ¿A qué párrafos del texto corresponden las imágenes?

A   B

1c Completa el último párrafo con los verbos adecuados.

> oigo   conozco   tengo   salgo   siguiendo
> me pongo   persiguiendo   sé

1d 📖 Inventa un título para cada párrafo.

1e Escribe una frase para resumir cada párrafo.

2a Mira el mapa y escribe los nombres de los otros países centroamericanos.

2b Escoge otro país centroamericano y presenta su perfil nacional.

4 .... suerte porque durante las vacaciones trabajo como voluntaria en la reserva biológica de los bosques nubosos de Monteverde. .... el uniforme diario – vaqueros, botas y camisa de manga larga. .... en un jeep a inspeccionar mi área designada – y ayudo a los turistas que vienen en busca del ecoturismo, ... el quetzal elusivo. Aquí hay 850 especies de pájaros incluyendo el tucán, que es el símbolo de mi país. Por la noche .... a los monos aulladores y a toda clase de animales nocturnos. Cuando estamos .... los senderos de la selva tenemos que tener mucho cuidado. No .... bien los otros países de Centroamérica pero .... que hay bastante pobreza aunque Costa Rica parece ser uno de los países más prósperos porque hay bastante turismo además de exportaciones de café y plátano.

* manglares   *mangrove swamps*

8

Gramática ⇨ 162 ⇨ W34

Spelling change verbs – present tense

- Some verbs are not really irregular but they do have an irregular first person singular, e.g. *pongo*, *salgo*. Note them down and learn them.

- Some present participles or gerunds of *-ir* verbs change their spelling from *e* to *i* and *o* to *u*:

sentir → sintiendo   seguir → siguiendo

dormir → durmiendo

(A) Re-read the text and note down examples.

(B) Write down the infinitives for these verbs:

digo   voy   estoy   veo   doy   traigo   vengo

Sudamérica: Perú

Roberto

Hola, ¿qué pasa? Me llamo Roberto y vivo en Pisco a unos 220 km de Lima, la capital peruana. Tengo 17 años y estoy cursando el bachillerato y al mismo tiempo ayudo en el restaurante de mi abuelo que se llama La Charanga.

Nuestra familia vive aquí desde hace años aunque somos de la sierra y todos hablamos quechua, el idioma indígena, al igual que español. Tengo dos hermanos y tres hermanas y nos queremos mucho aunque nos vemos todos los días.

Soy bastante alto de ojos negros y pelo liso. Me encanta la vida aquí en la costa porque siempre hay algo que hacer – hay muchas fiestas y las montañas están cerca. Me fascina hacer senderismo en los Andes o salir a las islas de Ballestas en el velero con mi padre. Solemos pescar o a veces hago buceo. Nunca me aburro y pienso quedarme aquí siempre aunque a muchos de mis amigos les aburre la rutina y quieren viajar o estudiar en el extranjero.

3a Lee la carta de Roberto y completa su ficha personal.

Nombre _____		Aficiones _____
Edad _____		Profesión _____
Nacionalidad _____		Idiomas _____
Familia _____		

3b Describe a Roberto.

Ejemplo: Es un chico que vive en Pisco …

3c 👥 ¿Quién es? Da una descripción (oral o por escrito) de otro/a compañero/a de clase. Tu compañero/a tiene que adivinar quién es.

3d Escribe una carta similar con tus datos personales.

4 🎧 Escucha los datos y toma notas para completar su ficha personal.

5 Busca en Internet datos sobre personajes interesantes de otros países sudamericanos y escribe su perfil personal.

Gramática ⇨ 168 ⇨ W36

Gustar and similar verbs

The verb *gustar* and others like it (*fascinar*, *molestar*, *aburrir* etc.) must agree with the subject, not with the person who likes or dislikes something. For clarity use an emphatic pronoun – *a mí, a ti, a él, a ella, a Roberto, a nosotros, a vosotros, a ellos, a ellas, a las chicas.*

A él le gusta   A mí no me molestó

A ti te tocará   A María le fascinaba

(A) Write sentences using the examples above about your likes and dislikes.

Extra Completa las actividades en la Hoja 4.

Panorama histórico

España – cruce de culturas y una sola nación

1a Estudia las imágenes.

1b Escucha. ¿A qué imagen se refiere? Empareja los textos y las fotos.

Ejemplo: 1 = 1492

1c Lee los textos de la página ll y emparéjalos con las fotos que sobran.

Ejemplo: 1 = 1936–1939

1d Busca en Internet otros detalles y escribe otra frase para cada foto.

1478

1516–1556

1556–98

1810

18.000–14.000 a. de C.

218 a. de C.–476 d. de C.

711–1492

1492

Gramática ⇨ 153 ⇨ W5

Genders

- All nouns in Spanish are either masculine or feminine.
- Knowing the gender of a noun is very important as it has a 'knock-on' effect for the whole sentence. It helps you to:

  – choose the correct determiner:

  el/la → los/las   un/una → unos/unas

  del/de la   al/a la

  este/esta → estos/estas

  nuestro/nuestra/vuestro/vuestra

  – choose the correct pronoun:

  lo/la/le/los/las/les

  – make adjectives agree correctly.

1936–1939

1939–1975

1981

1982

1992

1996

1 La foto de Robert Capa se convirtió en el gran símbolo de la Guerra Civil española que asoló al país y mató a más de un millón de sus hijos.

2 Otro año clave vio el comienzo de la Inquisición – un cuerpo de policía religioso que persiguió a todos los que no se convirtieron a la fe católica en nombre de los Reyes Católicos Isabel y Fernando que querían unir al país.

3 Año quinquenal de cuatro celebraciones importantes – los Juegos Olímpicos de Barcelona, la Expo de Sevilla, Madrid como capital de la cultura europea y el festival del Sefarad en la sinagoga central.

4 Estas cuevas prehistóricas de Cantabria tienen ejemplares espectaculares del arte primitivo pintados en colores vivos.

5 La noche del 23 de febrero de 1981 asustó a muchos españoles cuando un coronel pensó que pudo derrotar la transición a la democracia con un golpe de estado. No contó con la rápida e inteligente respuesta de un joven rey.

6 Otro emperador, Carlos I, fue nombrado el quinto emperador real de todo el imperio de Hapsburgo y España y empezó una época gloriosa llamada el Siglo de Oro.

7 Cuando llegaron los moros a la península desarrollaron una civilización brillante.

8 Este joven abogado de Sevilla fue el primer ministro socialista que duró 14 años como líder del país y esto apenas siete años después de la muerte del dictador.

9 Trajano, el primer emperador romano hispano (98–117 después de Cristo), aumentó el imperio.

10 La independencia de las colonias españolas en Latinoamérica comenzó con el "Grito de Independencia" cuando Simón Bolívar, siguiendo el ejemplo de la Revolución francesa, comenzó su lucha por liberar al pueblo latino.

● Here are some typical endings for nouns:

Masculine   -o -e -l -r -u -y

Feminine   -a   -ción/sión/ión   -dad/tad/tud   -dez   -ed   -ie   -iz   -sis   -umbre

A   From memory write a list of words which follow this rule. How many can you do in two minutes? Compare your list with that of a partner.

B   Re-read all the texts so far and find further examples; then look for exceptions and make a list and learn them.

C   Why do we say *el agua fría* and *tengo mucha hambre*? Write down the rule and learn some further examples.

Caras españolas

Éstas son unas caras que han perdurado a lo largo de la historia de España. Cada país latinoamericano también tiene sus héroes y heroínas.

Alfonso el Sabio
1252–1284

El Cid 1043–1099

Miguel de Cervantes
1547–1616

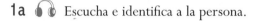

Los Reyes Católicos
1474–1516

Santa Teresa de Ávila
1515–1582

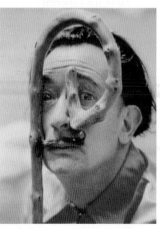

Salvador Dalí 1904–1989

1a 🎧 Escucha e identifica a la persona.

1b 🎧 Escucha otra vez y añade otros datos.

1c 👥 A jugar con tu compañero/a: ¿Quién soy?

  1 Da fechas.
  2 Da otros datos.

1d Clasifica a cada persona.

  Ejemplo: El Cid – soldado (mercenario)

Federico García Lorca
1898–1936

Dolores Ibarruri
1895–1989

Miguel Induraín 1964–

Montserrat Caballé 1933–

2a Lee los obituarios y escoge los adjetivos apropiados para completarlos.

2b  Escucha y verifica.

2c Traduce al inglés el segundo texto.

España ha perdido a dos de sus escultores renombrados

1 El escultor vasco Eduardo Chillida murió anoche a los 78 años. Este .... hombre, prominente entre varios .... escultores vascos, nació en San Sebastián el 10 de enero de 1924. Su .... amor fue el fútbol; fue portero de la Real Sociedad pero después de sufrir una lesión en la rodilla decidió estudiar arquitectura en Madrid. Abandonó sus estudios en 1947 y se dedicó a la escultura. ¡Dicen que su sentido del espacio se debe mucho a su intuición como .... portero! Trabajó con hierro siguiendo una forma .... ibérica – también trabajó con piedra, hormigón y madera pero su fama se creó con el hierro. Sus obras más .... son *Peines del Viento* – un grupo de tres formas en línea sobre las rocas al oeste de la playa de San Sebastián. Murió antes de poder terminar su obra concebida para la montaña de Timanfaya en la isla de Lanzarote en las Canarias.

2 La muerte trágica y .... del artista Juan Muñoz ha conmovido al país. En pleno apogeo – apenas cumplidos los 48 años – era el artista más .... e individual de la época postfranquista. Hasta septiembre pueden ver sus instalaciones .... y atrevidas, tituladas *Double Bind*, en el Turbine Hall en el Tate Modern de Londres. .... en Madrid en 1953 (junio 17), el segundo de siete hijos, se fue a Londres en los años 70 para estudiar en la Escuela de Croydon y después en el Central School. Allí conoció a su esposa, la escultora Cristina Iglesias.

---

complejo   buen   nacido   gran   distinguidas
repentina   enormes   primer   otros   indígena

Gramática ⇨ 156 ⇨ W10

Position of adjectives

● Most adjectives go after the noun they describe.

● Some can be placed before *or* after the noun.

● Some even change their meaning depending on whether they are placed before or after the noun.

● A very few always come before the noun.

● When there is more than one adjective
  – If they are equally important, put them after the noun and join them with *y/e*.
  – If one is less closely connected to the noun, put it before it.

(A) Find examples of each of the above in the texts and then make up further examples of your own.

3a  Escucha la entrevista.

3b Escoge el interrogativo adecuado y anota las preguntas.

¿Cuál?   ¿Quién?   ¿Cómo?
¿Cuánto?   ¿Cuándo?
¿Dónde?   ¿Qué?   ¿Por qué?

3c Escoge la respuesta adecuada (A–H).

A Fue en Melbourne, Australia, en 2001.
B Soy de Oviedo, capital del Principado de Asturias en el norte de España.
C Aparte de mi padre es sin duda Michael Schuhmacher – y también tengo respeto al colombiano Juan Pablo Montoya.
D Pues, nací el 29 de julio de 1981 así que soy Leo.
E Tenía unos trece años, creo.
F Porque es un progreso natural si uno es fanático del deporte del automovilismo.
G Muy orgulloso de ser el primer español en subir al podio.
H Bueno, obtuve mi primera victoria en karting.

3d Escribe la entrevista y practícala con tu compañero/a.

4a Torbellino de ideas. Contrarreloj escribe tu propia lista de españoles conocidos.

4b Compara tu lista con la de tu compañero/a.

4c Consulta a la clase y escribe una lista definitiva 1–10.

5a Busca en Internet los datos personales de tu personaje favorito español.

5b Tu compañero/a va a entrevistarte. Por turnos practicad la entrevista.

Extra Completa las actividades en la Hoja 5.

A escoger

1a S🎧 Escucha y contesta a las preguntas para cada foto.

    1 ¿Cómo se llama?

    2 ¿Dónde se encuentra?

    3 ¿Por qué es conocida la persona?

1b Escribe tres datos más para cada foto.

2 S🎧 Escucha y toma notas sobre algunas regiones de España.
- ◆ Su situación geográfica
- ◆ Su gente
- ◆ otro(s) detalle(s)

3 👥 Repasa las páginas anteriores y describe a una persona o un evento histórico. Tu compañero/a tiene que adivinar de quién o de qué trata.

4 Escribe un autorretrato.

Se pronuncia así S🎧

Vowels (a e i o u)

(1) Listen and practise the vowels.

Alba Arbalaez abre su abanico amarillo amablemente.

Enrique Esquivel escoge el edredón más elegante.

Inés Iglesias indica que es imposible ingresar allí.

Óscar Ordóñez odia las hojas otoñales.

Umberto Umbral usa un uniforme ultramoderno.

(2) Invent other examples and practise them.

Técnica

Grammar learning tips

- Go back and re-read or re-listen to texts and make a list of all the irregular nouns like *el día*, *el mapa*, *la radio*.

- Which are the main adjectives that shorten before a masculine noun? Make a list and learn them.

- Write the rules about the position of pronouns on to 'learning cards'.

- Make some verb cards to help you learn the verbs *ser, estar, tener, hacer* and *ir* in different tenses. Add to these as you meet more tenses.

Técnica

Vocabulary

- Remember, you don't need to learn every word you come across!
- Choose a way that suits your learning style – oral, visual or aural. You could use a notebook, cards or a cassette.
- Keep separate logs:
  - words you need to be able to recognize
  - words you must know by heart and be able to use.
- Set out each word clearly, highlighting the gender of nouns.
- Don't forget the little words or HFWs (high frequency words).
- Always learn meaning, pronunciation, gender and spelling.
- Follow these stages: look, say, cover, write and check.
- There are many useful strategies for vocabulary learning, e.g. you can look for pairs, learn opposites, make up word families or make word webs of concepts.

La familia

By the end of this unit you will be able to:

◆ Discuss the values of young people

◆ Talk about the causes of conflict between generations

◆ Comment on specific differences between the generations in Spain

◆ Take notes when listening

◆ Make comparisons

◆ Use possessive pronouns

◆ Use verbs with irregular preterite forms

◆ Use the subjunctive in the present tense in sentences of wanting, requesting and advising

◆ Use the personal *a*

◆ Use positive and negative imperatives

◆ Understand the different meanings suffixes give to words

1 Con tu grupo, decide qué merece cada situación.

¿Y qué?   ¡Caramba!   ¡Qué pena!   ¡Trágame tierra!

1 Le dije a mi madre que no fumo, pero encontró mis cigarrillos en el bolsillo de mi chaqueta.

2 En un mes la factura del móvil fue de €150, y mi padre es quien la paga.

3 Mi madre tiene novio nuevo y los dos quieren salir conmigo y con mi novio.

4 Me hice el piercing del ombligo y no se lo dije a mi madre, pero luego se infectó y tuve que confesar.

5 A los dieciséis años no aguantaba vivir más con mi madre, entonces fui a vivir con mi novio.

6 A mi madre no le gusta que no le diga cuando voy a llegar tarde, pero me paso por completo.

7 Si mis padres quieren regañarme, voy a mi dormitorio y hablo con mis amigos en el "chat".

2 En tu opinión, ¿qué provoca más conflicto entre los jóvenes y sus padres? Pon en orden los siguientes factores, luego compara tu lista con la de tu compañero/a.

> fumar   beber   comprar ropa
> sacar malas notas en el instituto
> salir con los amigos   gastar dinero
> pasar horas con el ordenador   invitar a los amigos

3 Utiliza las ideas del ejercicio 2 para completar las frases.

1 A los padres no les importa que si nosotros …

2 Con los padres es difícil para nosotros …

3 Los padres se ponen enojados cuando nosotros …

4 ¿A veces tienes diferencias de opinión con tu familia? ¿Tienes algunos ejemplos personales que puedas compartir con tu grupo?

Extra Completa las actividades en la Hoja 6.

Iconos de los jóvenes

¿Cuáles son los valores de los jóvenes españoles?

Nueve iconos para conocer a los jóvenes españoles

1a Haz corresponder los siguientes comentarios con las fotos.

> ¿Regalos? Prefiero dinero.

> Un pendiente, pero más rebelde

> Ya somos lo bastante adultos como para decidir si nos hace daño.

> Emborracharse – es normal, ¿no?

> ¿Es de verdad? ¿Duele mucho?

> Nuevos amigos por el mundo entero

> El último grito de la moda

> Nunca estoy fuera de contacto con la pandilla.

> No como en mi casa, pero no paro de comprar chucherías.

1b 🎧 Preguntamos a tres españoles cuál de nuestros iconos simboliza mejor a los jóvenes. Escucha la entrevista y completa la ficha.

Los iconos mencionados	El icono más importante	Razones

1c 🎧 👥 Selecciona a uno de los tres españoles. Escucha y toma apuntes. Trata de repetir sus argumentos a tu grupo. Empieza con: "Dice que …" o "Piensa que …".

2 Selecciona otro de los "iconos". Prepara algunos argumentos explicando:
- ◆ por qué simboliza a los jóvenes
- ◆ por qué causa conflicto con los mayores.

3 Haz una lista personal de los "iconos" de la juventud en tu país. Justifica tus iconos.

Técnica

Listening skills

● Use all the information available before you start.

Read any questions to see if the order helps you work out the structure of the listening. Think about the kind of information the questions will require.

● When listening for the first time:
 – Keep track of who is speaking.
 – Keep track of what question you are on.
 – Listen for specific words or information you were expecting to hear.

● Invent your own system of abbreviations.

● Constantly revise whether you can make sense out of what you hear.

If you have heard the sound of a word accurately, think carefully about how it would be spelled in Spanish. Could you be hearing several words as one?

If you can stop and repeat your own tape, alternate between focusing on important detail, and on making broad sense of the overall section.

Gramática ⇨ 157 ⇨ W11

Comparatives

● To compare things, use *más … que*, *menos … que*, or *tan/tanto … como*.

Mi hermano no es más inteligente que mi hermana.

Mi hermano es menos inteligente que mi hermana.

Mi hermano no es tan inteligente como mi hermana.

● *Mejor* is used for 'better'. *Peor* means 'worse'.

Es mejor hablar varios idiomas. Mi alemán es peor que mi español.

● *Mayor* means 'greater'. The opposite is *menor*, meaning 'lesser'.

They can also refer to age, meaning 'older' and 'younger'.

Mi hermano Jorge es menor que yo. Miguel es mayor.

● To say something is 'as … as' something else, use *tan … como*.

To say 'as much as', use *tanto como*.

Mi hermana no gana tanto (dinero) como mi hermano.

(A) Choose the most appropriate words: *más*, *menos*, *tan*, *tanto*, *que* or *como*.

1 El dinero no es …….. importante ….. los amigos.
2 La familia es …… importante …. los amigos.
3 No me gusta la música ……. ……. las películas.
4 Compro …….. ropa ……. discos.
5 Paso ……. tiempo en mi dormitorio ….. en la calle.
6 La relación con mis padres es ….. complicada ….. la relación con mis hermanos.

4 Prepara un juego de tarjetas así:

la privacidad

la libertad · la seguridad

la educación · la autoridad · la confianza

la estabilidad · la comprensión

la tolerancia

Con tu compañero/a, organiza las tarjetas en forma de diamante, desde lo más importante hasta lo menos importante. Si quieres tocar una tarjeta, tienes que explicar por qué.

Ejemplo: "Creo que la seguridad es **más importante que** la privacidad … porque tus padres necesitan saber dónde estás."

5a Lee los comentarios de abajo. ¿Quién dice que se lleva bien con su pariente? ¿Quién no?

5b Haz una lista de las opiniones y emociones que se expresan.

Ejemplo: No lo aguanto. Es pesado.

5c Escribe un párrafo para describir tus relaciones con tu familia.

Marco
Yo no aguanto a mi hermano: es muy pesado.
Me hace sufrir, con sus chistes tontos y sus bromas.

Paula
Echo de menos a mi hermana. Se casó, y ahora casi no la veo.

Isabel
Quiero a mi tía, es mi madrina y es muy amable.

Ricardo
No puedo ver a mi tío. No sé por qué: Me cae mal.

Rosa
Adoro a mi sobrino, es muy tierno, me gustaría tener un niño como él.

Sergio
Adoro a mis padres. Hacen todo por mí, y nunca me regañan.

Claudia
Mi padre me hace sentir muy querida. Tiene muchos detalles conmigo, aunque no lo veo mucho.

Extra Completa las actividades en la Hoja 7.

El conflicto entre las generaciones

¿Cómo se explican las diferencias entre los jóvenes y los mayores?

1a Antes de leer, trata de poner en orden cronológico las siguientes generaciones:
- ◆ La primera generación en ir a vivir en la ciudad
- ◆ La primera generación en no hacer un esfuerzo para mejorar su vida
- ◆ La primera generación en recibir una educación
- ◆ Las generaciones que pasaron toda su vida en una misma región

1b Al leer el texto, comprueba si tenías las generaciones en el orden correcto.

1c ¿En qué párrafos se mencionan …?

el campo   la ciudad   las vacaciones
la religión   el trabajo   los ratos libres
la educación   las pensiones   la migración

1d ¿Quién expresa su punto de vista?

Montse   Su madre   Su abuelo   Su bisabuelo

1 "Lo más importante es la familia y el trabajo."
2 "He visto grandes cambios en la sociedad."
3 "Soy española, europea, y ciudadana del mundo."

2 Sustituye las palabras subrayadas con la forma correcta del pronombre posesivo. Ver la casilla Gramática en la página 19.

Ejemplo: **1** *la suya*

1 Montse dice que sus abuelos tenían una vida muy diferente a <u>su vida</u>.
2 Los padres de Montse tuvieron una educación mejor que <u>sus padres</u>.
3 Montse dice que la generación de sus padres era más trabajadora que <u>su generación</u>.
4 Montse dice: "La generación más apática es <u>mi generación</u>."
5 Su padre dice: "La generación más afortunada es <u>tu generación</u>."

Considero que me llevo bien con mi familia pero a veces no me explico por qué no nos entendemos. He tratado de investigar las diferencias entre nuestras formas de vida:

1 Los abuelos de mis abuelos
Mis bisabuelos vivían de forma muy similar a sus propios abuelos: Una vida dedicada al trabajo en el campo. El calendario religioso marcaba el ritmo del año.

2 Mis abuelos
Mis abuelos paternos nacieron y se conocieron en un lugar que se llama Zamarramala, pero dejaron el campo para irse a vivir a Barcelona, en busca de mejores condiciones de vida. Mucha gente se había ido ya a América o a Europa. Para ellos la ciudad era un lugar extraño, pero cualquier trabajo era bueno si les permitía dar de comer a la familia.

3 Mis padres
Mis padres crecieron en la ciudad. Sus padres insistieron en que sus hijos recibieran lo que ellos no habían recibido: una educación adecuada. Eran a la vez la generación con nuevas libertades sociales, y el poder económico para disfrutarlas. Nuevos conceptos surgieron: el ocio, los derechos de las mujeres, las vacaciones, invertir para la vejez, comprar una casa en el campo.

4 Mi generación
Siento que vivimos en un mundo cambiado. Es un mundo internacional. Mi padre trabaja para una empresa alemana, tenemos un coche francés, vamos de vacaciones a Australia, y en el instituto estudio dos idiomas extranjeros. Pero tal vez no doy la prioridad que debería a mis estudios. Mi generación es la primera que parece contenta con lo que tiene. No tenemos ganas de cambiar el mundo, pero me pregunto si nuestro mundo no va a seguir cambiando a pesar de nosotros.

Montse Sagunto

3a Prepara un debate. Primero prepara tus argumentos. Decide: ¿Cómo explicas tú los siguientes conflictos?

   a Es un problema universal entre adultos y jóvenes
   b Está provocado por cambios en la sociedad española.

   gastar dinero   los amigos   los estudios
   las ambiciones   los valores

3b Busca evidencia en el texto para confirmar tu opinión.

3c 🗣 Discute tus opiniones con el grupo.

Gramática ⇨ 155 ⇨ W28

Possessive pronouns

● *El mío, el tuyo, el suyo, el nuestro, el vuestro, el suyo* are used to replace a noun:

Mi padre es más rico que **tu padre**. → Mi padre es más rico que **el tuyo**.

● Remember that the ending of the adjective or pronoun agrees with the object or person possessed, not the owner.

Mi **madre** es más distraida que **la suya**.

Sus **abuelos** no conocían a **los nuestros**.

Ⓐ Choose the correct form for these sentences.
   1 Mi abuela vivía en una casa cerca *del nuestro / de la mía*.
   2 Mi padre no está contento que yo tenga un coche mejor que *el mío / el suyo*.
   3 En la casa de mi amigo tienen un televisor idéntico *al nuestro / a la nuestra*.
   4 Su vida es muy diferente *a la nuestra / al nuestro*.

4 🎧 Vas a escuchar a tres padres hablando del comportamiento de sus hijos. Luego escucharás a los hijos dando su punto de vista sobre el mismo incidente.

   a ¿Puedes relacionar la versión de cada adulto con la versión de su hijo?
   b ¿Puedes identificar las diferencias entre las dos versiones?

Completa una ficha así:

Incidente	Información en común	Diferencias de información

5 Imagina que tus padres te regañan por uno de los siguientes incidentes. Escribe tu versión de lo ocurrido. Para hablar de lo que pasó, necesitas el tiempo pretérito. Ver la casilla Gramática.

   a Te montaste en moto sin permiso.
   b Tu profesor llama a tu casa para hablar con tus padres sobre algo que pasó en el instituto.
   c Compraste un perro sin decirle nada a tu madre.

Gramática ⇨ 163 ⇨ W39

Irregular verbs in the preterite

● Revise the formation and uses of the preterite.
● Listen again to the young people and parents in exercise 3. Can you hear the preterite of any of these verbs?

hacer: hice	poder: pude	ver: vi
saber: supe	poner: puse	ir: fui
decir: dije	estar: estuve	ser: fui
tener: tuve	traer: traje	
querer: quise	dar: di	

● A group of these verbs have unusual stems, and the spoken stress falls on the penultimate syllable:

hice   quise   puse   pude   estuve   tuve   supe

Their endings follow the pattern:

puse   pusiste   puso   pusimos   pusisteis   pusieron

● Some verbs look irregular in the first person, but sound regular. The spelling change is to preserve the normal pronunciation:

pagar: pagué   sacar: saqué

Ⓐ Put the correct verb in these sentences.
   1 (*You went*) a un botellón.
   2 Un amigo mío os (*he saw*) allí.
   3 No lo (*I could*) creer cuando me lo dijo.
   4 Ya te (*I said*) que no me gusta.
   5 Si crees que no lo (*I knew*), te equivocas.
   6 Te (*you put on*) las zapatillas de tu hermano.
   7 Nadie (*had*) ganas de volver a casa.
   8 No lo (*I did*) a propósito.
   9 (*He came*) a casa y (*he wanted*) hablar contigo.

La familia en crisis

Lo que deberíamos hacer, lo que queremos hacer, y lo que quieren que hagamos ...

Gramática   ⇨ 166 ⇨ W53

The subjunctive with verbs of wanting, requesting and advising

A good way to think of the subjunctive in Spanish is that it is used where the two halves of a sentence don't fit together smoothly.

In English these sentences seem normal:
I want you to help me.
My parents don't want me to be a dentist.

In Spanish, they sound very strange before you've even finished:
I want you – *Te quiero*
My parents don't want me – *Mi padres no me quieren*

> Quiero que mis padres me hablen.

> Mis padres esperan que vaya a la universidad.

> Mis padres quieren que sea ama de casa.

> Mis padres insisten en que llegue a casa antes de las once.

> Mis padres no permiten que invite mis amigos a casa.

> Mis padres insisten en que no salga hasta que termine mis deberes.

Gramática   ⇨ 165 ⇨ W53

The formation of the subjunctive

- To form the present tense of the subjunctive, use:
  – -*er* endings for -*ar* verbs:
  hab**le**   hab**les**   hab**le**   hab**lemos**   habl**éis**   hab**len**
  – -*ar* endings for -*er* and -*ir* verbs:
  com**a**   com**as**   com**a**   com**amos**   com**áis**   com**an**
- Verbs like *tener* (*tengo*), *hacer* (*hago*) and *conducir* (*conduzco*) keep the irregular stem for all persons:
  teng**a**   teng**as**   teng**a**   teng**amos**   teng**áis**   teng**an**
- The following verbs have irregular stems:
  ir: vaya   ser: sea   saber: sepa   haber: haya

You have to put the whole sentence together, keeping sight of what it really is that you want:
I want that you should help me. (Not 'I want you'.)
Quiero que me ayudes.
My parents don't want that I should be a dentist. (Not 'My parents don't want me'.)
Mis padres no quieren que sea dentista.

(A) Put together the halves of these sentences.

Mi profesor quiere ⟍ que le llame por teléfono
Mi madre no quiere ⟍ que haga mis deberes
Mi amigo quiere   que le ayude con los deberes
Mi perro quiere   que suspenda mis exámenes
Mi hermano quiere   que le compre un hueso

> Necesito que mis padres me compren unas zapatillas nuevas.

> Mis padres no permiten que fume en casa.

> Mi hermana me ha aconsejado que no hable de eso con mi padre.

> Mis padres me piden que les ayude en casa.

> Prefiero que mis padres no entren en mi dormitorio.

> Mi padre no puede impedir que vea a mi madre.

1a Lee las frases y ponlas en las siguientes categorías:

Ambiciones   Quejas   Disciplina   Otras

1b Haz una lista de las frases que son relevantes a tu vida.

Frases claves
Requesting, advising, ordering

Mis padres esperan/quieren que ⎫
Mis padres insisten en que   ⎪
Necesito que   ⎬ + subjunctive
Mi hermana me ha aconsejado que ⎪
Mis padres me piden que   ⎪
Prefiero que   ⎭

Preguntamos a dos de nuestras lectoras, "La familia española: ¿Está en crisis?"

Paula Echeverría

La familia española está en crisis, minada desde el interior por la reducción drástica en el número de hijos, y atacada por los valores públicos – la independencia y el trabajo fuera del hogar.

Aunque no sea muy popular decirlo en España, la familia basada en el matrimonio de un hombre y una mujer no es una institución artificial. Es parte de la naturaleza humana ordenada por Dios. Atacar a la familia es destruir el futuro de la sociedad.

La familia da el contexto humano al hombre. Le da sus raíces, su identidad. Un individuo que vive en aislamiento, sin familia, experimenta la soledad, la desesperación y la frustración. Bajo la impresión de una autodeterminación personal, cae víctima de las modas pasajeras y los modales de turno.

Gregoria Danvers

La familia no está en crisis. Tal vez haya una crisis de algunos valores que se han asociado con la familia, pero el matrimonio religioso o civil sigue siendo la base de la relación del 97% de los hogares. Los españoles dan una puntuación de 9,37 sobre 10 a la importancia de la familia.

Los "nuevos modelos" de la familia no son nuevos. No hablamos de "nuevos padres", de "nuevos hijos". La familia "tradicional" es solamente una de muchas formas de convivir, que han existido desde siempre.

La unidad familiar es el mejor contexto para la estabilidad psicológica, emocional y educativa para todos sus miembros, padres e hijos.

El gobierno necesita dar más incentivos a las mujeres para que conjuguen el trabajo con la familia. Con 1,2 hijos por mujer, la tasa de nacimiento es bajísima.

2a Lee los textos y decide si Paula y Gregoria están de acuerdo sobre los siguientes puntos.

1   Una familia consiste en una pareja casada y sus hijos.
2   Los valores asociados con la familia han perdido importancia.
3   Los españoles no respetan el matrimonio como base de la familia.
4   El descenso en el número de hijos afecta a la familia.
5   La familia es el marco de preferencia para educar a los niños.
6   El hecho de que las mujeres trabajan ha afectado a la familia.

2b Decide si las siguientes opiniones son de Paula o de Gregoria.

1   Las mujeres deben quedarse en casa y cuidar a los niños.
2   Las parejas deben casarse por la iglesia.
3   El valor de la familia no es como "institución", sino que está en las relaciones personales.
4   La sociedad da más importancia que el gobierno a la familia.
5   Necesitamos valores constantes en un mundo que cambia.

2c 🎧 Escucha y decide si habla Paula o Gregoria.

2d Decide si los siguientes son valores positivos o negativos, según la grabación, o si no se mencionan.

dedicarse al trabajo	comer juntos
tener muchas posesiones	hablar con la familia
pasar tiempo con la familia	ver la televisión
hacer muchos regalos a la familia	

3a 👥 Haz una lista de las frases en los dos textos que expresan tu opinión personal. Compara tu lista con la de tu compañero/a.

3b Organiza las frases en un párrafo y añade tus propias ideas.

3c 👥 Discute con tu grupo si crees que la familia está en crisis.

... y vivieron los dos felices ...

¿Cuáles son los elementos de un matrimonio feliz?

Bienvenido a _Encuentros 60+_

Soy

| mujer ▼ |

Busco

| hombre ▼ |

desde   hasta

| 60 ▼ | | 110 ▼ |

Me llamo Erica Villegas. Soy una mujer feliz y sociable. Me gusta la vida, bailar, comer bien, tomarme una copa de vez en cuando. Busco un hombre con buen sentido del humor, para disfrutar de las cosas buenas de la vida.

1a 🎧 Escucha a Erica y decide si las siguientes frases son verdaderas, falsas o si no se dice.

1 Se conocieron mediante una página en la red.
2 Ahora son esposos.
3 Sólo ella tiene hijos.
4 Erica tiene cuatro hijos.
5 Los nietos de Erica no aceptan a Juan Manuel.
6 Fue bastante difícil adaptarse a vivir juntos.
7 Son muy tradicionales en su relación.
8 Juan Manuel no cocina muy bien.

1b 🎧 Escucha a Erica otra vez y toma notas para comparar su relación con Juan Manuel con su perfil personal en "Encuentros 60+".

1c Escribe un perfil más realista de Erica y lo que busca en un hombre.

1d Imagina y escribe el perfil que puso Juan Manuel en "Encuentros 60+".

| Gramática | ⇨ 158 ⇨ W20 |

The personal *a*

Because the order of subject and verb can be inverted in Spanish, the personal *a* is used when a person is the object of the verb to avoid any confusion.

Juan Manuel besó a su esposa.
Besó Juan Manuel a su esposa.
Besó a su esposa Juan Manuel.

Ⓐ Listen to Erica again and note when she uses the personal *a*. There are five examples.

Ⓑ Make complete sentences, using the personal *a* when required.

Vi		mi hermano en la piscina
		mi bicicleta en una tienda
Escuché	¿a?	Antonia cantar
		la música en la radio
Presenté		mi novio a mi abuela
		mi proyecto a la clase

22

Consejos para los recién casados

No os gritéis nunca.   No olvides "los detalles".

Resolved vuestros problemas antes de ir a la cama.

Deja al otro "ganar" en una discusión.

Olvida los errores del pasado.

Admite tus errores y pide disculpas.

No olvides lo difícil que es reconocer los defectos.

No guardes rencor.   No os acostéis enojados.

Evita alzar la voz.   No niegues tus faltas.

Por lo menos una vez al día, recuerda decir algo cariñoso.

No te empeñes en ganar una pelea.

Critica solamente con amor.

2a Lee los consejos e identifica los imperativos **negativos** y **positivos**.

2b Cada consejo se repite de forma diferente. Empareja las frases equivalentes.

Ejemplo: Deja al otro "ganar" en una discusión = No te empeñes en ganar una pelea.

2c Imagina que eres el abuelo/la abuela de unos novios que se van a casar. Escríbeles una carta para darles consejos útiles.

3a Escucha el programa de radio. Decide si las quejas que siguen son de Rogelio o de Lupita. La otra persona:

1 no ayuda con las tareas domésticas
2 no dice adónde va cuando sale
3 le interroga
4 trabaja hasta muy tarde
5 no cocina bien
6 es celosa de su trabajo

3b Escribe una lista de consejos para Rogelio y Lupita. Necesitas imperativos como en el ejercicio 2, pero ahora puedes inventar tus propios consejos.

Ejemplo: No trates a Lupita como a tu madre.

Gramática   ⇒ 170 ⇒ W6

Suffixes

Suffixes such as *-ito*, *-illo*, *-ucho* and *-ón*, as well as being used to convey size, can be used to express fondness, criticism, or insults.

Miguelito = little Mikey   *muchachón* = big lad
sabrosito = nice and tasty   *guapetón* = good-looking chap

(A) Listen to Rogelio and Lupita again and note the suffixes used.

Extra Completa las actividades en la Hoja 8.

Gramática   ⇒ 167 ⇒ W60

Imperatives

● For *tú* and *vosotros*:

For positive commands, use these endings.
Levanta la mano. Abre tu cuaderno.
Entrad en la clase. Repetid esa palabra.

The negative imperative form is the same as the subjunctive. See page 20 for its formation.
No hagas eso. No comas eso.
No hagáis eso. No comáis eso.

● The imperative form for *usted* and *ustedes* is the same as the subjunctive.
Ayude al señor, por favor.   No se sienten allí.

(A) Put these imperatives into Spanish to complete the sentences.
1 (*See*) a tus antiguos amigos. (tú)
2 (*Don't call*) a mi esposa. (usted)
3 (*Talk*) de vuestros problemas. (vosotros)
4 (*Don't spend*) demasiado tiempo con tu suegra. (tú)
5 (*Leave*) a mi esposo en paz. (usted)
6 (*Don't forget*) vuestro aniversario. (vosotros)

A escoger

El Instituto de la Tía Julia del "Hombre Nuevo"

Ofrecemos los siguientes cursos para hombres:

1. Tú y la electricidad: Los beneficios de llamar a un electricista.

2. Flores – dónde se compran y cómo regalarlas.

3. Planchar la ropa – no es peligroso.

4. Ama tus pies: Córtate las uñas.

5. Cómo sobrevivir: Abrir una lata.

6. Cómo colocar un rollo nuevo de papel higiénico.

7. Cómo cerrar la tapa del retrete.

8. El control remoto de la tele: combatir la dependencia.

9. Sugerencias para no intentar parecer más joven que tus hijos.

10. En la calle: Cómo preguntar a los peatones cuando te pierdas.

11. Cómo doblar la ropa. Uso de la percha, paso a paso.

12. Uso de la cesta de ropa sucia.

13. ¿Qué se hace con los calzoncillos usados si no se tiran en una silla?

14. La relación entre una cama incómoda y comer galletas al despertarse.

Antes | Después

1 Llena una ficha así, con los números de los cursos que corresponden.

	Curso(s)
1 *Ejemplo: Tienen que ver con el cuerpo.*	4
2 Tienen que ver con la ropa.	
3 Tienen que ver con la comida.	
4 Tienen que ver con la independencia exagerada.	
5 Tienen que ver con el cuarto de baño.	
6 Tienen que ver con el mundo exterior.	
7 Tienen que ver con el rechazo del estado adulto.	

2 Separa los cursos, según tu opinión, en: Necesarios, Posibles, Ridículos. Compara tus respuestas con las de tu compañero/a.

3 Inventa una serie de cursos para jóvenes de tu edad.

Se pronuncia así s

j g rr ll

1) Try to read out the following tongue-twisters. Compare your pronunciation with the recording.

Llora la llama cuando llueve. Que no llore la llama cuando llueva.
Remember to pronounce the *ll* as in *Me llamo.*

Jorge juega al ajedrez. Jugando al ajedrez Jorge juró jugar con justicia.
Before *e* or *i*, *g* is pronounced like the Spanish *j*.
Before *a*, *o* or *u*, it is pronounced like a hard *g*.

El perro comió una pera. Pero la perra no comió el peral.
Listen to the difference between the words *pero* and *perro*. If you have problems with this sound in Spanish, listen and enjoy practising it as much as you can.

4 Inventa y graba un programa de entrevistas con otros miembros de las familias de Lupita y Rogelio (ver la página 23).

Derechos y responsabilidades ②

By the end of this unit you will be able to:

- ◆ Discuss what it means to become an active citizen
- ◆ Comment on the opportunities for young people in Spain today
- ◆ Talk about what young people can offer society
- ◆ Apply effective strategies for reading Spanish texts
- ◆ Use synonyms and antonyms as a way of learning vocabulary
- ◆ Use the subjunctive for value judgements
- ◆ Use verbs followed by the infinitive
- ◆ Use verbs with spelling changes in the preterite tense
- ◆ Use different negatives

1a Haz corresponder los siguientes derechos con las edades correctas.

 14   16   18   20   21

En España se puede:

Conducir un coche
Conducir una moto
Conducir un ciclomotor
Trabajar
Comparecer ante un tribunal
Comparecer ante un tribunal juvenil
Comparecer como testigo
Beber alcohol
Abrir una cuenta bancaria

1b 🎧 Escucha para ver si tus respuestas son correctas.

1c Compara los derechos de los jóvenes en España con los de Inglaterra.

Ejemplo: *Los ingleses pueden … a los 14 años, pero en España …*

pero   mientras que   en cambio

Apoyo e independencia

Los adolescentes necesitan quien les escuche ...

Hoy a las 21:45

La palabra de los jóvenes es ley

Los jóvenes, la savia nueva de nuestra sociedad. Los jóvenes, los seres invisibles de nuestra sociedad. En Castilla y León reclaman su voz. Una nueva ley reconoce que las preocupaciones de los jóvenes no encajan fácilmente con los procesos administrativos o democráticos.

Para los jóvenes, es evidente. De la sociedad piden atención a su salud, acceso a la educación, a la formación profesional, y al trabajo. Una casa donde vivir, apoyo cuando les vaya mal, y recursos para divertirse, convivir y ser creativos.

Lo que pasa es que no hay una entidad con responsabilidad para asegurar los servicios para los jóvenes. Para cada ámbito hay un sector diferente de la administración. No hay comunicación, ni coordinación, ni control de calidad. ¿Cómo hacer que la voz de los jóvenes se escuche?

En este programa investigamos la Ley de Juventud de Castilla y León. ¿Cómo participaron los jóvenes? ¿Qué significa para la administración pública? ¿Y en la realidad ...?

1 Las siguientes preguntas te ayudarán a comprender el texto.

1 Identifica las palabras con mayúsculas –¿Todas son nombres?

2 ¿Cuáles de las palabras del título se repiten con frecuencia en el texto?

3 En términos generales, ¿de qué trata cada párrafo?

4 Según el segundo párrafo, ¿cuáles son las preocupaciones de los jóvenes?

5 Según el tercer párrafo, ¿cuál es el problema con el que se enfrentan los jóvenes al querer resolver sus preocupaciones?

6 En el último párrafo hay tres preguntas. ¿Dónde se van a encontrar las respuestas?

7 Las primeras dos frases son muy similares. ¿Cuál es positiva, cuál es negativa?

8 Con información de todo el texto: ¿Qué está pasando en Castilla y León?

Técnica

Effective reading strategies

Before you read, look at:

a the layout of the text: What is it? How do pictures and titles/subtitles help?

b the subject of the text: What is it about? What do you expect to find?

c the structure of the text: How is it organized?

When you begin to read:

- Find names, numbers, dates, lists, speech, questions, exclamations, and any words that appear regularly.

- Break words down. Find verb endings, prefixes (*contra-/des-/dis-/ex-/re-*) and suffixes (*-mente/-able/-dad/-tud*).

- You don't have to start at the beginning. Concrete examples may be easier to understand than the explanation.

- Build up understanding, making sense out of what you know and recognize.

- If you don't know a word, look at its role in the sentence.

- Be aware that words are not always used literally, for example in puns or clever titles.

Extra Completa las actividades en la Hoja 9.

1 *Pediatría → Consejos → Divorcio*

Respuestas para los jóvenes sobre cuestiones de bienestar emocional

"Mis padres se quieren divorciar."

- Tus padres se convierten en "ex marido" y "ex mujer" pero no se convierten en ex padres.
- Es preferible que tus padres se separen a que sigan peleándose.
- Puedes hablar. Necesitas entender. Tienes derecho a preguntar.
- El divorcio es asunto de los adultos. Tú no tienes la culpa de su decisión.
- Los pensamientos y sentimientos negativos no son malos.
- Todo necesita tiempo.
- No es fácil adaptarte a los cambios. Pero en la vida siempre hay cambios.
- El divorcio de tus padres no es la causa de que no te vaya bien en el instituto.
- Tus padres no quieren que te vaya mal.

2 *Cibervida → "Tomo de todo, menos consejos" → "¡Salud!"*

Os prometéis que no os ibais a separar nunca, pero cuando la rutina y la monotonía logran romper el lazo de  amor, muchos jóvenes terminan divorciándose.

No te olvides de que el divorcio es sólo una etapa, una etapa hacia una nueva vida. No debes encerrarte ni caer en la depresión, sino que debes prepararte para asumir tu autonomía. Para sobrellevar el divorcio te recomendamos:

- Informar a tu familia y tus amigos que estás divorciándote.
- Pedir el divorcio legalmente.
- No utilizar a los hijos como intermediarios.
- Poner en orden tus cuentas.
- Ahorrar dinero.
- Hacer terapia.
- Cuidar tu autoestima.
- Estar abierto a nuevas relaciones o nuevos amigos.

2a Lee los textos sobre el divorcio y busca las palabras que significan:

se vuelven   te hace falta   requiere   motivo   jamás
acaban   una fase   soportar   aconsejamos

2b ¿Cuál de las páginas web dice lo siguiente?

1 Es mejor contar con padres divorciados que tener padres que están siempre riñendo.
2 Protege tu confianza personal.
3 Arregla tus asuntos financieros.
4 Es una oportunidad para conocer gente nueva.
5 Que tus padres se separen, no es excusa para descuidar tus estudios.
6 Busca ayuda emocional.
7 Procede oficialmente.
8 No pienses que eres el responsable de la situación.

2c ¿Cuál es la diferencia principal entre los dos textos?

2d Selecciona los puntos más importantes de los dos textos. Organízalos en orden de importancia para ti.

3a 🎧 Escucha a Mónica, Edgar e Inma. ¿A quién darías los siguientes consejos?

1 Tienes que decirle que si él tiene otros planes, necesitas saberlo.
2 No puedes culpar a tus padres si no trabajas.
3 Tienes que explicarle que ella tiene que hablar con tu padre.

3b Imagina que eres Mónica, Edgar o Inma. ¿Qué les dirías a tus padres?

Técnica

Synonyms and antonyms

Questions often depend on knowing two ways of saying the same thing or writing answers in your own words. Collect synonyms and antonyms in your vocabulary lists.

poner en orden = arreglar	abrirte ≠ encerrarte
terminar = acabar	bien ≠ mal
requerir = necesitar	malos ≠ buenos

El individuo y la sociedad

Opiniones, emociones: Cuestión de valores.

El servicio militar: ¿Se echa de menos?

En marzo de 2001, los 1.173 jóvenes que se incorporaron al Ejército de Tierra, los 162 a la Armada y los 514 que ingresaron en el Ejército del Aire eran los últimos reclutas de 321 años de servicio militar obligatorio.

Manuel Taimes, de 19 años y estudiante de Derecho, ¿echas de menos la "mili"?

Lo único que se echa de menos del servicio militar, son los chistes, "Excusas para no hacer la mili ...". No, realmente para los jóvenes de hoy, es como si nunca hubiera existido. Mi hermano mayor iba a tener que hacerla antes de que la suspendieran en 2002, y mi padre siempre nos cuenta "Cuando yo hice la mili ...".

De los 12.265 llamados al servicio militar en marzo 2001, sólo se presentaron 1.849. Representa un 15% del número teórico de reclutas. Los demás se declararon objetores de conciencia, tenían exención médica, o pidieron aplazarlo hasta más tarde.

Excusas para no hacer la mili

Soy muy indisciplinado.
El caqui no me queda bien.
Porque tengo cerebro.
No me gusta levantarme temprano.
No tengo enemigos.
Soy mejor que los generales – tengo el high score de Battlefield Manía.

1a Contrarreloj: Busca rápidamente las respuestas a las siguientes preguntas.

1 ¿Cuándo se suspendió el servicio militar obligatorio?
2 ¿Qué significa la mili para los jóvenes de hoy?
3 De la familia de Manuel Taimes, ¿quién hizo el servicio militar?
4 ¿Qué porcentaje de reclutas no se presentó en marzo 2001?

1b ¿Cuáles de estas "Excusas para no hacer la mili" **no** aparecen en la lista?

1 Soy experto en videojuegos.
2 Soy de Cataluña y no quiero luchar por España.
3 Creo que el país necesita un ejercito profesional.
4 Soy desobediente.
5 No me gusta el uniforme.
6 La mili ya no existe.
7 Mis estudios son más importantes.
8 No tengo con quien pelearme.
9 Mi trabajo es más importante.
10 Soy inteligente.
11 Prefiero viajar y conocer el mundo.
12 Soy perezoso.

1c Pregunta a tu compañero/a y contesta a estas preguntas personales. Necesitarás utilizar el tiempo condicional. (Ver la página 62.)

¿Harías el servicio militar en tu país?
¿Defenderías tu país contra un enemigo?
¿Crees que el servicio militar debería ser obligatorio?
¿Harías un periodo de servicio para la comunidad?
¿Crees que el servicio para la comunidad debería ser obligatorio?

2a Lee el cuestionario y contesta para ti mismo.

2b Escucha los resultados y apunta los porcentajes en una hoja.

Los valores de los jóvenes
Cuestionario sobre la violencia
Tal vez hayas participado alguna vez en una acción violenta. Para cada pregunta quiero saber si has participado activamente en las siguientes situaciones:

Situación	% Sí	% No
Conflictos violentos con amigos		
Vandalismo de propiedad pública o privada		
Robo con violencia o amenaza de violencia		
Violencia hacia un profesor		
Conflictos violentos con tu pareja o novio/a		
Agresión entre pandillas rivales		
Conflictos con los padres		
Ataques contra inmigrantes		

Gramática ➡ 166 ➡ W53

The use of the subjunctive for value judgements

On page 20 we saw that the subjunctive is used to make clear the relationship between two halves of a sentence. It is also used when giving value judgements. For example:

I'm sorry your cat has died.   *Siento que tu gato haya muerto.*

The emotion is in the indicative: *Siento que.*
The subjunctive is used for saying what it is you are emotional about: ... *tu gato haya muerto.*

This is used for all value judgements and emotions:
Me alegro de que Marco venga a mi fiesta.
¡Qué suerte que hables español!
Me sorprende que no te guste mi corte de pelo.

Extra Completa las actividades en la Hoja 10.

Apoyo e independencia

- ◆ Los jóvenes no encuentran donde vivir.
- ◆ Los jóvenes no encuentran trabajo.
- ◆ Los jóvenes no pueden comprarse una casa.
- ◆ Los jóvenes no reciben los servicios necesarios.
- ◆ Los jóvenes no pueden participar en la democracia.
- ◆ Los jóvenes se tienen en cuenta en Castilla y León.

3 Da tu opinión sobre la situación de los jóvenes. Utiliza las expresiones de la lista. Tendrás que cambiar el verbo al subjuntivo.

Ejemplo: Es una lástima que los jóvenes no **encuentren** *donde vivir.*

Frases claves

Es decepcionante que ...
¡Qué estupendo que ...!
Es escandaloso que ...
Es una lástima que ...   } + subjunctive
No es sorprendente que ...
Estoy orgulloso/a que ...
Estoy sorprendido/a que ...

A Create your own sentences.

Qué lástima que	el Real Madrid juegue tan mal
Es muy interesante que	vivas en mi pueblo
Estoy contento/a que	mi profesor sea un extraterrestre
Tengo miedo que	compartas mi opinión
Es de celebrarse que	tengas un gato nuevo

B Put these sentences into Spanish.
1 I'm so pleased that you see your father.
2 What a shame I don't have a job.
3 It's very interesting that young people want more independence.
4 It is a good thing that you participate.

El individuo y la sociedad

- ◆ El servicio militar ya no existe.
- ◆ El servicio militar se convierte en memoria.
- ◆ Los jóvenes se dedican a estudiar o a trabajar.
- ◆ Los jóvenes no quieren defender el país.
- ◆ Los jóvenes viajan.
- ◆ Los jóvenes no tienen que hacer el servicio militar.

4 👥 Da tu reacción a la suspensión del servicio militar. Compárala con la reacción de tu compañero/a.

Ejemplo: Me choca que los jóvenes no **tengan** *que hacer el servicio militar.*

Frases claves

Me alegra que ...
Me da asco que ...
Me preocupa que ...
No me sorprende que ...
Me parece muy bien que ...   } + subjunctive
Me deprime que ...
Me preocupa que ...
¡Qué bien que ... !

Arreglar el mundo

El mundo es grande, pero los jóvenes quieren conquistarlo.

Un año para ver el mundo

Decidir pasar un año viajando por el mundo me **ha permitido conocer** y convivir con culturas diferentes a la mía. Eso me **hizo ampliar** mi perspectiva como estudiante y como persona. **Espero volver** a hacerlo algún día. *Jesús*

Mi padre le dijo a mi hermano que haciendo la mili conocería a gente de todas partes de España. Yo no haré la mili, pero tampoco quiero **ponerme a trabajar** todavía. Claro que voy a estudiar, voy a trabajar, pero soy joven y el mundo no es tan grande como antes ... **Quiero viajar, quiero conocer** a gente, tengo que madurar. *Elena*

Esperaba encontrar a otros españoles para no estar sola, pero conocí a un montón de gente de todas partes del mundo. Seguimos en contacto por Internet, y somos muy, muy amigos. *Maite*

Fue una experiencia que me **hizo crecer** como persona y profesional. Me dio la oportunidad de conocer a gente de todo el mundo, de viajar y de divertirme un montón. *Eugenia*

Cuando vives en un país es muy natural que lo consideres el centro del mundo. **Intentaba dejar** atrás mi mundo, separarme de todo lo familiar. Te das cuenta que el mundo que conoces es tu mundo, y sólo tu mundo. Viajar te **deja conocer** otros mundos, y cuando vuelves, ya eres otro. *Sergio*

Para mí ha sido una experiencia infinitamente enriquecedora. Me **ha permitido crecer** como profesional y como persona, y conocer un país realmente atractivo y lleno de contrastes. *Hammú*

1a Lee los comentarios. ¿Quién menciona los siguientes aspectos? Llena una ficha así:

	Amigos	Desarrollo personal	Estudios	Trabajo	Divertirse
Jesús					
Elena					

1b Una persona todavía no ha viajado. ¿Quién es?

1c Imagina que eres uno de los jóvenes que ha viajado. Completa las frases para describir tu experiencia. Utiliza el infinitivo después del verbo.

Quería ...   Decidí ...   Me permitió ...   No sabía ...   Espero ...

Gramática ⇨ 161 ⇨ W64

Verbs followed by an infinitive

In the text you can see examples of verbs that are followed by the infinitive. You don't need to use *a* or *de*.

Intento ayudar a mi padre.   **Quiero vivir** en Francia.

(A) Utiliza los verbos de la lista para completar el texto.

Pasar un año viajando me (1) conocer a nueva gente y nuevos mundos. (2) dejar mi mundo familiar. (3) ir a Francia. (4) hablar un poco de francés. (5) volver un día.

intentaba   permitió   sabía   espero   decidí

Dice el padre:
Volvió hace una semana ya. El primer día creo que durmió unas doce horas, pero luego casi no le hemos visto – tiene que ver a todos sus amigos. Íbamos a hacerle una fiesta de bienvenida, pero nos dijo que era mejor no hacer nada. Prefirió descansar. No puedo decir lo que sintió al volver a casa, siguió como siempre, riñó con su hermano, puso su música. Dice que ha madurado, pero en casa sigue comportándose como niño.

Gramática ⇨ 163 ⇨ W39

Spelling change verbs in the preterite

● In the preterite, some *-ir* verbs change their stem in the third person singular and plural only.

(A) In the *Dice el padre* text, find the third person preterite of these verbs:
dormir   preferir   reñir   seguir   sentir

(B) Translate into Spanish:
1 I slept   3 We slept   5 I felt   7 We felt
2 He slept   4 They slept   6 He felt   8 They felt

(C) Put these sentences into the third person.
1 Dormí hasta las once de la mañana.
2 Seguí viviendo en casa de mis padres.
3 Me sentí muy alegre.
4 Reñí con mi padre.

Comprometidos a su deber

1 ¿Te afiliaste a qué partido y hace cuánto tiempo?
2 ¿Por qué te afiliaste?
3 ¿Qué dices a los que mantienen que los jóvenes no se comprometen?
4 ¿Cuál es el principal problema al que se enfrentan los jóvenes?
5 ¿Tienes aspiraciones políticas?

- Estoy afiliada al Partido Popular desde 2000.
- Creo que en muchos casos es cierto, por desgracia.
- Quiero ver una sociedad justa con oportunidades para todos.
- No. Participo para mejorar la sociedad, y para eso necesitas ser miembro de un partido.
- La dificultad de independizarse de los padres.

- Estoy afiliado a la Iniciativa per Catalunya-Verds desde 2002.
- Tengo objetivos que quiero lograr, pero no quiero ser político.
- Para tener un papel en las decisiones que se toman por nosotros. Me preocupo por la gente que lucha contra la desigualdad, y quiero cambiar el mundo.

- No hay vivienda, no hay formación de calidad, no hay empleo estable. ¿Cómo podemos emanciparnos del hogar familiar?
- No tienes que acudir a las manifestaciones para participar en la sociedad. Hay muchas formas de trabajar por los demás.

- Juventudes Socialistas desde hace tres años.
- Para defender la tolerancia, la no-violencia, valores de la izquierda.
- El acceso a las universidades, la reforma laboral, la vivienda.

- Que vayan a las manifestaciones para ver que la realidad es muy diferente. Queremos participar. No tenemos la culpa si no nos dejan.
- No. Quiero luchar para cambiar el mundo, pero no tengo ambiciones personales.

2a Lee las entrevistas y haz corresponder las respuestas con las preguntas.

2b 👥 Graba una de las entrevistas con tu compañero/a.

2c Contesta a las preguntas.

1 ¿Cuáles de las preguntas tienen respuestas muy similares de todos los jóvenes?
2 ¿Cuáles son las diferencias entre sus opiniones?
3 ¿Cuáles son los problemas principales de los jóvenes de España?

2d Escribe las respuestas a las mismas preguntas de la entrevista, de una persona que no participa en un partido político.

2e 👥 Discute con tu grupo: ¿Qué opinas de la necesidad para participación en un partido político?

3a Decide si las siguientes son características del ciudadano ordinario, o del buen ciudadano:
- Actuar con consideración para los vecinos
- Contribuir a la comunidad
- Conducir con cuidado
- Participar en la democracia
- Cuidar el medio ambiente de donde vives

3b 🎧 Escucha y compara tus respuestas con lo que escuchas.

3c 🎧 Escucha otra vez. Apunta un ejemplo concreto que se menciona para cada una de las acciones de 3a.

Todos para uno, uno para todos

Los jóvenes: ¿Demonios o angelitos?

Cartas de los lectores

Señor:

Le digo que hoy el mayor problema de España son sus jóvenes.

1 Se han educado sin que nadie les haya podido inculcar los principios morales fundamentales. Éstos se han reemplazado por la desgana, la vanidad, y el hedonismo. Actúan sin el menor respeto por ninguna autoridad. No hacen caso a nadie, ni siquiera a los padres a quienes deben todo. No conocen la autoridad ni tampoco la responsabilidad: Hacen lo que les da la gana.

2 ¿Y a qué se dedican? Ni a estudiar ni a trabajar. El sexo, la violencia y las drogas. Lo siento, pero es la verdad.

3 Se dice que la vida se pone cada vez más difícil pero no justifica abandonar sin luchar cualquier posibilidad de tener un futuro mejor. ¿Cómo puede ser que los jóvenes renuncien a sus posibilidades y responsabilidades? Su actitud hacia todo es sentarse delante del televisor y decir "Me paso de todo".

4 Tampoco les conviene dedicarse a sus estudios o aprender un oficio. ¿Entonces qué esperan ofrecer a la sociedad? No tienen nada con que contribuir. Quieren de todo para ellos, pero jamás están dispuestos a hacer el más mínimo esfuerzo.

Delia Arruga
A Coruña

1a Lee la carta e identifica en qué párrafo se mencionan:
   a el futuro   **c** la autoridad
   b la comunidad   **d** los pasatiempos de los jóvenes

1b ¿Cuáles de estas acusaciones se hacen de los jóvenes?

son perezosos   son vanidosos   son ingratos
son obstinados   son inmaduros   son cobardes
son egoístas   son unos degenerados   son desobedientes

1c ¿Cómo se justifican las acusaciones?

   Ejemplo: Dice que los jóvenes son perezosos porque no trabajan.

1d Utiliza los contrarios para negar las acusaciones:

altruistas   respetuosos   trabajadores   maduros
valientes   de fuertes principios   modestos

   Ejemplo: Los jóvenes no son inmaduros, son maduros.

2 Escribe una lista de adjetivos que tú piensas que describen a los jóvenes.

3 Escribe una carta para defender a los jóvenes. Puedes mencionar las siguientes ideas:

Las características típicas de la juventud: dependencia, inmadurez, curiosidad.

Las características de la "generación Internet": consumistas, falta de censura, cultura masiva, cambio constante, tolerancia.

Los problemas de los jóvenes de hoy: estudios, casas, trabajo.

Los jóvenes tienen sus propios valores.

La tolerancia es un valor moral.

La tolerancia puede percibirse como falta de principios morales.

La tolerancia de los jóvenes no es indiscriminada: Homosexualidad sí. Drogas no.

No quieren luchar por la patria, la política o la religión.

Causas a defender: Los derechos humanos, la lucha contra el hambre, la libertad, la paz, la justicia y la igualdad, la naturaleza.

Gramática    ➡ 161 ➡ W36

Negatives

The negative works in the following ways:
- *No* before the verb: *No tengo amigos.*
- *No* + negative word after the verb: *No tengo a nadie.*
- Negative word before the verb: *Nadie me habla.*
- Negative word without a verb: *No tengo amigos. ¿Tienes animales? Tampoco.*

A In the letter, find the following negatives:
not any   without anybody   not even   nor   neither
nothing   never   nobody   neither . . . nor

B Find another way of putting these negative phrases.
   1 No estudian tampoco.
   2 Nadie tiene respeto.
   3 No quieren ni siquiera levantarse.
   4 Jamás ayudan en casa.
   5 No trabaja ninguno.
   6 No contribuyen. No participan.

4a Lee los folletos. Decide si se refiere al folleto "El comercio justo", o al "Compras Club", o a los dos.

1 Haciendo tus compras, puedes ayudar a los necesitados.
2 Va dirigido principalmente a los jóvenes españoles.
3 Ayudará a los jóvenes en otro país.
4 Quiere reclutar voluntarios.
5 Es una organización comercial.
6 Es una organización no gubernamental (ONG).
7 Ayuda en un proyecto de educación.
8 Para ayudar necesitas ir de compras.

4b Escoge uno de los dos folletos. Haz una lista de hechos concretos.

4c Escribe un artículo para un periódico sobre el proyecto que escogiste.

4d 🎧 Escucha a Inés, Salvador y Ana. ¿A cuál proyecto se refieren?

El comercio justo
Directo del productor al consumidor

¿Te acuerdas de la campaña "Ropa Limpia"?
¿Sabes cuánto gana un campesino colombiano cuando gastas €1,20 en una taza de café?
¿Te importa?

Esta carta va dirigida al 16% de los jóvenes que dicen que les gustaría contribuir a alguna organización que trabaje por el beneficio de los demás.

¡Protesta consumiendo!

Lo atractivo del comercio justo es que es fácil apoyarnos. Simplemente escogiendo un producto de cierta marca en el supermercado, puedes asegurar que los productores en los países más pobres no sean explotados.

Unos 1.500 voluntarios trabajan por el comercio justo en España, y cada año se gastan €3 millones en productos: comida, bebidas, ropa y artesanía. Queremos seguir creciendo, con tu apoyo y tu participación.

Búscanos en el Festival Internacional de Benicasim. Tu primera aportación puede ser ayudarnos a escoger un nuevo eslogan. Para votar, entrega esta hoja en nuestra carpa en el FIB.

¡Vota! ☒

Escoge un eslogan:

Queremos comercio con justicia ☐
Comercio, no ayuda ☐
La gente antes que el dinero ☐
Salarios dignos ☐
No a la explotación ☐
Los pobres también pueden hacer las reglas ☐
El comercio libre no es comercio justo ☐
Comercio con justicia ☐

Tienes tu tarjeta de Compras Club para que ahorres tus "puntos". ¿Sabías que realmente pueden servir? ¿Servir para cambiar la vida de un niño nicaragüense comprándole un futuro mejor?

Canjea tus puntos por libros, muebles, aulas, profesores ... una escuela.

Participa en este proyecto solidario de Compras Club, para construir y equipar un centro escolar donde aprenderán a leer y escribir miles de niños.

El valor total del proyecto es de 6,5 millones de puntos Compras Club. Nosotros ya aportamos 2 millones. Necesitamos tu ayuda para que en seis meses entren los primeros niños a comenzar sus clases.

La próxima vez que te pregunten, "¿Quiere convertir sus puntos?", contesta "Sí", y con una sonrisa.

Extra Completa las actividades en la Hoja 11.

A escoger

Universo de Niños

El Proyecto

El programa Universo de Niños permite a los niños hospitalizados conocer el mundo real e imaginario a través de los últimos avances de las tecnologías de informática.

Pueden crear historias y personajes para participar en aventuras virtuales o juegos, y para comunicarse con otros niños. La facilidad de video-conferencia ofrece la posibilidad de continuar la educación sin perder clases mientras esté en el hospital o en casa.

Los niños pueden tener acceso a Universo de Niños mediante ordenadores inalámbricos*, equipamiento multimedia, y programas de imágenes tridimensionales.

Los mundos imaginarios incluyen: Los Dinosaurios, Los Aztecas, La Luna, Los Cuentos de Hadas, Las Tiendas. Así los niños de diferentes edades pueden explorar y viajar a pesar de sus enfermedades.

---

* inalámbricos – sin cables

1a Contesta a las siguientes preguntas con tus propias palabras.

1 ¿Para quién es "Universo de Niños"?
2 ¿Qué es?
3 ¿Qué pueden hacer los niños?
4 ¿Cómo ayuda con la educación?
5 ¿Qué se necesita para tener acceso al proyecto?

1b Escribe unas 75 palabras para presentar "Universo de los Niños" a jóvenes de 6 a 11 años. Diseña la página de entrada del sitio web, e incluye tus 75 palabras como introducción.

2a Completa el cuestionario en diagrama de flujo y haz la entrevista a tus compañeros de clase.

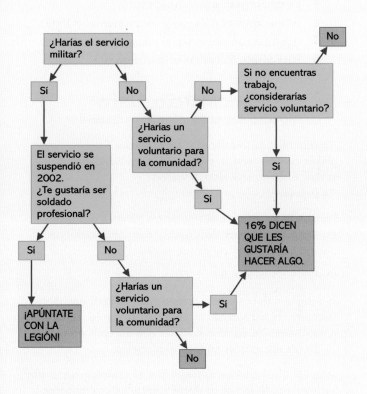

2b Inventa un cuestionario en diagrama de flujo sobre uno de los siguientes temas.

◆ ¿Estudiar, trabajar o viajar?
◆ La política

Utiliza tu cuestionario para entrevistar a miembros de tu grupo. Escribe un perfil de los miembros de tu grupo: sus valores y ambiciones.

Repaso Unidades 1–2

1 Mira el material y prepara tus respuestas a las siguientes preguntas.

1 Describe lo que pasa en el dibujo.
2 ¿Por qué el señor lava los platos con la manguera?
3 ¿Qué piensas de las acciones del hombre?
4 ¿Crees que es típico de la situación en muchas casas?
5 Considera cómo esta familia se ha adaptado al mundo moderno.

(5 marks)

¿Tu esposa todavía está en su viaje de negocios?

2a Lee el texto y contesta a las preguntas.

1 El botellón es un fenómeno
   a reciente
   b tradicional
   c pasado de moda
2 Tiene lugar en
   a un supermercado
   b un lugar público
   c un bar
3 Muchos de los jóvenes
   a no tienen dinero
   b no tienen la edad para entrar en un bar
   c van a un bar
4 Los jóvenes preferirían
   a poder organizarse oficialmente
   b ir al cine
   c ir a un bar

(4 marks)

2b Utiliza las palabras de abajo para llenar los espacios.

Un problema del "botellón" es que no dejan
(**1**)........... a los vecinos. Ellos no piensan que los
jóvenes (**2**)............ responsables. Los jóvenes dicen
que es más barato (**3**)...... ir a un bar. Quieren que las
autoridades les (**4**)........ alternativas de ocio.
(**5**)........... hay centros nocturnos.

(5 marks)

El "botellón" ha sido el fenómeno de conflicto más grave entre los jóvenes y la sociedad este año. Ha caracterizado a los jóvenes como irresponsables, borrachos, fuera de control.

Un grupo de jóvenes se junta, todos ponen dinero, y se compran bebidas alcohólicas en los supermercados. Luego hacen la fiesta en la calle, sin tener en cuenta los derechos de los vecinos. Tal vez es porque es muy caro beber en un bar, y de hecho, muchas veces se trata de jóvenes menores de edad.

Los jóvenes dicen que no hay alternativas suficientes. Ellos querrían tener donde reunirse, tener centros nocturnos autogestionados por los jóvenes. Las únicas opciones "legítimas" cuestan dinero: ir al cine, a un bar. La administración debe pensar en cómo proporcionar a los jóvenes las instalaciones que necesitan.

1 duermen / duerman / dormir
2 son / están / sean
3 que / como / menos
4 proporcionen / proporcionan / proporcionar
5 Nadie / Ni siquiera / Ni

3a Lee el texto y decide si es verdad o mentira.

El texto da información sobre:
1 El matrimonio civil
2 El matrimonio por la iglesia
3 La ceremonia de bodas en España
4 La ceremonia de bodas en Argentina
5 Los documentos que requieren los viudos/las viudas
6 Lo que necesitas si ya te casaste en Argentina
7 Cómo casarte si tienes 14 años
8 Qué hacer si uno de tus padres se ha muerto

(8 marks)

Ya tomaste la decisión de casarte. Lo demás es muy fácil. Te decimos cómo es el trámite del matrimonio.

Sólo se requiere un par de visitas al registro civil, y una al hospital para unas pruebas de sangre y orina. (Sólo se trata de la cuestión legal, aquí no se incluyen los pasos a seguir para la ceremonia religiosa.)

Los novios solteros y mayores de edad deben presentarse con la tarjeta de identidad.

Si eres divorciado, debes llevar también la partida de matrimonio original con la inscripción del divorcio. Nota: Si te casaste o te divorciaste en el extranjero, necesitarás los documentos traducidos al español y autorizados por la administración argentina.

Las mujeres de 16 a 20 años y los hombres de 18 a 20 deben llevar su acta de nacimiento y documentos de los padres. En el acto de celebración del matrimonio, los padres tienen que dar su autorización. En el caso de edades inferiores se necesita obtener una dispensa de un juez competente. Si un padre está presente y el otro ausente, hay que presentar una autorización del padre ausente debidamente legalizada.

La ceremonia no tiene costo, pero si quieren que firmen el registro más de dos testigos, hay que pagar 15 pesos por cada uno. Los invitados compran el arroz.

3b Según el texto:
1 ¿Qué necesitas si te divorciaste en Inglaterra y te quieres casar en Argentina?
2 ¿A qué edad se puede casar normalmente con el consentimiento de los padres?
3 ¿Qué pasa si sólo uno de los padres da su consentimiento?
4 ¿Qué hacen los invitados en vez de tirar confeti?

(8 marks)

3c Imagina que te casaste en Argentina. Escribe 100 palabras para describir la experiencia. Incluye información del texto y tus propios sentimientos y opiniones.

(20 marks)

4a 🎧 Escucha la entrevista y decide si es verdad, mentira, o si no se dice.

1 Los videojuegos no tienen efectos positivos.
2 El límite definitivo debería ser de una media hora.
3 La generación joven es machista y violenta a causa de los juegos.
4 Los juegos pueden ser adictivos.

(4 marks)

4b Empareja las mitades de las frases.

1 Los que juegan demasiado	a son de niños que no pueden dejar de jugar
2 Los introvertidos	b juegan varias horas al día
3 Los expertos	c machistas o violentos
4 Algunos jóvenes	d dicen que se puede jugar un tiempo razonable
5 Los epilépticos	e pueden beneficiarse
6 Hay juegos	f tienen problemas en el instituto
7 Los casos preocupantes	g pueden sufrir una crisis

(7 marks)

El ocio

By the end of this unit you will be able to:

◆ Comment on changes in traditional Spanish pastimes

◆ Discuss the impact of tourism

◆ Compare different Spanish fiestas

◆ Prepare a speaking presentation

◆ Think about how to approach role play and speaking stimulus material

◆ Use *se* to avoid the passive voice

◆ Use *iba a*

◆ Decide whether to use *ser* or *estar*

◆ Use *lo* and *lo que*

1 Decide si las siguientes son actividades de ocio, o si en realidad son otra forma de trabajo.

El bricolaje:
¿Actividad de preferencia de los adultos el fin de semana ...
o trabajo sin recompensa?

El deporte:
¿Actividad que permite relajarse y disfrutar ...
o esfuerzo físico que puede causar accidentes?

Compras:
¿Actividad de terapia personal ...
o tarea aburrida y cara?

Salir con los amigos:
¿Vida social ...
o continuación del trabajo para establecer "contactos"?

Leer:
¿Estimulación de la imaginación e inteligencia ...
o trabajo. Punto.?

2 👥 Haz una lista de tus actividades de ocio, en orden de preferencia. Compara tu lista con la de tu compañero/a, y justifica tus preferencias.

3 Completa estas frases:

En los ratos libres es importante ... porque ...
En los ratos libres es importante no ... porque ...

Ejemplo: En los ratos libres es importante dormir, porque la alternativa es cansarse.

4 "¡Los ratos libres no existen!" ¿Puedes justificar esta opinión?

La corrida: Debate abierto

¿Son aficionados todos los españoles?

ForoToro

Foro de debate abierto sobre la corrida:
¿Fiesta Nacional o Vergüenza Nacional?

Asunto	Datos	Haz Clic
Os parecéis a los niños que cogen un insecto y le quitan las patas, lo parten por la mitad y con eso os reís un montón. Tenéis el coeficiente intelectual de un niño ...	Pakito 15:32 14/08/04	Ver Mensaje 2 Respuestas
Cuando voy a la plaza, no veo un deporte, sino arte. Es el espectáculo más profundo de nuestra cultura que remonta a la época de los romanos. El teatro no se puede comparar ...	Pilar 14:36 14/08/04	Ver Mensaje 1 Respuesta
Yo veo que para comer o para vivir se puede justificar criar animales para luego matarlos, pero para torturarlos como deporte, eso no. ¿Qué tipo de deporte es, cuando el resultado ...	José 17:23 12/08/04	Ver Mensaje
¡Así que no va nadie a la corrida! Pues, yo he recorrido un montón de pueblos este verano, no he visto ni un solo antitaurino. Aquí habláis mucho, pero cuando se trata de ...	Toroman 19:33 9/08/04	Ver Mensaje 2 Respuestas
¿Pero de qué depende la corrida? La mayoría de los que van son viejos (por lo pronto ya no irán), turistas (no tienen ganas de volver), o famosillos (para salir en la tele) ...	MisterD 23:22 8/08/04	Ver Mensaje 3 Respuestas
Los taurinos somos los que mejor conocemos los animales. Respetamos el toro. Los que viven en las ciudades, ¿no se les ocurre que sin la corrida, no habría toros ...	TodoToro 15:41 2/08/04	Ver Mensaje
No sólo los toros sufren – vi un caballo de picador y es inhumano. Los aficionados a la tortura de animales no tienen sentimientos, ni siquiera hacia las personas ...	Miriam 15:32 2/08/04	Ver Mensaje 2 Respuestas

1a Lee los mensajes. Decide si cada mensaje está a favor o en contra de la corrida de toros.

1b ¿Cuál es el primer mensaje de la página? ¿Cuál es el último?

1c ¿Quién dice …?

1 El público de la corrida no tiene futuro.
2 Los toros representan parte de la cultura.
3 Se puede justificar matar a animales, pero no como espectáculo.
4 Los aficionados son unos sádicos sin inteligencia o emociones.
5 No hay protestas efectivas contra la corrida.
6 Los que protestan no son los que se identifican con los toros.

1d Identifica siete hechos sobre la corrida que se presentan en los mensajes.

2a En la página de ForoToro, sólo se ve la primera parte de cada mensaje. Escoge un mensaje y busca información de "La Corrida de Toros – Hechos" que sea relevante a tu mensaje.

La Corrida de Toros – Hechos

- En una corrida, matan a 6 toros.
- El toro está en el ruedo 15 minutos.
- El ritual se divide en tercios: Picador, banderilleros, el torero.
  - El picador, montado a caballo y armado de una lanza, defiende el caballo contra los ataques del toro.
  - El banderillero clava "banderillas" afiladas en el toro.
  - El torero lidia el toro con la capa y lo mata con una espada.
- El ambiente, la música, el peligro lo hacen una fiesta emocionante.
- El 60% de los españoles no ha asistido nunca a la corrida.
- En un año obtienen €1000 millones en la taquilla.
- Cada año torean a 40.000 toros.

2b Escribe una versión completa del mensaje.

2c Cambia tu mensaje con otro estudiante y escribe una respuesta.

3 Busca un foro antitaurino en Internet y prepara una respuesta a un mensaje.

4 Escucha. Toma notas de las ideas y preséntalas como opiniones. Utiliza las frases de la sección Técnica.

Técnica

Speaking: putting forward opinions

Think about these three different ways of presenting opinions:

1 Putting both sides of an argument in a balanced way
2 Considering a point of view you are going to reject
3 Presenting your own opinion

Match these phrases to the three different ways:

Creo que …   Hay que considerar que …
No se puede negar que …
No podemos olvidarnos de que …
Se podría creer que …   Se supone que …
Por un lado … por el otro …

Remember, if you are presenting something as a value judgement, you can use the subjunctive to undermine it. If you want to assert it as fact, use the indicative. See page 29.

Creo que el Real Madrid **es** el mejor equipo de Europa, y que **va** a ganar el campeonato.

No se puede negar que el Real Madrid **sea** el mejor equipo de Europa, pero no creo que **vaya** a ganar el campeonato.

Extra Completa las actividades en la Hoja 12.

Los toros – ¿tienen un lugar en nuestra sociedad moderna?

<u>Lo que provoca la condena de la corrida</u>, más que nada, <u>es lo mal que tratan a los animales</u>. Resulta cada vez más difícil <u>justificar lo cruel y lo sangrienta</u> que es "la fiesta nacional".

Esta nueva actitud refleja los cambios en la sociedad. En nuestra economía moderna <u>perdemos contacto con lo rural, lo tradicional</u>, y disfrutamos de un nuevo estilo de vida en las ciudades. Ya <u>no podemos aceptar lo que a nuestros abuelos parecía lo más normal</u>. El mundo taurino sigue siendo machista, sexista (a pesar de la participación de mujeres toreras como Cristina Sánchez y Mari Paz Vega).

Tal vez <u>lo anticuado</u> sea el único atractivo de la corrida. <u>Simboliza lo que hemos perdido</u>: un mundo desaparecido.

Gramática   ⇨ 155 ⇨ W8

Lo/Lo que

In English we tend to use the word 'thing' more than we realize. If you do this in Spanish, it makes you sound very English. One way to avoid this is to use *lo* or *lo que*.

● *Lo* means 'the thing', in expressions such as
  lo bueno   the good thing
  lo malo   the bad thing

● *Lo* can also mean 'how', in expressions such as
  No sabía lo difícil que iba a ser.
  I didn't know how difficult it was going to be.

● Sometimes *lo* is difficult to translate, because the word 'thing' wouldn't be right in English.
  lo anticuado   the out-of-date quality
  lo grande   the 'bigness'/size

● *Lo que* means 'the thing that' or 'what':
  lo que no me gusta   the thing I don't like
  lo que no entiendo   what I don't understand

(A) In the text 'Los toros', translate the phrases that are underlined.

(B) How would you say the following?
  1 The important thing is …
  2 The worst thing is …
  3 This is the difficult thing to understand:
  4 What interests me most is …

(C) Finish your sentences in B to talk about bullfighting. Here are some ideas:
  ◆ … people say it is culture.
  ◆ … they kill animals for sport.
  ◆ … why you would want to watch.
  ◆ … it must be very exciting.

Deportes y juegos

¿Cuáles son los deportes que se practican típicamente en España?

1a ¿Puedes identificar los siguientes deportes españoles?

1 Es un deporte que se inventó para aumentar el número de espectadores en un partido de fútbol local. Se juega con dos equipos de fútbol y un balón, con la diferencia de que al final de cada temporada, se introduce un toro en el campo. El portero tiene que proteger su meta contra el balón y contra el toro. Si se marca un gol mientras el toro está en el campo, cuenta por dos.

2 Se practica principalmente en el País Vasco. Se necesita mucha fuerza y destreza. Las competiciones se organizan como parte de los juegos vascos, símbolo de la identidad regional. Se reconocen varias categorías: cilíndrica, cúbica, esférica y rectangular, todas ellas de material de granito que se labra en formas y pesos diferentes. Se puede ganar de dos formas diferentes: Mayor número de alzadas, o alzar más kilos.

3 Se originó en el País Vasco, pero se ha hecho muy popular en México y Estados Unidos. Se juega contra un frontón, con dos jugadores o cuatro. Se ha declarado el juego más rápido del mundo. En lugar de una raqueta se utilizaba la mano, pero hoy los jugadores tienen una cesta para lanzar la pelota.

levantamiento de piedras   tórobul   jai alai

1b ¿Cuáles de los tres deportes son?

1 Se juegan con un objeto redondo.
2 Se puede marcar un gol.

3 Se necesitan reacciones rápidas.
4 Se originaron en el País Vasco.
5 Se lanza una pelota.
6 No es muy popular.

2a 🎧 Escucha e identifica estos tres deportes modernos.

2b 🎧 Escucha otra vez. Anota cómo se dicen estas palabras en español.

team	goal	small ball
inside	outside	racquet
large ball	track	lose points
steps	competition	net
score	race	

3 👥 Con otro/a estudiante o con el profesor/la profesora: Una persona escoge un deporte. La otra persona le hace preguntas para adivinar cuál es.

¿Se juega con...?   ¿Se juega en...?   ¿Se necesita...?
¿Se puede...?   ¿Se gana...?   ¿Se llama...?
¿Dónde se...?   ¿Cómo se...?   ¿Con qué...?

Se pronuncia así S 🎧

Stress and accents

- If the word ends in a vowel, the stress falls on the penultimate syllable:
  hablo   mesa   independiente
  Words ending in an s or an n follow the same pattern:
  hablas   hablan   mesas   independientes
- If the word ends in a consonant (except *s* or *n*), the stress falls on the last syllable.
  hablar   actitud   corral
  If you want the stress to fall on a different syllable, you must use an accent:
  jardín   último   jóvenes
- Accents can also be used to show the difference in writing between two words that sound identical:
  más (more)   *mas* (but)   *qué* (what)   *que* (that)

1 Read these sentences and compare your pronunciation with the recording.
  1 Hay varias categorías: cilíndrica, cúbica, esférica.
  2 Se inventó para aumentar el número de espectadores en un partido de fútbol.
  3 Se juega contra un frontón y es el juego más rápido del mundo.

Gramática ⇨ 168 ⇨ W62

Avoiding the passive voice

You can use the passive voice in Spanish, but it is more common to avoid it by using *se*.
El tenis se juega en verano.   Tennis is played in summer.
In Spanish these sound normal:
El desayuno se come a las siete. Aquí se habla español.

(A) Turn these notes into sentences using *se*.
El baloncesto <u>inventar</u> en los Estados Unidos. <u>Jugar</u> con dos equipos de cinco. El balón <u>botar</u> en el piso. No <u>permitir</u> correr con el balón.

Extra Completa las actividades en la Hoja 13.

Entrevista con Juan Rentería, jugador de baloncesto SR

Baloncesto SR – ¿Qué es? ¿Baloncesto sobre ruedas?

Sobre patines, como el baloncesto sobre hielo – ¡me gustaría verlo! No, es baloncesto en silla de ruedas. Se juega en la misma pista que el baloncesto a pie, con el aro a 3,05 metros. La única diferencia es que jugamos sentados y entonces estamos más lejos del aro.

¿Cómo empezaste a jugar al baloncesto?

Fui a un campamento de verano donde iba a seguir un curso de dibujo y pintura. Por las tardes jugaba con unos amigos, y me animaron a integrarme en el equipo. Competimos en la liga regional. Este año, como iniciamos la temporada muy bien, íbamos a poder ascender a la segunda liga nacional, pero terminamos en tercer lugar.

Tal vez tendréis más suerte el año que viene ...

Pues, claro que me gustaría ganar la liga, pero íbamos a tener que viajar por todo el país, y si iba a entrenar varios días a la semana ... creo que por lo personal, yo no quiero tomarlo tan en serio. De hecho el año próximo voy a inscribirme a un curso de buceo, así que no voy a tener tiempo para dedicarme al baloncesto al cien por cien.

1 ¿Qué es el baloncesto SR?

2a Busca las respuestas a estas preguntas de la entrevistadora.

1 ¿Cómo os fue en la liga este año?
2 ¿En qué es diferente al baloncesto estándar?
3 ¿Te decepcionaste con los resultados?
4 ¿A qué altura está el aro?
5 ¿Dónde empezaste a jugar?
6 ¿Juegas en una liga?
7 ¿Quieres seguir seriamente con el baloncesto competitivo?

2b 👥 Con otro/a estudiante, practica la entrevista con las preguntas de 2a y la información del texto.

3 Investiga en Internet las organizaciones deportivas para discapacitados. Puedes empezar con:
◆ FEDF: Federación Española de Deportes de minusválidos físicos
◆ Solidaridad Digital (sección deportes)
◆ CAMF: Confederación Andaluza de Minusválidos Físicos

Gramática ⇨ 163 ⇨ W42

Iba a ...

You are probably familiar with *voy a* + infinitive for 'I am going to ...'. Revise its formation and usage.

In the last two paragraphs of the interview, Juan Rentería uses *iba a* to talk about what **was going to** happen.

(A) Translate these sentences into English.
1 Iba a seguir un curso de dibujo.
2 Íbamos a poder ascender a la segunda liga nacional.
3 Íbamos a tener que viajar por todo el país.
4 Iba a entrenar varios días a la semana.

(B) Re-write this text to talk about the past.

Ejemplo: En verano iba a ir a España ...

En verano voy a ir a España con mis padres porque mi padre va a tener unos días de vacaciones. Vamos a alojarnos en un hotel, y mis padres van a ir al teatro mientras nosotros vamos a salir a bailar. Voy a hacer buceo y mi hermano va a construir castillos de arena porque no sabe nadar.

El turismo: ¿Trae problemas o beneficios?

Cómo preparar una presentación oral sobre el turismo

1 🎧 Escucha a Ramón. ¿Cuáles de los siguientes puntos **no** se mencionan?

1 oportunidades de trabajo
2 aprender idiomas
3 Europa
4 perspectiva internacional
5 amigos extranjeros
6 instalaciones para el ocio
7 infraestructura de transporte
8 museos y monumentos

2a 🎧 Escucha la presentación de Jessica y completa el mapa mental.

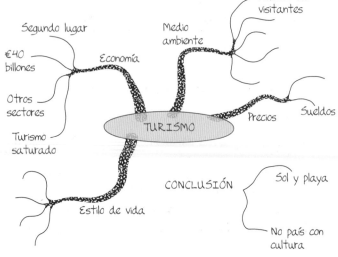

2b La conclusión de la presentación de Jessica es bastante interesante, pero no ha estructurado su presentación alrededor de esta idea central. Reorganiza el mapa mental y haz la presentación a la clase.

3a Haz una lista de ventajas y problemas causados por el turismo en España.

3b 👥 Organiza tu lista en un mapa mental y haz una presentación a tu grupo.

Ejemplo:

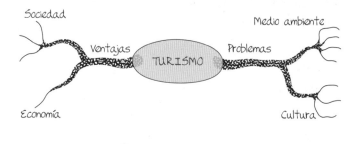

Heritage England
Overseas Visitor Pass

The overseas visitor pass gives you the right to visit any of our 500 historic properties throughout England over a period of two weeks or three weeks while on your holidays.

The attractive pricing means you can afford to experience several historic English sites. If you have already paid to visit one of our properties, the cost will be deducted from the price you pay for the pass.

	Adults	Children	Families*
14 Days	£12	£6	£25
21 Days	£16	£8	£35

Two adults and maximum four children
Information at any of our properties.
Available only to holders of non-UK passports.

1 Un amigo que visita Inglaterra te ha pedido ayuda para planear sus vacaciones. Lee la información sobre el "Overseas Visitor Pass", para poder ofrecerle consejos.

a Primero necesitas hacer unas preguntas para saber:
♦ Lo que le interesa hacer en Inglaterra
♦ El tiempo que va a pasar en el país
♦ El número de personas que hay en su grupo

b Tendrás que dar información sobre:
♦ Las atracciones que ofrece Heritage England
♦ Los precios del abono especial
♦ Dónde informarse

c Tendrás que considerar:
♦ Cómo tendrá que organizar sus vacaciones
♦ Si realmente le conviene el abono
♦ Qué hacer si no está convencido

How to approach speaking stimulus material
● You have time to read the text and to prepare.
● Make full use of material from the text, and then your own ideas.
● Avoid just reading from it: examine the facts and respond to them.
● You must listen and be prepared to respond flexibly.
● Remember, there are also marks for language.
● Watch out for material which is humorous or ironic in tone.

¡Qué idea más inteligente!

Problemas ocasionados por el turismo en las zonas litorales:
Los jóvenes no pueden comprar una casa

● Aumento de precios de las casas en España: 14% en un año.
● Aumento de precios de las casas rurales en Málaga: 100% en un año.
Desarrollo en las zonas áridas
● Kilómetros de canalización para trasvasar agua del norte al sur: 1.024
Dependencia económica en el turismo
● Importancia de Benidorm en la economía nacional: 1% del total

La solución:
Atraer a más turistas a otras regiones del país
● 25 objetivos del plan del Ministerio de Turismo y Comercio para promover el turismo al interior del país
● Subvenciones "ecológicas" a los hoteles rurales
● Región que ha reemplazado a Canarias como "más popular": Cataluña

2 Prepara tus reacciones a los siguientes puntos:

1 Las estadísticas sobre los precios de las casas
2 Los problemas ambientales del desarrollo del turismo
3 El éxito del gobierno en promover el turismo fuera de las zonas tradicionales
4 La dependencia económica en el turismo
5 La idea de extender el turismo a otras regiones

Fiestas

¿Simplemente para los turistas?

1a Antes de leer los textos sobre diferentes fiestas de
España, haz preguntas para poner a prueba los
conocimientos de tu profesor(a). ¡Cuidado! Si el
profesor/la profesora no sabe las respuestas, ¡tiene
derecho a inventarlas!
Las fiestas son: Las Fallas, La Vaquilla, La Tomatina.
Puedes llenar una ficha así:

¿Cómo se llama la fiesta?	¿Qué se hace?	¿Cuándo es la fiesta?	¿Dónde tiene lugar?	¿Quién participa?
Las Fallas				
La Vaquilla				

1b Ahora lee los textos para verificar las respuestas del
profesor/de la profesora.

Las Fallas se celebran cada año en el mes de marzo en
Valencia. Originalmente se festejaban el día de San José
y era una fiesta propia de los carpinteros. Hoy miembros
de diferentes barrios de la ciudad construyen su "falla"–
estatuas enormes sobre temas satíricos – que luego se
queman en las calles. Se ha declarado una fiesta de
interés turístico nacional.

El dos de febrero se celebra La Vaquilla en las calles de
El Colmenar Viejo. Tiene sus orígenes en el mercado o la
feria de ganado. Las mujeres de la familia visten una
tabla de madera ("una vaquilla") con cintas de diferentes
colores. Luego los hombres bailan con la vaquilla en las
calles hasta llegar a la plaza principal, donde el pueblo
se reúne para comer juntos.

La Tomatina se originó en 1945, por razones oscuras,
pero hoy atrae a miles de turistas de todo el mundo a
Buñol. Se lleva a cabo el último miércoles de agosto.
Durante dos horas los participantes tiran 125.000 kilos
de tomates. Los 20.000 participantes y el pueblo entero
se cubren del jugo de los tomates aplastados.

1c Utiliza la tabla "Las diferencias entre fiestas
tradicionales y modernas" para analizar las tres fiestas.
Puedes llenar una ficha así:

	Puntos tradicionales	Puntos modernos
Las Fallas	✓✓	✓
La Vaquilla		

Las diferencias entre fiestas tradicionales y modernas

Tradicional	Moderna
• participación	• espectáculo
• en el centro del pueblo	• en las afueras
• todos	• sólo jóvenes
• vino y comida	• cerveza
• comunidad	• turistas
• orígenes religiosos	• orígenes comerciales

2a 🎧 Vas a escuchar dos opiniones diferentes sobre cada fiesta. En cada caso, decide cuál de las dos opiniones te parece más lógica.

2b 🎧 Escucha varias veces y apunta las ideas que seleccionaste. Ver los consejos de la página 16.

Ejemplo: Tomatina = fiesta estilo "tradicional". Es moderna, pero todos participan.

2c Utiliza información de la página 44 para explicar por qué las ideas te parecen lógicas. Ver las frases de la página 39.

Ejemplo: No se puede negar que la Tomatina sea una fiesta moderna, pero tiene aspectos de una fiesta tradicional. Tiene lugar en el centro del pueblo. Es el mismo día cada año, y la gente hace exactamente lo mismo. Lo más importante es que se participa, tirando kilos de tomates.

El flamenco

Para el extranjero, el flamenco es la música de España, pero sus raíces están en la región de Andalucía. Más precisamente pertenece a la comunidad de los gitanos. En el flamenco, los ritmos apasionados del sur de España están mezclados con el cante, el baile y la guitarra.

El cante refleja sus orígenes en una minoría oprimida: Es un estilo dramático, poderoso, el grito de dolor de la raza gitana. En la música auténtica, la guitarra es un simple acompañamiento y el baile un elemento agregado para sacar dinero a los turistas.

Con su éxito se está perdiendo la autenticidad de sus raíces. Cuando un estilo se extiende más allá de su comunidad, ¿cobra vida nueva o empieza a morir? El baile flamenco se practica más en el extranjero que en España. El público internacional adora la guitarra pero no entiende la letra ni las tonalidades de las canciones.

Tal vez se puede comparar con el "blues", que dejó hace mucho de ser la música de los esclavos, y ha continuado evolucionando. Hoy se considera como patrimonio de la raza humana entera.

Gramática ⇨ 167 ⇨ W35

Ser and *estar*

Ser is used for describing permanent qualities or identity. *Estar* refers to position or state.

Be careful when you are using the verb 'to be' twice in one sentence:
The music is traditional but still evolving.
La música es tradicional, pero todavía está evolucionando.

Ⓐ Complete these sentences with the correct verb.
1 El guitarrista .... detrás del cantaor y .... de menos importancia.
2 El público .... muy numeroso y .... muy emocionado.
3 La canción .... en el disco "Fandangos" y .... muy buena.

3a Decide si las siguientes ideas se encuentran en el texto o no.

1 La "autenticidad" de la música depende de sus orígenes locales.
2 La explotación comercial de la música destruye su autenticidad.
3 La música puede evolucionar y extenderse nacional e internacionalmente.
4 El éxito comercial es inevitable y deseable.
5 La música flamenca no podría comercializarse fácilmente.

3b Busca frases en el texto que justifiquen tus respuestas.

4 Prepara una presentación oral sobre la música flamenca. Estructura tu presentación sobre ideas de 3a, utilizando hechos y opiniones como justificación.

Extra Completa las actividades en la Hoja 14.

A escoger

1 Las siguientes frases tienen sus orígenes en la corrida de toros, pero se pueden utilizar de forma metafórica.

ver los toros desde la barrera	*to sit on the fence*
lidiar	*to fight*
echarse al ruedo	*to throw your hat into the ring*
saltarse a la torera	*to ignore objections*
la puntilla	*the coup de grace*

Utiliza las frases metafóricas para expresar estas ideas.

Ejemplo: No sé si estoy a favor de matar a los animales o no. → En cuanto a la crueldad, veo los toros desde la barrera.

1 Estoy dispuesto a defender los derechos de los animales.
2 Los jóvenes quieren dar su opinión sobre las "tradiciones".
3 Los aficionados a la corrida no respetan los derechos de los animales.
4 El argumento más importante es que España tendrá que respetar las leyes europeas.

2 Inventa un deporte. Describe tu deporte para que los otros adivinen cómo se llama.

Se juega con …   Se juega en …   Se necesita …
Se puede …   Se gana …

Ejemplos:

dardos de colibrí   *tenis para delfines*

billar con caracoles   *lucha libre de muñecas*

3 Con el grupo, prepara un debate sobre los beneficios y los inconvenientes que el turismo ha traído a España. Toma un lado del argumento, y prepara tus ideas. Puedes usar ideas de la página 42.

4 Investiga otras fiestas: La Romería de El Rocío en Andalucía o Santa Águeda en Zamarramala, por ejemplo. Prepara una presentación oral sobre las fiestas en España.

La salud

By the end of this unit you will be able to:

- ◆ Relate modern lifestyles to health
- ◆ Discuss health problems in Spain
- ◆ Analyze government health campaigns
- ◆ Consider global health issues
- ◆ Use the imperfect to describe what someone was doing
- ◆ Use relative pronouns such as *el cual* and *cuyo*
- ◆ Use the subjunctive to talk about doubt and improbability
- ◆ Tackle essay writing

No, sénor, sólo bebe agua.

1a 👥 Con tu compañero/a pon en orden las etapas del efecto del alcohol en el conductor.

- ◆ Sumamente peligroso conducir
- ◆ Etapa de alarma
- ◆ Etapa de riesgo
- ◆ Imposible conducir
- ◆ Peligroso conducir

1b 👥 Asocia dos de los siguientes efectos físicos con cada etapa.

1 Reducción del buen juicio
2 Estupor
3 Excitabilidad
4 Agresión
5 Riesgo de coma
6 Reflejos muy confusos y lentos
7 Reducción de la percepción del riesgo
8 Confusión
9 Vista doble
10 Pérdida de inhibiciones

1c 🎧 Escucha para verificar tus respuestas.

Salud es vida

Estilo de vida, calidad de vida

¿Cómo aprovechar la vida?

No confundas nivel de vida con calidad de vida: Es siempre querer tener más, y nunca contentarte con lo que ya tienes.

Divide tu día en tres: Se necesitan ocho horas para dormir, ocho horas para relajarte, además de ocho horas para trabajar. No olvides la importancia del tiempo libre. El secreto es mantener el equilibrio.

El tiempo libre no tiene que significar llenar tu agenda de actividades. No busques el estrés adicional de conducir de una cita a otra, cumplir compromisos sociales, ganar concursos deportivos.

Aprende a decir "no" al consumismo. La publicidad nos ofrece cada vez más productos seductores, que nos llevan a mantener un tren de vida por encima de nuestros recursos. La sobrecarga de trabajo nos quita tiempo para descansar o para estar con nuestros seres queridos.

1a Lee el texto y busca cómo se dice:

1 always wanting more
2 Don't forget the importance of free time.
3 The secret is to keep a balance.
4 Don't seek out additional stress.
5 Adverts offer us more and more tempting products.
6 Overwork takes away our time.

1b En estas frases las ideas están revueltas. Corrígelas.

1	En el trabajo	reserva tiempo para descansar
2	En el tiempo libre	aprovecha el tiempo juntos
3	Durante el día	evita obsesionarte
4	Con la familia	evita una agenda atestada

1c "El secreto es mantener el equilibrio." Haz una lista de ejemplos mencionados en el texto.

Un día en la vida de ... Azucena – Periodista

8h Me desperté con la radio – tengo una en el dormitorio y otra en la cocina, entonces escuchaba dos emisiones diferentes.
9h Salí al trabajo en Antena 3, el canal de televisión.
10h Navegaba por Internet cuando me trajeron los periódicos.
11.30h Entré a una reunión.
12h Entraba a "maquillaje" cuando decidí cambiar de chaqueta.
12.45h Volví a mi oficina y por la tarde trabajé en el informativo de las tres.
15h ¡En el aire!
16h Salía a comer cuando sonó el teléfono.
17h Salí a comer en el café de la esquina y volví a una reunión.
18h Iba a ir al gimnasio, pero decidí ir de compras y luego al cine.
21h Volví a casa para ver y comparar los diferentes informativos.
22h No tenía compromisos así que leí y vi la televisión.
24h Me acosté. Al día siguiente iba a levantarme temprano para ir de Madrid a Barcelona, para pasar el fin de semana con mi marido.

2a Lee el texto de Azucena y apunta cuántas veces menciona:

1 tareas y trabajos
2 actividades de tiempo libre
3 tiempo para relajarse

Puedes llenar una ficha así:

Tareas	Actividades	Descanso
✓✓		

2b Pon en orden de prioridad los siguientes consejos para Azucena.

dormir más   relajarse más   trabajar menos
pasar más tiempo con su esposo

2c 🎧 Escucha a Maritza y llena la misma ficha de tareas, actividades y descanso.

2d ¿Qué le aconsejarías a Maritza para que aproveche más su vida? Toma ideas de tu lista del ejercicio 1c.

Gramática ➡ 163 ➡ W41

The imperfect

The imperfect is used for describing what was happening: I was eating (when the phone rang). *Comía (cuando el teléfono sonó).* In this case of 'interrupted action' it is used together with the preterite.

● -*ar* verbs:

hablaba   hablabas   hablaba   hablábamos
hablabais   hablaban

● -*er* and -*ir* verbs:

comía   comías   comía   comíamos   comíais   comían
vivía   vivías   vivía   vivíamos   vivíais   vivían

3a Las siguientes tareas te ayudarán a comprender el texto. Ver los consejos de la página 26 también.

1 Compara las dos fotos. ¿Cuál es la "dieta mediterránea"?
2 Lee los títulos. ¿Trata de buenas o malas noticias?
3 Busca los tipos de comida mencionados en el texto:
   ◆ tipos de comida: legumbres, etc.
   ◆ categorías generales: grasas, etc.
4 ¿Se mencionan algunas personas en el texto?
5 Busca los problemas de salud que se mencionan.
6 Decide cuál es el tema principal de cada párrafo.

● Irregular verbs:

ser:	era	eras	era	éramos	erais	eran
ir:	iba	ibas	iba	íbamos	ibais	iban

(A) Replace the infinitive with the correct form of the imperfect.

1 (Comer) un bocadillo cuando llegó mi jefe.
2 (Ponerse) el maquillaje cuando me acordé de la cita.
3 Cuando volví a la oficina la secretaria (hablar) con mi esposo.

3b Busca hechos relevantes para incluir en un trabajo escrito con el título "La dieta española es esencialmente una dieta saludable". Organiza tu lista así y escribe 100 palabras para discutir el tema.

La dieta española es una dieta saludable	
Hechos que lo afirman	**Hechos que lo contradicen**
La dieta mediterránea es el modelo para el mundo entero	

Comer para vivir.
Vivir para comer.

Sólo el 2,6 por ciento de los niños españoles come la "dieta mediterránea", destaca una encuesta de 2.600 niños madrileños.

La dieta mediterránea es el patrón de dieta saludable en todo el mundo, pero se está perdiendo en la población infantil.

"El consumo de verduras, fruta, patatas y lácteos ha disminuido. La cantidad de carne, snacks, dulces, pasteles y chucherías ha aumentado," comentan expertos en nutrición. Los niños encuentran su principal fuente de energía en los dulces.

Se nota un aumento de la obesidad en los niños que no cumplen la dieta mediterránea.

Los adultos tienen que aceptar parte de la responsabilidad. Los comedores escolares parecen no tener unos criterios nutricionales claros.

Además, los hábitos de los adultos también se están modificando. Los padres ya no insisten en el valor de la buena comida, y ceden a los "caprichos" de los niños. El impacto de la publicidad anima a los niños a consumir productos poco saludables.

La dieta mediterránea es rica en pescado, pero el consumo de pescado ha descendido a la mitad de lo recomendado. Ocurre lo mismo con el consumo tradicional de lácteos, frutas y verduras.

Las consecuencias son preocupantes: aumenta la obesidad infantil, crecen los índices de hipercolestrolemia. En lugar de una dieta que mantenga en equilibrio los alimentos básicos, prevalecen las grasas saturadas, los dulces y otros alimentos que sólo aportan calorías vacías.

Se ha perdido lo que en España siempre ha sido una alimentación saludable, es decir, la dieta mediterránea, puesta como ejemplo por especialistas de todo el mundo.

¡Vive!

¿Vas a vivir en España? ¿Has pensado en tu salud?

Sergio y Dawn

Vivimos en España, pero cuando mi esposa necesita ver al doctor, prefiere volver a Inglaterra. Dice que prefiere el sistema que conoce, y que el doctor le da más opciones. En mi trabajo pago un seguro que me permite ir a una clínica del SNS o a una clínica privada, pero Dawn dice que en Inglaterra no tiene que pagar.

Si tienes un problema grave, no dudes en presentarte en el Departamento de Urgencias del hospital, donde un médico te verá rápidamente.

Si vives en España es mejor registrarte como residente para obtener la tarjeta oficial o "SIP". Las reformas significan que el sistema varía según las diferentes regiones.

Cuando vayas al médico es una buena idea llevar una copia de tu historial médico traducido al español.

Existe un servicio de Teleasistencia Domiciliaria, para los que pueden necesitar ayuda urgentemente.

Montse y James

Vivo en Inglaterra, pero si necesito operarme o atención dental o algo así, prefiero volver a España. Tengo confianza en la calidad del servicio: mi familia tiene un médico de cabecera muy bueno, y el sistema funciona muy bien. Se llama el Sistema Nacional de Salud, pero se organiza según criterios regionales. Tenemos la clínica, con enfermeras, pediatras, y luego el hospital. El dentista es particular, o sea tienes que pagar. Mi esposo James siempre me recuerda que en Inglaterra forma parte del servicio nacional.

---

1 Construye frases correctas.

1 A Montse	les gusta	volver a España para tratamiento médico.
2 A Dawn	le duele	su sistema de salud.
3 A los españoles	le duelen	algo, va a una clínica.
4 Al gobierno	le gusta	las reformas administrativas.
5 Cuando a Sergio	le gustan	los dientes no tiene que pagar al dentista.
6 Cuando a James	le gusta	ir al médico en Inglaterra.

Extra Completa las actividades en la Hoja 15.

¡Vive!
Los accidentes no son accidentes. Decides tú.

- Si has bebido, no conduzcas.
- No te montes en un coche con un conductor que haya bebido.
- Evita que un amigo bebido coja el coche.

La seguridad de todos depende de la prudencia de cada uno.

La publicidad que nos invade nos incita a consumir alcohol. Reflexiona sobre los argumentos: Popularidad, atracción sexual, madurez, juventud, felicidad, diversión, sofisticación, placer. **Provoca el deseo, porque provoca la compra.**

- Piensa en bebidas sin alcohol.
- Bebe poco a poco, alternando con bebidas sin alcohol.
- No participes en las "rondas".
- Olvídate de las mezclas explosivas.

Debes saber que NO hay un límite de seguridad de consumo de alcohol en menores de edad.

Párate a pensar cuánto alcohol consumes. **Decides tú. La diversión no debe costar la vida.**

2a En el folleto, identifica dónde se mencionan las siguientes ideas:

1. beber sin exceso
2. conducir después de beber
3. la imagen que fomenta la publicidad
4. tomar tus propias decisiones

2b Identifica los imperativos positivos y negativos. Ver la casilla Gramática en la página 22.

Ejemplo: "Bebe agua. No bebas vino".

2c Escribe un párrafo sobre cada una de las cuatro ideas principales del folleto (ver el ejercicio 2a).

2d Organiza los párrafos en un texto continuo, utilizando las frases de la sección Técnica.

Extra Completa las actividades en la Hoja 16.

Técnica

Paragraphs

The first sentence of each paragraph needs to make clear its relation to what has gone before:
- Continuing or adding to an idea
- Qualifying an idea
- Contrasting or denying

Which category do these phrases fit into?

Frases claves
Sin embargo ...
El mejor ejemplo sería ...
Quizás la verdad es más compleja ...
Al mismo tiempo ...
Más importante aún es ...
Además ...
Claro ..., pero ...

Gramática   ⇨ 160 ⇨ W26

Relative pronouns

- The usual word for 'who' or 'which' is *que*. It refers back to a noun in the first half of the sentence. Sometimes there is more than one noun, and it is not clear what *que* refers to: *El coche de mi hermana, que está en el garaje, es verde.*

  You can make this clearer by using *el cual, la cual, los cuales* or *las cuales*. The gender shows which noun is being referred to.
  El coche de mi hermana, el cual está en el garaje, es verde.

- *Cuyo* means 'whose'. It also changes to *cuya, cuyos, cuyas*. The gender depends on the gender of the item owned. Think of it as similar to *tuyo, tuya, tuyos, tuyas*.

  La chica cuyo coche me atropelló, estaba borracha.

El joven cuya moto se averió, llamó a un mecánico.

(A) Fill in the gaps using the correct form of *el cual* or *cuyo*.

1. Hay varios factores que influyen a la hora de tomar una decisión peligrosa, ... incluyen la publicidad y el consumo del alcohol.
2. A un joven .... amigos compran bebidas en "rondas", le resulta difícil beber con moderación.
3. Varias presiones afectan a los jóvenes, ... significan que sufren más accidentes.
4. Un folleto ha sido producido por las autoridades, ... quiere convencer a los jóvenes de que sean más responsables.
5. Ivana, en .... coche viajaban, no prestaba atención.

Engancharse a la vida

¿Somos capaces de asumir la responsabilidad?

El Debate
El toxicómano: ¿Criminal o Paciente?

Irma Sánchez

No creo que los drogadictos busquen tratamiento médico.

Para ellos drogarse es su estilo de vida y considero poco probable que quieran cambiar. De hecho suelen ser individuos que mantienen que es su derecho decidir cómo actuar, sin tener en cuenta las consecuencias. No reconocen que tienen un problema y revindican sus derechos.

Sabiendo que perjudica la salud, y que es ilegal, insisten en picarse. No creo que se pueda decir que son "enfermos". Son criminales.

Iván Gómez

¿Realmente puedes creer que tratar a un drogadicto como a un criminal le ayude?

No acepto que la amenaza de detener y castigar a un adicto vaya a cambiar su situación.

Es casi imposible que se salve de su dependencia sin tratamiento.

Una persona que vive con una dependencia física no quiere más que aliviar esa dependencia. El drogadicto lo hace picándose, pero a la vez confirma su adicción. ¿No ves que lo que realmente necesita es una forma de liberarse de este círculo vicioso?

1a Lee el artículo. ¿Quién dice …?

1 La sociedad tiene que ayudar a los drogadictos.
2 La sociedad tiene que actuar contra los drogadictos.
3 Los adictos no pueden tomar decisiones.
4 Los adictos deciden tomar drogas.
5 Los drogadictos quieren drogarse.
6 Los drogadictos quieren escapar de su adicción.
7 Los adictos no quieren dejar de picarse.

1b Las opiniones son directamente contradictorias. Considera los siete puntos del ejercicio 1a. ¿Con qué puntos estás de acuerdo?

1c Escribe las frases con las cuales estás de acuerdo. Empieza con "Creo que …".

Ejemplo: Creo que la sociedad tiene que ayudar a los drogadictos.

1d Escribe las frases con las cuales no estás de acuerdo. Empieza con "No creo que …". Necesitas las siguientes formas de los verbos:

tenga   puedan   decidan   quieran

Gramática   ⇨ 166 ⇨ W53

The subjunctive – doubt and improbability

The subjunctive is used when two parts of a sentence don't sit well together. For example, 'I don't think the subjunctive is difficult' consists of two phrases: 'I don't think' + 'The subjunctive is difficult'. 'The subjunctive is difficult' directly contradicts what I am actually trying to say. I can weaken that part of the sentence by using the subjunctive:

No creo que **el subjuntivo sea difícil**.

Whenever you use a sentence to cast doubt, the main verb is in the indicative, and the subjunctive is used to weaken what it is you don't believe in.

Dudo que los adictos sean "enfermos".
Es poco probable que los adictos quieran seguir así.
No reconocen que necesiten ayuda.

Frases claves

Dudo que ...	No creo que ...
Es poco probable que ...	No acepto que ...
Es imposible que ...	¿Cómo puedes pensar
No reconocen que ...	que...?

Extra Completa las actividades en la Hoja 17.

20 años de campañas. Las imágenes y los eslóganes contra el sida

- Gente de diferentes razas, de pie, dentro de un condón enorme. "El sida existe. La forma de evitarlo también."

- Una persona sola sentada en unas escaleras en la calle. "Lo peor del sida es el rechazo y la marginación."

- El texto "Yo ❤ tú" con el corazón reemplazado por un condón.

- Una foto del futbolista Ronaldo. "Con el sida no te la juegues. Protégete."

- La aguja de una jeringa sucia. "No te piques. El sida te engancha por la droga."

- Los símbolos ♀ y ♂ como monigotes* que hacen varias actividades. "SI DA. NO DA".

> * monigote – personaje de un tebeo o una caricatura

2a Lee las descripciones de "20 años de campañas" y trata de dibujar uno de los pósters originales.

2b 🎧 Escucha y pon las campañas en orden cronológico.

2c 🎧 Escucha otra vez y apunta el año exacto para cada eslogan.

---

cuidado con el sol   no drogarse

el alcohol con moderación   no fumar

comer frutas   evita la sal

"Empiezan con una campaña de 'educación', pero logran cambiar las actitudes y diez años más tarde pueden prohibir otra parte de nuestro estilo de vida."

"Los gobiernos quieren asociarse con ciertos valores, proyectar cierta imagen. Campaña de salud pública, o campaña electoral: es lo mismo."

"La sociedad sufre las consecuencias: el gobierno tiene que actuar."

"Un pequeño acto de rebeldía que sólo me perjudica a mí. ¿El gobierno quiere protegerme, o quiere controlarme?"

"Yo no sé si las campañas están en contra del tabaco o en contra de los fumadores. Quieren imponer unos valores, un estilo de vida."

"No debemos separar el gobierno del resto de la sociedad. Todos tenemos una responsabilidad hacia los otros."

"La responsabilidad del gobierno se limita a asegurarse de que disponemos de la información adecuada para tomar nuestras propias decisiones."

"Estamos rodeados de material publicitario. El gobierno intenta mantener el equilibrio."

3a Lee las opiniones sobre campañas de salud pública y decide si se refieren al sida o a otras campañas.

3b ¿Cuántas están de acuerdo con la intervención del gobierno?

3c ¿Cuántas de las opiniones podrían ser las conclusiones de un ensayo con este título?
"¿El gobierno tiene la responsabilidad de convencernos de que debemos mejorar nuestro estilo de vida?"

3d Escribe un párrafo de conclusiones basado en una de las opiniones de arriba.

3e Ahora que tienes tus conclusiones, escribe el plan para el ensayo de 3c.

La salud del planeta

La comida transgénica: ¿Solución o amenaza?

1 Modificar la estructura genética de los cultivos para transferir las calidades de un organismo a otro: parece una idea de ciencia-ficción. No es ficción, sino realidad, y merece una evaluación imparcial y sin caer en romanticismos.

2 En México se ha desarrollado una variedad de maíz transgénico capaz de cultivarse en los suelos típicamente áridos y secos. Necesita menos agua, menos fertilizantes, pero sin absorber sustancias tóxicas de la tierra empobrecida. Podría representar un gran beneficio para los más necesitados.

3 Entonces ¿por qué no se ha adoptado? Los ciudadanos acomodados de los países más ricos no están de acuerdo. Reclaman comida "biológica", producida de forma menos eficiente, pero más saludable y con más sabor. Eso cuando 45 millones viven sin comida suficiente en un país como México.

4 Por un lado protestan que la tecnología es nociva y se debe prohibir. Más importante, se niegan a comprar comida transgénica y el mercado de esos cultivos desaparece.

5 Sin embargo, tal vez el asunto sea más complejo. Es un hecho que la tecnología a menudo exagera las divisiones entre ricos y pobres en lugar de mejorar la suerte de los necesitados.

6 La tecnología agrícola confronta una industria eficiente y dinámica con los campesinos pobres. Un granjero mexicano puede comprar un pollo más barato que el costo de criar una gallina. Puede comprar maíz más barato que el costo de cultivarlo por sí mismo. Si es más caro cultivar su comida que comprarla, el campesino no tiene futuro.

7 Al mismo tiempo en Estados Unidos una compañía ha identificado los genes de una variedad de frijol. Han registrado los derechos de patente del frijol amarillo. Ahora los frijoles exportados de México tienen que pagar una cuota si contienen frijoles amarillos. Otra vez la tecnología hace más ricos a los ricos, y más pobres a los pobres.

8 En este aspecto, una comparación con la industria farmacéutica es particularmente reveladora. Nadie negaría que desarrollar medicamentos nuevos es algo beneficioso. Pero no podemos descartar el hecho de que las grandes empresas no regalan su producto a los enfermos. Todo lo contrario: Ponen el énfasis en crear nuevos productos para los que pueden pagarlos, no para los que sufren más. Aun peor es la práctica de prohibir la venta de versiones baratas pero no autorizadas en el tercer mundo. Y las compañías farmacéuticas son las mismas de la comida transgénica.

9 Solamente se puede llegar a una conclusión de la experiencia de la tecnología hasta la fecha. La tecnología puede ser buena, pero como en la ciencia-ficción, si cae en manos de los malos desalmados, si no destruye el planeta, tampoco asegura el futuro del campesino pobre.

1a Lee el texto "La comida transgénica: ¿Solución o amenaza?" e identifica en qué párrafos se encuentran:

1 el maíz
2 la tecnología de la industria agrícola
3 una definición de la tecnología transgénica
4 la comida biológica
5 los medicamentos
6 las patentes

1b ¿Verdad o mentira?

1 La introducción respeta los dos lados del argumento.
2 En el párrafo 2, se presenta un argumento en contra del maíz transgénico.
3 En el párrafo 3 el autor está a favor de la comida biológica.

4 En el párrafo 4, el autor explica por qué la comida transgénica no ha tenido éxito todavía.
5 En el párrafo 5, se propone un argumento más importante que el simple a favor o en contra.
6 En el párrafo 6, se dice que la tecnología ayuda a los campesinos.
7 En el párrafo 7, el autor está de acuerdo con que las compañías tengan las patentes de los cultivos.
8 El párrafo 8 no tiene nada que ver con la comida.
9 La conclusión responde a la pregunta original.

1c Escribe un resumen del argumento en tres párrafos.

2 La salud del planeta: ¿Cuánto sabes? Empareja los temas y los textos.

Las patentes biológicas

Los clones

El principio activo es lo importante, no el nombre de la droga, pero a las empresas grandes no les gusta que copien sus productos. En el Tercer mundo no es cuestión de hacer negocios, sino de salvar vidas.

Un inventor tiene derecho a proteger su creación. Pero ¿quién inventó las plantas? Hoy se puede registrar un cultivo como propiedad intelectual.

Crear una nueva planta, combinando diferentes especies en el laboratorio. Pueden resistir a las plagas, o crecer en condiciones áridas.

Animales creados con el material genético de un solo progenitor, sin necesidad de recurrir a la reproducción sexual.

La comida transgénica

Los medicamentos genéricos

MAÍZ EXPERIMENTAL

A escoger

1a S🎧 Escucha la conversación sobre el peligro de fumar y conducir.
¿Cuántos factores de riesgo asociados con fumar y conducir se mencionan?
Haz una lista de los riesgos.

1b Prepara un folleto oficial como advertencia de los riesgos.

2 👥 Crea y graba un drama para una campaña de radio o televisión. Trata de incluir las frases de la campaña "Vive y deja vivir".

Vive y deja vivir

Te quería
No queremos sida aquí
Es mi casa
Vete de mi casa
¿Qué haces aquí?
Te lo mereces
Te voy a dejar
¿A mí también me va a pasar?
Tu generación es un desastre
No me dejan que hable contigo
Te van a matar
Ya no te considero hijo mío
Has deshonrado a la familia
¿Cómo pudiste hacernos esto?

Experimentas algunos de los primeros síntomas del VIH y del sida.

3 Lee el artículo sobre la comida biológica y contesta a las preguntas.

1 ¿Por qué esta comida tiene tres nombres alternativos (ecológica, biológica y orgánica)?
2 ¿Qué es la comida biológica?
3 ¿Cuáles son sus ventajas principales y sus inconvenientes?
4 ¿Puedes deducir lo que significan las siguientes palabras sin buscarlas en el diccionario?

sabor abonos harina productos lácteos

La comida biológica

Es una moda que no ha hecho más que empezar. No se ha determinado todavía cómo se llama: comida ecológica, o biológica, u orgánica. Crece la demanda de productos cultivados sin pesticidas ni herbicidas.

Además de respetar el medio ambiente, guardan intactos su sabor y sus vitaminas. En lugar de fertilizantes industriales, por ejemplo, se recurre a abonos naturales.

Los alimentos disponibles incluyen verduras y frutas, pastas, arroz, patatas y harina. Y no solamente las plantas, sino también carnes y productos lácteos.

El problema es que no siempre es fácil encontrarlos y que son un poco más caros que los convencionales.

4 ¿Eres adicto al móvil?

Tienes movilitis si:
- Mandas un sms a una amiga que está sentada a tu lado
- Los profesores te pillan hablando por teléfono en clase
- En el cine suena un móvil: ¡Es el tuyo!
- Cada semana bajas una melodía de moda como nuevo aviso de llamada
- Tu amigo compra un teléfono nuevo entonces sales y compras uno mejor y más caro

Repaso Unidades 3–4

Se encuentran a la venta en todas partes, desde las discotecas hasta las gasolineras. Son el último grito en la vida "diseñada": Son las bebidas energéticas.

En las fiestas nocturnas, han reemplazado a los refrescos. Tienen una mezcla de sabores artificiales, vitaminas, cafeína, ginseng, y otros ingredientes energéticos.

Tienen nombres como Reanimator, Explosive, o Toro Rojo. Pretenden estimular el cuerpo y aliviar el cansancio. Incrementan la capacidad para reponerse de los efectos del alcohol, de la resaca. Sustituyen a los productos cola, y al tradicional café.

Se adaptan a la vida acelerada de los jóvenes, ansiosos de evitar la somnolencia, o de estimular la actividad constante. Trasnochar bailando, conducir sin dormirse, estudios de última hora, una agenda social atestada, gimnasio, teléfono, Internet.

Son muy diferentes a las bebidas isotónicas, ya populares entre los deportistas. Esas bebidas proporcionan agua, vitaminas, sales que se pierden en el sudor. No estimulan el cuerpo, sino que permiten al deportista mantener su nivel más alto de rendimiento físico.

1a Lee el texto y los puntos a–g. Decide si:

1 son propiedades de las bebidas energéticas
2 son propiedades de bebidas isotónicas
3 no se dice

a Son nuevas.
b Son efectivas para recuperarse por la mañana, después de haber bebido.
c Se beben en lugar de bebidas sin alcohol en las discotecas.
d Contienen más cafeína que una taza de café.
e Contienen ingredientes naturales y artificiales.
f Se conforman al estilo de vida de los jóvenes.
g Ayudan al cuerpo a funcionar.

(7 marks)

1b Busca en el texto palabras o frases equivalentes a:

pasar la noche despierto   la moda más reciente
aumentan   una combinación   aromatizantes
estaciones de servicio

(6 marks)

1c Escribe un resumen del texto en unas 100 palabras, mencionando los siguientes puntos:

◆ los ingredientes y los efectos de las "bebidas energéticas"
◆ dónde y por qué se beben
◆ su relación con el estilo de vida de los jóvenes
◆ sus diferencias con las bebidas "isotónicas"

(20 marks)

2 Escribe 150 palabras sobre el siguiente tema:

Un amigo dice que su vida acelerada le deja agotado, casi enfermo. Escríbele una carta para hacerle preguntas específicas y para darle consejos concretos.

(30 marks)

3 Mira el material, y prepara tus respuestas a las preguntas.

JÚNTATE A NOSOTROS
MÁS ANTIGUA QUE LOS TOROS. LA
DESNUDEZ REMONTA A LOS GRIEGOS.
NO A LOS TOROS. SÍ A LA FIESTA.

1 ¿Qué quieren hacer y por qué?

2 ¿Crees que tendrá un impacto significativo?

3 ¿Están a favor o en contra de las tradiciones
   españolas?

4 ¿Te gustaría participar? ¿Por qué?

(4 marks)

4 🎧 Escucha y contesta a las siguientes preguntas
sobre las actividades de verano.

1 ¿Cuántas veces se ha llevado a cabo anteriormente?

2 ¿Para quiénes se organizan las actividades?

3 ¿Quién responde si uno de los niños tiene un
   accidente?

4 ¿De qué depende el costo?

5 ¿Qué tipo de actividades y visitas se hacen?

6 ¿Qué hace el parque de atracciones para los
   minusválidos?

(6 marks)

5 Prepara una presentación oral de dos minutos sobre el
siguiente tema:

Cuidado: ¡El ocio puede dañar tu calidad de vida!

(10 marks)

La educación

By the end of this unit you will be able to:

- Compare your system of education with the Spanish system
- Talk about your plans for the future and future studies
- Discuss different ways of learning
- Discuss issues such as disaffection and equal opportunities in schools
- Discuss problems at school and offer advice

- Use the auxiliary *haber* in a variety of tenses
- Use the future and conditional tenses
- Use the subjunctive after *cuando*
- Structure oral presentations
- Extend your use of adverbs
- Use *por* and *para*
- Decide whether to use *ser* or *estar*
- Employ discussion tactics
- Use the correct intonation when speaking
- Recognize and use *sinalefa* and *entrelazamiento*

El sistema pedagógico en España

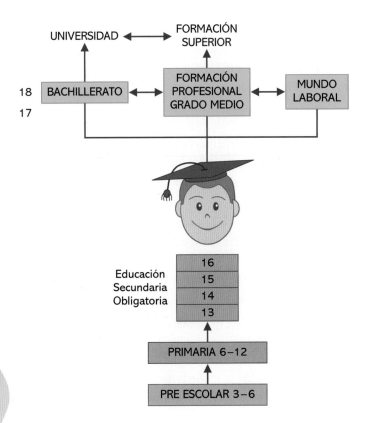

1a 🧑‍🤝‍🧑 Mira la información de al lado y coméntala con tu compañero/a.

1b Explica el sistema que has seguido hasta ahora.

1c Anota las diferencias.

Frases claves
A los x años
Cuando tenía x años
A la edad de
Yo en cambio he hecho/comenzado/terminado
Comparado con lo que tú has hecho yo he …

¿Cómo se compara?

El sistema, el horario y el currículo pueden ser similares pero cada estudiante tiene una experiencia única de la escolaridad.

1a 🎧 Escucha y anota qué han hecho en el cole esta mañana.

1b 🎧 Escucha otra vez. ¿Qué les ha gustado y qué no les ha gustado?

1c Lee y completa el texto de Pablo con los verbos de abajo.

Hoy lunes (1) .... tarde y las chicas me (2) .... cosas feas. En la primera hora (3) .... bastante porque no (4) .... los deberes en casa. La maestra me (5) .... insuficiente porque tampoco (6) .... mi libro de lectura en toda la noche. (7) .... que pedirle prestado un lápiz a Javi porque el mío se me (8) .... (9) .... una mañana malísima y no me gustan las chicas de mi clase – son unas tontas*. Siempre me toman el pelo y no me dejan estudiar en paz. A mí me gustaría estar en un colegio solamente para chicos y no en un colegio mixto como éste.

> había roto   había hecho   he tenido   he llegado
> he escrito   ha puesto   han dicho   había abierto
> he pasado

1d 🎧 Escucha y verifica.

1e 👥 Explica a tu compañero/a lo que ha hecho Pablo.

Ejemplo: Esta mañana Pablo ha llegado tarde ...

2 👥 ¿Tú, qué has hecho esta mañana? Escribe una lista y compárala con la de tu compañero/a.

Ejemplos:
1 ¿Te has puesto uniforme?
2 ¿Has escrito tu nuevo vocabulario?
3 ¿Has visto a tus amigos en el camino al instituto?
4 ¿Has abierto una carta?
5 ¿Has hecho los deberes a tiempo?

3a 👥 ¿Qué diferencias hay entre chicos y chicas en cuanto al colegio y a los estudios? Escribe una lista y compárala con la de tu compañero/a.

Ejemplos:
Yo creo que los chicos son más .../menos ...
En mi opinión las chicas son más .../menos ...

3b Discusión de clase: ¿Estás a favor o en contra de los colegios mixtos?

Frases claves
Por un lado ... por otro ...
La otra cara de la moneda es que ...
No sólo ... sino también/sino que ...
No tiene nada que ver con ...
Los estereotipos no valen.

Ley Orgánica 10/2002 de Calidad de la Educación

1 El Bachillerato se organizará en asignaturas comunes, en asignaturas específicas de cada modalidad y en asignaturas optativas.

2 Las asignaturas comunes del Bachillerato contribuirán a la formación general de los alumnos. Las específicas de cada modalidad y las optativas les proporcionarán una formación más especializada, preparándolos y orientándolos hacia estudios y hacia la actividad profesional. El currículo de las asignaturas optativas podrá incluir un complemento de formación práctica fuera del centro.

3 Las modalidades del Bachillerato serán las siguientes:
a Artes
b Ciencias y Tecnología
c Humanidades y Ciencias Sociales

4 El Gobierno, previo informe de las Comunidades Autónomas, podrá establecer nuevas modalidades de Bachillerato o modificar las establecidas en esta Ley.

5 Las asignaturas comunes del Bachillerato serán las siguientes:
a Educación Física

b Filosofía
c Historia de España
d Historia de la Filosofía y de la Ciencia
e Lengua Castellana y Literatura
f Lengua oficial propia y Literatura de la Comunidad Autónoma, en su caso
g Lengua extranjera
h Asimismo, se cursará, de acuerdo con lo dispuesto en la disposición adicional segunda, la asignatura de Sociedad, Cultura y Religión.

Para obtener el título de bachiller será necesaria la evaluación positiva en todas las asignaturas y la superación de una prueba general de Bachillerato.

Podrán cursar la Formación Profesional de grado medio quienes se hallen en posesión del título de Graduado en Educación secundaria obligatoria.

Extra Completa las actividades en la Hoja 18.

Gramática ➡ 164 ➡ W38, W45

Compound tenses using *haber*

● Revise the formation and uses of the perfect and pluperfect tenses.
● Remember that *haber*, to have, is **only** used as an auxiliary.
● The two parts of the verb must stay together – never separate them with pronouns or negatives!
● Learn the irregular past participles.
● You can use the auxiliary *haber* in all tenses and moods. So far you have covered just two.

(A) Look at these examples and identify which tense is used, then translate the sentence into English.
1 He podido escoger matemáticas pero no sé por qué escogí historia.
2 No había hecho los deberes y por eso la maestra le ha castigado.
3 Ya habíamos vuelto del cole cuando se puso a llover.
4 ¿No habéis abierto los libros todavía?
5 Todo se ha resuelto amigablemente.
6 ¿No le has devuelto el lápiz?

Extra Completa las actividades en la Hoja 19.

4a 🎧 Escucha. Para cada estudiante anota:
1 En qué asignatura va bien o mal
2 Qué optativa está cursando
3 Por qué la ha escogido

4b ¿Luís se ha equivocado?

Compara lo que ha dicho con lo que el profesor ha escrito.

Boletín escolar – Informe de Evaluación

Apellidos: Gutiérrez Robledo

Nombre: Luís

Curso: 1º de bachillerato

Observaciones del Tutor

Luís debe consultar con su profe de historia porque parece tener dificultades en esta materia y no entrega a tiempo los deberes. En cambio, me parece que está progresando bastante con la economía y entiende mejor las matemáticas ...

5 Compara el bachillerato español con el sistema tuyo.

Similitudes	Diferencias

6 ¿Qué recuerdas de tus días escolares?

Describe lo que hacías en primaria, qué uniforme llevabas, qué materias estudiabas, cómo eran el cole y tus amigos, qué te gustaba y qué no te gustaba.

Proyectos futuros

Tomar decisiones tan importantes sobre tu futuro tal vez sea la cosa más difícil de tu vida. Por eso hay que pensarlo bien y considerar todas las opciones.

Prepárate para tu orientación profesional

Antes de llegar a la entrevista de orientación debes considerar

● ¿Qué profesiones te gustan? Haz una lista.
● ¿Cuáles prefieres? Priorízalas.
● ¿En qué asignaturas vas bien?
● ¿Qué certificados tienes ya?
● ¿Qué cualificaciones requiere tu profesión elegida?
● ¿Cuáles son tus cualidades personales?
● ¿Tienes algunos pasatiempos relevantes?
● ¿Qué aficiones tienes?
● ¿Quieres seguir estudiando?
● ¿Cómo prefieres estudiar?

1a Lee el texto. Sigue los consejos y prepara tu lista.

1b Cámbiala con tu compañero/a y discute lo que habéis escrito.

2a Escucha y anota para cada persona
   ◆ la profesión elegida
   ◆ asignaturas (✓ / ✗)
   ◆ las cualificaciones
   ◆ sus cualidades personales
   ◆ aficiones o pasatiempos
   ◆ estudios futuros

2b Con la ayuda de tus notas explica los proyectos de una de las personas.

   Ejemplo: Cristina quiere ser …

Gramática ⇨ 164 ⇨ W48, W52, W57

Talking about the future

Revise the formation and uses of the future and conditional tenses.

(A) Complete these definitions:

The immediate future expresses …
The future expresses …
The conditional expresses …

● Both the future and the conditional can be used to express supposition:
   ¿Qué hora es? Pues no sé, serán las dos.
   ¿Cuántos años tenía el niño? No sé. Tendría cinco o seis.

● You must use the **subjunctive** after *cuando* (and similar time words) when referring to the future. Revise the formation of the subjunctive in Unit 1.

(B) Complete this text to talk about the future.

Cuando (1) …….. 40 años (2) …….. casada y (3) …….. en una casa modesta en el campo. Me (4) …….. viajar mucho e (5) …….. a países lejanos y (6) …….. unas aventuras interesantes. Cuando (7) …….. a casa me (8) …….. las pantuflas y (9) …….. delante de la tele.

   estaré   gustaría   pondré   tenga   vuelva
   descansaré   viviré   tendré   iré

● Don't forget you can use the auxiliary *haber* in all tenses and moods.

(C) Look at these examples and identify which tense is used, then translate the sentence into English.
   1 Cuando me veas ya **habrás leído** mi carta.
   2 Dentro de un año **habré estado** en este colegio cinco años.
   3 Creí que **habrías escogido** la optativa de humanidades.

● The future in English can be expressed by a present tense in Spanish when asking questions in the first person.
   ¿Tomamos una cerveza?   *Shall we have a beer?*
   ¿Te hago un café?   *Shall I make you a coffee?*

3a Lee las tareas de Miguel y de Paulina.

Orientación – Escribe unos párrafos sobre tus aspiraciones e intenciones.

Miguel

Quisiera ser ecologista pero sé que es una carrera larga y bastante difícil. Estoy cursando la opción de ciencias y soy fuerte en biología y en química. También me encanta estar al aire libre así que me parece que será un buen trabajo para mí.

Voy a hacer el examen de bachillerato este año en junio y espero sacar buenas notas en todas mis materias. Tengo la intención de ir a una universidad lejos de mi casa y así podré hacer nuevas amistades. Cuando termine mis exámenes me gustaría trabajar para tener algún dinero extra porque mis padres no pueden darme mucho. No me importa porque soy una persona poco gastadora y economizo bastante. Cuando tenga la licenciatura iré a trabajar a Sudamérica porque siempre me han fascinado la historia y la cultura allí – además será fácil porque hablamos el mismo idioma.

Paulina

Pues a mí me gustaría ser ebanista porque me encanta trabajar con la madera. Me entusiasma el diseño y me encanta tratar con la gente – soy bastante sociable. Estoy cursando formación profesional de grado medio en tecnología de la informática porque soy una persona práctica. Si apruebo el curso iré a la capital donde hay más oportunidades de encontrar empleo como ebanista. Tendré que ganar lo suficiente para mantenerme porque tengo tres hermanos más que tienen la intención de seguir estudiando; ellos tendrán que seguir viviendo en casa si quieren ir a la universidad, ¡porque no habrá manera de pagar sus estudios!

3b Por turnos con tu compañero/a haz una entrevista con Miguel o Paulina. Usa las preguntas del ejercicio 1 y las frases claves.

Frases claves

Tengo la intención de
Espero
Pienso
Cuento con
Me gustaría
Quisiera
Me hubiera gustado ... pero ...

3c Escribe un texto parecido.

Extra Completa las actividades en la Hoja 20.

Técnica

Oral skills

Structuring a presentation

● Make a list of key vocabulary, phrases and language structures – but be realistic about which you can use and how many.

● Structure your presentation carefully: introduction, main points, then sum up.

● Link your phrases together with conjunctions such as *así que, no obstante, sin embargo, aunque, cuando*.

Speaking from notes

● Make clear headings consisting of just a few words, **not** whole sentences. Look back at the notes on mind maps on page 42.

● Learn the essentials by heart but **not** the whole thing.

● Practise and record yourself.

● Listen carefully to your voice and check your pronunciation.

4 Prepara tus notas y habla durante dos minutos sobre tus proyectos futuros.

◆ Usa las frases claves.
◆ Usa el tiempo futuro o condicional.
◆ Repasa tu presentación luego grábala en un casete.

¿Cómo aprender mejor?

Hay muchas maneras de aprender y vale la pena considerarlas todas antes de tomar decisiones ...

1a Lee los consejos.

12 consejos del Pequeño Libro de Calma sobre los estudios

Es importante ...

● Empezar desde ahora a repasar para los exámenes y a pedir ayuda. Más vale tarde que nunca.

● Priorizar lo que tienes que hacer empezando con las tareas más complejas.

● Empollar* a veces, no hay más remedio.

● Comenzar por la mañana con la mente fresca y concéntrate en las asignaturas que menos te gustan y por la tarde puedes hacer las que te gustan.

● Hacer un plan y revisarlo cada día poniéndolo al día.

● Decidir cuántas horas debes estudiar cada noche.

● Buscar un lugar tranquilo sin distracciones.

● Preguntar a tu profe cuáles son los textos claves.

● No tratar de estudiarlo todo – el que mucho abarca poco aprieta.

● Buscar a tus amigos y hablar con ellos – un poco de ayuda mutua vale mucho.

● No preocuparte demasiado – el estrés de los exámenes es muy natural y hasta conviene porque haces más esfuerzo.

● ¡Acordarte que siempre puedes revalidar! No es el fin del mundo si no apruebas a la primera vez.

Si todo esto te falla siempre puedes consultar el sitio web más consultado por los estudiante españoles: www.rincondelvago.com

* empollar – to swot, cram

1b 🎧 Escucha y empareja las opiniones de Ana y de Sebas con los consejos de al lado.

1c Escribe los consejos para tu amigo/a.

Frases claves
Yo que tú estudiaría/haría/empezaría por
Sería mejor empezar con/hacer/estudiar
Te aconsejo que empieces/hagas/estudies

2 👥👥 Lee las frases y con tu compañero/a responde a cada una.
A: está a favor.   B: está en contra.

1 De una manera bastante fácil puedes perfeccionar el idioma con CDs interactivos.
2 Aprendes más rápidamente con una familia.
3 Estudias mejor en un curso intensivo aquí en mi país.
4 Todo se hace con cuidado y calma cuando tienes 50 años.
5 Es casi imposible aprender en una clase grande.
6 Es cada vez más importante aprender varios idiomas.
7 Resulta mejor aprender cuidadosa, pausada y cómodamente con un profesor particular.
8 Escucha con mucha atención.
9 En casa estudias muy independientemente pero bastante lentamente.

Gramática   ⟹ 157 ⟹ W14

Adverbs

● Revise the formation and use of adverbs.
● When two or more adverbs are used, only put *-mente* on the second or last one.
● To make a comparison use *más* or *menos* before the adverb.
● Use *de una manera* + adjective, con + noun or an adverbial expression to avoid an overload of adverbs.
● Common irregulars are *bien/mal* and *mejor/peor*.
● You can use *muy*, *bastante*, *mucho* and *poco* before an adverb to quantify or intensify it.

(A) Find examples of each of these usages in exercise 2.

Las prácticas laborales, ¿cómo te fueron?

Ante todo quiero decir que me salieron bien y mal e indiferente, pero sobre todo salí ganando porque ahora tengo una idea de lo que me gusta hacer y por cierto lo que no me gusta hacer y siempre puedo mejorar las cosas indiferentes.

Pensé que no me iba a resultar fácil trabajar con tanta gente adulta pero pronto me acostumbré e incluso me fascinaba hablar con unos, y los otros que no me gustaban pues les evitaba.

Al principio tenía miedo de manejar las máquinas en la oficina y sobre todo de contestar el teléfono pero una vez que la jefe me explicó cómo hacerlo no fue tan alarmante. Tampoco me resultó tan difícil llegar a tiempo como había esperado; una vez que te acostumbras no es tan duro levantarte.

Lo que sí que no me gustó fue el uniforme – me pareció horrible. Ahora por lo menos sé que voy a buscar un empleo donde no tenga que ponerme uniforme. Al principio tampoco me llamó la atención comer en la cantina con tanta gente; parecía estar en el cole otra vez. Cuando trabaje ya sé que estas cosas son importantes y será mejor resolverlas antes de comenzar.

En fin lo bueno es que gané bastante confianza, experimenté situaciones y disciplinas muy diferentes y tengo más idea de lo que me gusta y de lo que no me gusta. Lo malo es que las rutinas no cambian mucho y ciertas cosas no las puedes cambiar – los colegas, por ejemplo, pero sí es importante aprender a tratar con ellos. Lo indiferente son cosas como la comida y la cantina que no había considerado antes pero que en realidad no son tan importantes a fin de cuentas y siempre se puede encontrar soluciones.

3a Lee el artículo y haz una lista de los aspectos buenos, malos e indiferentes. Escribe tu opinión sobre cada uno.

3b Discute con tu compañero/a:
¿Tú, qué esperas obtener de las prácticas laborales?
¿Qué inquietudes tienes acerca de las prácticas?

3c Discutid en grupos: Las prácticas laborales son una pérdida de tiempo.

¡Estudia en el extranjero y perfecciona el idioma!

4a Has visto este anuncio y ya llegó el formulario. Copia y complétalo con tus datos personales.

Apellido: .... Nombre: ....
Domicilio: .... Teléfono: ....
Idiomas: .... Nivel: ....

Favor de contestar a las preguntas de abajo.
¿Por qué quiere estudiar aquí? ¿Por cuánto tiempo?
¿Para qué quiere usted estudiar idiomas?
¿Cómo cree usted que le puede ayudar este curso?

4b Escribe una carta apoyando tu solicitud. Incluye tres frases con *por* y tres frases con *para*.

4c Estudiar en el país mismo es la mejor forma de aprender una lengua extranjera. Discute.

Gramática ⇨ 158 ⇨ W19

Por and para

These both mean 'for' but they are used quite differently.
Por
● in exchange for
Le di 10 euros por el libro.
● reason (because of, on account of)
Estamos castigados por culpa tuya.
● on behalf of, in favour of, for the sake of
A mí no me importaba, pero lo hice por mi madre.
● along, by, through
Fuimos por la calle cantando y bailando.
● length of time intended
Voy a quedarme por unos días.
But it is often better to use *durante*, especially in the past.
Me quedé durante unos días.

Para
● purpose
Voy a hacer el curso para mejorar el idioma.
● destination of person or object
Miguel se fue en el tren para Madrid con un regalo para su madre.
● by a specific deadline
Quiero que lo hagas para hoy.

Inquietudes y resoluciones

Tantas preocupaciones y tantas decisiones: ¿Quién te puede aconsejar?

1a Lee los emails a Maruja y empareja cada uno con un consejo apropiado.

Inquietudes escolares en línea @ Maruja.com

A Ayúdame Maruja, por favor – estoy enamorada de un chico de mi clase y no puedo estudiar más. Me chifla cuando está en la misma clase. Normalmente soy organizada y trabajadora pero desde ayer ya no lo soy. ¿Qué hago?

B Es inútil, Maruja – yo no soy un buen estudiante. No soy disciplinado y estoy cansado de recibir malas notas en casi todas las asignaturas. Además todo está muy difícil porque estoy haciendo un curso que ya no me gusta, ¡pero mis padres insisten en que siga! ¿Qué puedo hacer?

C Mira, Maruja, yo no tengo la menor idea de qué escoger – hay tantas posibilidades y lo que pasa es que soy poco inteligente y serio en cuanto a los estudios pero tampoco sé qué formación profesional me gustaría hacer. ¿Cómo voy a saber cuál es la mejor carrera para mí?

D Maruja, nadie me dice nada ni me da consejos. Creen que voy a trabajar el año entrante pero yo no estoy listo para eso.

1 Lo mejor sería buscar una empresa donde puedas hacer prácticas por quince días y de pronto esto te ayudará a comprender que el mundo del trabajo no es tan agobiante como te parece ahora.

2 Trata de hablar con tus padres – a veces comprenden más de lo que te imaginas.

3 Un poco de disciplina, por favor – tus estudios valen más que un chico que apenas conoces ...

4 Habla con tu profe o tutor o si no vete a la consejería de orientación o INEM.

1b Escribe una respuesta al email de Federico.

Es insoportable, Maruja, la presión que siento de mis padres. Creen que soy un genio y no quieren aceptar que no soy Einstein. ¿Qué me aconsejas?

Federico, Córdoba

1c Aquí hay una respuesta de Maruja. Escribe un email con una inquietud imaginada.

Yo que tú buscaría todos los informes primero – segundo pensaría en todos los argumentos a favor y en contra, y por último hablaría con ...

Gramática   ⇨ 167 ⇨ W35

Further uses of *ser* and *estar*

Revise the work from Unit 3, page 45, then look at these examples.

● Qualities, character, origin = *ser*
Eres inteligente. Es usted muy amable. Felipe es de Guatemala. Es guatemalteco.

● Mood or state of health = *estar*
Belén está bastante cansada con tantos exámenes. Puri está enferma hoy.

Some adjectives can be used with both *ser* and *estar*, giving different meanings.
¡Qué listo eres!   How clever you are!
¿Estás listo?   Are you ready?

(A) Write two sentences for each of these words, one using *ser* and one with *estar*. Translate your sentences into English to show how the meaning changes.

1 guapo
2 aburrido
3 hecho
4 usado
5 pesado
6 vivo
7 libre
8 nuevo

2a Escucha la discusión. ¿En qué orden se expresan estos puntos de vista?

A
> Es bueno conocer otro país y otra cultura.

B
> Tienes que ponerte muchas inyecciones.

C
> Te da la oportunidad de pensar y formular tus ideas mejor.

D
> Hay más flexibilidad e igualdad de oportunidades cuando sirves como voluntario.

E
> Puedes ir a vivir con una familia si quieres perfeccionar el idioma.

F
> En un año puedes hacer varias cosas – trabajar y ahorrar, luego viajar.

G
> Tengo miedo de que me roben, y entonces ¿qué hago?

H
> Te sientes útil si haces algo por la comunidad.

I
> Haces muchos amigos diferentes.

J
> Hay mucho riesgo de contagiarte de enfermedades.

K
> Mucha gente joven no está preparada para ir a la uni.

L
> Es muy peligroso estar a solas en el extranjero.

M
> Una vez que dejas de estudiar no regresas nunca.

2b Para cada punto de vista decide si está a favor o en contra de tomar un año libre.

2c ¿Puedes añadir otras ideas?

2d Responde a los puntos de vista.

2e ¿Tú, qué harías con un año libre? Justifica tus ideas.

Técnica

Debating and discussing

- *Torbellino de ideas* – list your ideas and for now accept all of them.

- Organize your ideas into 'for' and 'against' or advantages/disadvantages.

- Introduce the topic:
  Trata de …/de algo …
  Es un tema intrigante
  En cuanto a …

- Give your own opinion:
  (No) estoy de acuerdo contigo
  En mi opinión/a mi ver
  Estoy completamente en contra/a favor de …
  Creo que/me parece que …
  Lo/le/la considero/encuentro …
  Lo que más/menos me (dis)gusta/me entusiasma …

- Balance out ideas:
  Por una parte … por otra …
  X sin embargo Y
  Al mismo tiempo
  Al contrario
  Primero … luego … entonces …
  Mientras que
  No obstante

- Sum up the discussion:
  En conclusión
  Finalmente
  A fin de cuentas
  Por último

- Some useful extras:
  (No) tienes razón/Te equivocas
  Yo tampoco
  Francamente
  Estoy harto/a de …
  Estoy apasionado/a por …
  Gracias a
  Como consecuencia

Now go back and review the unit. Note down the subjects for discussion and prepare to debate them, using the suggestions and phrases above.

A escoger

1 S 🎧 Escucha a los jóvenes recordando sus años escolares. ¿Tiene razón (✔) o se equivoca (✘)?

Susana
1 Tenía muchos amigos.
2 Siempre jugaba en el patio durante el recreo.

Carlos
3 Era fuerte en ciencias pero no en idiomas.
4 Hacía mucho deporte después del cole.

Pedro
5 No estudiaba mucho pero aprobaba los exámenes fácilmente.
6 Tocaba la guitarra y era miembro de la orquesta.

Fabiola
7 Se fugaba del instituto por las tardes para ir a trabajar.
8 No tenía mucho interés en una carrera académica.

2 Prepara tus notas y habla durante tres minutos sobre la escolaridad ideal.
Menciona:
- tu profe ideal (*sería …, tendría …, haría …*)
- las aulas
- los recursos
- el currículo
- las otras instalaciones – biblioteca, patio, canchas deportivas

3 Escribe unas 200 palabras sobre uno de los temas de abajo.
a Nadie olvida un buen profe.
b Los mejores años son los años escolares.
c El instituto no le prepara a uno para el mundo laboral.

Se pronuncia así S 🎧

Intonation

Your voice should rise and fall when you speak.

In Spanish it should fall:
- at the end of a short sentence: *Tengo dieciséis años.*
- at the end of a question with an interrogative: *¿Cuántos años tienes?*

It should rise:
- at the end of any other type of question: *¿Tienes dieciséis años?*
- in the middle of longer sentences: *Tú tienes dieciséis años y yo tengo quince.*

Sound linking

In Spanish, vowel sounds and consonants slide into each other, which helps to make sentences flow.

When vowel sounds end and begin consecutive words they are linked together in speech. This is known as *sinalefa*. *Voy‿a hablar a‿Arantxa‿a la‿una y once minutos.*

Final consonants are linked together with the vowels that follow. This is called *entrelazamiento*.
Los‿otros‿hoteles‿están‿abiertos y parecen‿atractivos.

(1) Make up some more examples of your own to illustrate intonation, *sinalefa* and *entrelazamiento*.

(2) Listen to this verse from a poem by Jorge Guillén (1893–1984) and try to imitate the pronunciation.

El otoño

El otoño: isla
de perfil estricto,
que pone en olvido
la onda indecisa

¡Amor a la línea!
La vid se desnuda
de una vestidura
demasiado rica

¡Oh claridad! Pía
tanto entre las hojas

que quieren ser todas
a un tiempo amarillas.

¡Trabazón de brisas
entre cielo y álamo!

Y todo el espacio,
tan continuo, vibra.

Esta luz antigua
de tarde feliz
no puede morir.
¡Ya es mía, ya es mía!

A trabajar

6

By the end of this unit you will be able to:

- Talk about issues in the workplace
- Write your CV and formal letters
- Discuss the value of learning languages
- Prepare for an interview
- Compare different styles of working

- Use the perfect infinitive
- Listen for detail
- Use time clauses and phrases
- Use indefinite adjectives and pronouns
- Pinpoint relevant information when reading
- Use indirect speech

1 Mira las dos fotos e imagina sus vidas. Discute tus ideas con tu compañero/a.

2 ¿Existe de verdad la igualdad de oportunidades en el mundo laboral?
Escribe dos respuestas a favor y dos en contra de esta pregunta.

3a Escribe la forma femenina de cada profesión.

fontanero abogado cajero dependiente cartero militar obrero bibliotecario programador bombero funcionario albañil peluquero taxista maestro actor cantante músico contable hotelero azafata periodista

3b Ciertos sufijos (por ejemplo -ero, -ista, -or) indican la profesión. Clasifica las profesiones de arriba según el sufijo.

4 Escoge tres de las profesiones y escribe algunas cualidades personales que se necesitan para cada una.

Extra Completa las actividades en la Hoja 21.

No sé por qué he escogido este empleo – tal vez porque me lo han ofrecido pero a mí nunca me ha gustado estar encerrado en una cocina.

Yo sí sé por qué he elegido trabajar en esta profesión. A mí siempre me ha gustado trabajar al aire libre.

Asuntos laborales

Entrar en el mundo laboral puede parecer un campo minado si no tienes ni idea de por dónde empezar ...

1a 🎧 Escucha e indica cuáles de estas inquietudes se mencionan.

1. desempleo
2. sexismo
3. igualdad de oportunidades
4. exceso de trabajadores
5. cualificaciones
6. permanencia
7. consejos

1b Comenta cada inquietud mencionada.

1c 👥 Discute con tu compañero/a y añade otras inquietudes tuyas.

2a Lee el artículo y empareja las dos partes para completar las frases.

1. Es buena idea
2. Varios centros de educación
3. Pocos estudiantes en España
4. Los centros académicos
5. Es importante

a. se aprovechan de este sistema.
b. enfocarse en el desarrollo total de la persona.
c. ya están ofreciendo esta oportunidad.
d. hacer las prácticas en empresas.
e. se preocupan mucho por el paro.

2b Busca sinónimos para las palabras subrayadas en el texto.

No existe un único camino

La mayoría de los estudiantes que hacen prácticas en empresas <u>obtiene</u> un empleo.

Las prácticas en empresas parecen perfilarse cada vez más como una de las vías para <u>conseguir</u> el primer empleo. En los últimos años los centros más <u>diligentes</u> (ingenierías, económicas y empresariales) han ido añadiendo fórmulas a sus programas para <u>aumentar</u> la participación estudiantil. Pero, por el momento, sigue siendo una minoría de estudiantes la que se incorpora a esta fórmula, <u>por escasez de</u> programas de colaboración universidad–empresa.

Obsesionada la sociedad por el desempleo juvenil, hay sectores académicos que <u>temen que</u> se dirija a los estudiantes hacia un único camino, el de las prácticas de empresas. No debemos caer en la focalización. Lo que debemos perseguir es la formación integral del individuo y que éste <u>participe</u> después en todos los terrenos de la sociedad. Es necesario recuperar los valores que <u>refuerzan</u> a la persona y que dan sentido a la existencia. La <u>cooperación</u> internacional, la solidaridad, cualquier tipo de trabajo innovador son vías que también están abiertas. Las pequeñas y medianas empresas (PYMEs) pueden desempeñar un papel muy importante. Ahora también hay que <u>conceder</u> importancia a las prácticas de humanidades en museos, galerías de arte, bibliotecas y centros de documentación.

Gramática ⇨ 164 ⇨ W66

The perfect infinitive and the past participle

- Take care when translating certain verb constructions. In Spanish you use the perfect infinitive when you would use the gerund (-ing form) in English.
  después de haber comido *after having eaten*

- You also need the perfect infinitive in the following phrases:
  must have   should have   may have   could have
  Catalina debe haber salido ya.
  Catalina must have already gone out.
  Deberían haber hecho los deberes.
  They should have done their homework.
  He podido haberlo hecho mejor.
  I could have done it better.

- The past participle can also be used as an adjective, in which case it must agree.
  It never agrees when used with *haber*. Compare:
  He hecho la maleta/Tengo hecha la maleta
  la camiseta que se ha puesto/la camiseta que lleva puesta
  Había organizado la fiesta/Dejó organizada la fiesta

- Some useful phrases using the past participle:
  acabada la discusión   el hombre sentado
  lo ocurrido   ... de haberlo sabido

- Some past participles in Spanish translate better in the present participle form in English:
  aburrido   boring

(A) Translate the following into English:
1 acostado   5 sentado
2 apoyado   6 colgado
3 divertido   7 atrevido
4 dormido

- Note that there are some compound and more unusual past participles. For example, *maldito* from *maldecir* does not follow the irregular past participle form of *dicho*.

(B) Comment on these examples and make a note of them.
1 bendito   5 propuesto
2 satisfecho   6 compuesto
3 resuelto   7 descrito
4 absorto

3a 🎧 Escucha y anota el orden en que se mencionan.
A Ante todo .... seguridad.
B Creo que es mejor .... la vida doméstica antes de trabajar.
C Después de .... tanto es muy importante ganar un buen sueldo.
D En mi opinión .... un grupo joven en mi oficina.
E Lo único que me interesa es .... por mi cuenta.
F .... voy a ver el mundo.
G .... persona .... es todo lo que quiero.
H Quisiera .... otra carrera porque ya no me interesa ...

haber podido trabajar   debería haber escogido
ser ... empleada   haber estudiado   haber estudiado
debe haber   acabados mis estudios   tener organizada

3b 🎧 Escucha otra vez y completa las frases.

3c 🧑‍🤝‍🧑 Trabaja con un(a) compañero/a y prioriza las ideas.

Técnica

Listening for detail
Revise the listening skills advice on page 16 of Unit 1.

- Identify the main focus of each question:
  ¿Dónde?   ¿Quién?   ¿A qué hora?

- Listen first for key words related to the question word:
  la estación   el señor Gutiérrez   las cinco

- Listen a second time for more detail:
  no muy lejos de   un señor gordo y feo   a eso de

4a 🎧 Escucha y contesta a las preguntas.
1 ¿Qué empleo busca?
2 ¿Dónde prefiere trabajar?
3 ¿Con quién le gustaría trabajar?
4 ¿Qué horario prefiere?
5 ¿Cuándo puede comenzar?

4b 🎧 Escucha otra vez y añade la razón dada.

4c 🎧 Escucha una tercera vez y añade otros detalles.

La búsqueda

Hay ciertos pasos que pueden ayudarte a tener éxito ...

ORIENTACIÓN LABORAL

El Centro Juvenil de Orientación Laboral es un servicio que ayuda a los jóvenes en su búsqueda de empleo. Por él han pasado a lo largo del pasado año casi siete mil personas. Cada vez son más los jóvenes residentes en la Comunidad de Madrid que consiguen trabajo a través de su labor de orientación.

¿Qué ofrece?
Orienta a los jóvenes para definir su objetivo profesional. Les informa de las posibilidades de trabajo en cada sector, así como las vías de formación especializada. No les falta documentación sobre becas, trabajos en prácticas y como voluntarios. Además cuentan con un servicio de colocación después de la orientación.

¿Cómo funciona?
En primer lugar es necesario concertar una cita llamando de 9:15 a 10:15 horas al 91 504 5438 para asistir a una sesión grupal y a una entrevista individual con un orientador que revisará el currículo y acordará el itinerario de orientación más adecuado a las necesidades de cada uno. Una vez finalizado el itinerario, el currículo quedará registrado durante seis meses en una base de datos a disposición de las empresas que demanden personal.

¿Quiere ser voluntario?
El centro acoge a todos aquellos jóvenes que quieren dedicar un poco de su tiempo libre al mismo, para que las condiciones laborales de otros puedan mejorar. ¡Ánimo! Acércate al Centro Juvenil de Orientación Laboral y soluciona tu desempleo.

1 Lee el artículo. Indica si cada frase está de acuerdo con, contradice o no se menciona en el artículo.

  1 Ofrece oportunidades para hacer cursos especializados.
  2 Tienes que haber estado en paro durante seis meses mínimo.
  3 La oficina ayuda a toda clase de personas que buscan empleo.
  4 Ayuda a enfocar a la gente joven en la búsqueda de una carrera.
  5 Los que acuden a esta oficina tienen que haber estudiado el bachillerato.
  6 Les da toda clase de información sobre el mundo laboral.
  7 Más de 7.000 jóvenes han visitado la oficina.

2a 🎧 Escucha y reorganiza el texto. Las frases 1 y 13 son correctas.

Antes de escribir tu currículo ...
  a .... cuenta de la importancia de un buen curriculum vitae.
  b Si cometes un error no lo taches; .... escribirlo bien.
  c Es buena idea .... tus certificados.
  d Un buen currículo........ breve y atractivo.
  e Verifica todos los datos .... enviarlo.
  f Indica claramente las fechas cuando .... hacer todo.
  g Hay que planearlo bien .... a escribirlo.
  h Con un buen currículo tomas para .... la entrevista.
  i .... no te olvides de sacar fotocopias.
  j Todo .... debe ser por ordenador.
  k Piensa bien en la presentación .... tu currículo.
  l Salvo si quieres añadir .... a mano.
  m Di la verdad siempre: .... todo al final.

2b Completa el texto con las frases de la casilla.

suele ser   antes de   tener organizados
acabo de darme   vuelve a rectificar   al escribir
acabada la tarea   antes de comenzar   te pusiste a
el primer paso   lo escrito   una carta escrita   vuelve a

3a Lee la carta de solicitud y busca las palabras o frases que significan:

en contestación a   el empleo de   está incluido
sector   indicar   pericia   gracias por
estoy dispuesto   información

Estimados Señores:

En respuesta al anuncio publicado en el periódico *El País* de fecha 5 de mayo quisiera presentar mi solicitud para el puesto de ...

Adjunto mi curriculum vitae y dos cartas de recomendación por las cuales usted verá que tengo bastante experiencia en este campo.

Me permito subrayar también que tengo perfecto dominio del inglés, algunos conocimientos del francés y amplia capacidad en procesamiento de textos.

Le agradezco su atención y quedo a su disposición para ampliar cualquier dato.

Le saluda atentamente

Read's Hotel y Restaurante de lujo en Santa María Mallorca, busca
CAMAREROS
Con experiencia y nociones de inglés y alemán
Interesados enviar C.V. al Fax: 971-14-07-62. Tel. 971-14-02-61

VENDEDOR
Buscamos un Vendedor de probada experiencia en la venta de moda masculina, para empresa en gran expansión de Sabadell.
Alta remuneración.
Enviar C.V. al Fax. 93-745-19-81

3b Imagina que decides solicitar uno de los puestos anunciados. Escribe una carta de solicitud.

Extra Completa las actividades en la Hoja 22.

3c 👥🗨 Lee la carta de abajo y con tu compañero/a decide lo que se debe hacer para prepararse para la entrevista.

Por medio de la presente me complace informarle que después de haber considerado su solicitud tenemos el placer de invitarle a una entrevista. Deberá presentarse en estas oficinas el día 14 de este mes a las 17:30h. Le ruego traiga certificados y todos los datos indicados aquí debajo.

Sin otro particular quedamos a la espera de su respuesta.

Atentamente

- dirección y mapa
- confirmar
- ruta
- reloj
- ropa

Frases claves
Tienes que
Deberías
Sería buena idea
Te aconsejo que

3d Escribe una lista de preguntas que podrías hacer en la entrevista o que deberías considerar antes de presentarte para la entrevista.

- ◆ lugar
- ◆ tipo de trabajo
- ◆ uniforme
- ◆ pago
- ◆ comienzo
- ◆ posibilidades de ascenso
- ◆ formación
- ◆ colegas
- ◆ vacaciones
- ◆ horario
- ◆ comida

4a 🎧 Escucha la entrevista y anota el orden de las preguntas.

A ¿Por qué quiere cambiar de trabajo?
B ¿Cuánto tiempo hace que estudia francés?
C ¿Qué ventajas ofrece el empleo, cree usted?
D ¿Cuántos idiomas habla usted?
E ¿Cuánto tiempo llevaba en el colegio cuando empezó a estudiar inglés?
F ¿Sigue estudiando inglés?
G ¿Por qué cree usted que es importante hablar varios idiomas?

4b 👥🗨 Practica la entrevista con tu compañero/a.

4c Los mejores empleos van a las personas que hablan varios idiomas. Discute.

Gramática   ⇨ 168 ⇨ W67

Time clauses

- In Spanish you use the present tense when in English you use the perfect:
  ¿Hace cuánto tiempo que estudias inglés?
  How long have you been studying English?
  Acabo de comenzar las clases.
  I have just started lessons.

- You use the imperfect in Spanish when in English you use the pluperfect:
  Hacía cinco años que estudiaba inglés.
  He had been studying English for five years.
  Acababa de comenzar las clases.
  He had just started lessons.

- Other expressions of time:
  Llevo cinco años estudiando español y sigo estudiando.

Nuevas oportunidades

El mundo cambia y ofrece cada vez más modos distintos de empleo.

¿Es el teletrabajo una opción laboral realista en nuestro país?

Según el Eurobarómetro, en octubre de 2001 el número de teletrabajadores en España era el 4,5 por ciento de la fuerza total de trabajo, siendo el 5,4 por ciento el valor medio de la UE. Destacan los países nórdicos, con cifras entre el 12 y el 18 por ciento. Parece no suscitar gran interés entre los trabajadores europeos; sólo a algunos (el 26 por ciento) les interesa teletrabajar.

Estas pocas cifras presentan dos posibilidades: el teletrabajo no tiene "buena prensa" – o es desconocido para empleados y empleadores – y, aparte de las razones climáticas, los países que más dependen de la economía del "conocimiento" presentan mayor nivel de teletrabajo.

España no es un país que destaca por su consumo de tecnologías de la información y de la comunicación (TIC), ni por la penetración de ordenadores en hogares y empresas, ni el acceso a Internet que está por debajo de la media de la UE. Sin embargo en España existen varias oportunidades en la ejecución de proyectos TIC especialmente orientados para comercializarse en Latinoamérica.

Las habilidades de un teletrabajador cualquiera incluyen la relación de su actividad con la información, manejo de TIC, inglés, disciplina, autonomía, carácter emprendedor o capacidad de venta. Finalmente es necesario difundir el teletrabajador entre el empresariado, la Administración, Sindicatos y los trabajadores para que lo desmistifiquen y lo pongan en su sitio: es un complemento al trabajo convencional que da flexibilidad. Los primeros que deben teletrabajar son los directivos, lo que incluye manejar un PC y otros hábitos de trabajo "en red", algo no tan extendido entre nuestras PYMES.

Desde 1996, la Asociación Española de Empleo, Autoempleo y Teletrabajo (ASETRA) desarrolla actividades e imparte cursos con los que trata de promover cualquier empleo por cuenta propia y, en particular, el sistema de teletrabajo.

1a Lee el artículo y busca una palabra o una frase que signifique:

lo mismo que ...	lo contrario de ...
1 de trabajo	9 irrealista
2 números	10 sureño
3 empleados	11 indiferencia
4 inferior a	12 ineptitudes
5 aptitud	13 indisciplina
6 normal	14 limitar
7 crea	15 inflexibilidad

1b Escribe un resumen en 150 palabras y da tu opinión sobre el artículo.

1c Haz una lista de las cualidades necesarias para un(a) teletrabajador(a). Ver la página 29.

Ejemplo: Es importante que sea / tenga / hable ...

1d 🎧 Escucha a estos jóvenes. ¿Quiénes entre ellos servirían para esta clase de trabajo? Explica por qué.

Gramática   ⇨ 155 ⇨ W29

Indefinite adjectives and pronouns

- *Algo, alguien* and *cada* do not change their form.
  Algo can be used with an adjective: *algo interesante* or with *de* + infinitive: *algo de beber y comer*

- *Mucho, poco, todo, otro, varios* and *cualquier(a)* can be used as adjectives as well as pronouns and must agree with the noun they describe.
  muchos estudiantes   pocas personas

- *Tanto* becomes *tan* before adjectives:
  No hay tanto interés en teletrabajar
  No es tan interesante

- *Alguno* and *ninguno* both shorten before a masculine singular noun:
  algún día   no hay ningún libro aquí

(A) Reread the article above and find examples of indefinite adjectives and pronouns.

Trabajar en Europa

1 La población total del Espacio Económico Europeo (EEE) es más de 420 millones de habitantes repartidos en 23 países, 20 pertenecientes a la UE además de Islandia, Noruega y Liechtenstein. La libre circulación de trabajadores en los países del EEE es un derecho fundamental que permite a sus ciudadanos trabajar y establecerse libremente sin necesidad de permiso de trabajo en cualquier país miembro.

2 Es una red de cooperación para facilitar la libre circulación de trabajadores. Esta red EURES (Red de Servicios Europeos de Empleo) a través de sus más de 500 Consejeros EURES en toda Europa proporciona información sobre ofertas de empleo y condiciones de vida y trabajo en los países comunitarios.

3 Si busca empleo en cualquier país miembro, deberá considerar las siguientes cuestiones:
- ¿Habla un idioma comunitario con la suficiente fluidez como para desempeñar el puesto de trabajo?
- ¿Sus cualificaciones académicas y/o profesionales están reconocidas en el país donde quiere ir?
- ¿Posee suficiente información sobre el país al que se desplaza en cuanto a residencia, condiciones de vida, de trabajo, alojamiento, impuestos, asistencia sanitaria etc.?

Si tiene la intención de permanecer más de tres meses en el país debe solicitar un permiso de residencia.

En principio está asegurado en el país en el que trabaja y usted y su familia tienen derecho a recibir el mismo trato y prestaciones que los ciudadanos del país acogido. Exigen la presentación del formulario E-100.

No existe legislación comunitaria específica en cuanto a impuestos.

2a Lee el informe y escribe un título para cada sección.

2b ¿Qué sección se refiere … ?
- a las consideraciones que se deben hacer
- al servicio en términos generales
- a lo que uno debe llevar consigo
- a la población de la comunidad

2c Escribe una lista de las palabras o frases que son esenciales para comprender el texto.

2d Usando estas palabras explica lo esencial del texto.

Técnica

Reading to pinpoint relevant information

- Read texts at least *three times*.
- Read for gist (see Unit 2 page 26) and note down key words or phrases.
- Reread each section or paragraph and choose the key details that go under each key word or phrase.
- Read a third time and concentrate on the words or phrases you don't quite understand and try to work out
  a their meaning from the whole context or cognates
  b how they function in the text by applying rules of grammar.
- Remember there are always a lot of words which are not really essential to the 'skeleton' message of the text. We use adjectives and phrases to fill out and enhance our writing. Learn to recognize non-essential language.

4 Si sale al extranjero para buscar trabajo o para una entrevista de selección no olvide
- pasaporte o DNI en vigor
- traducción del certificado del título
- CV traducido, cartas de presentación y de referencia de otros empleos, títulos académicos y cursos
- formulario de la Serie E-100
- fotocopia de partida de nacimiento y libro de familia
- varias fotos de carné
- otros permisos y licencias tales como el carné de conducir
- dinero para los primeros gastos (alojamiento, desplazamientos, manutención …)

En la oficina

Ganar el pan de cada día trabajando en una oficina es por donde muchos empiezan ...

1a 🎧 Escucha y anota los mensajes de contestador automático.

Recados
Fecha   hora
Para
De quién
Teléfono
Mensaje

1b Explícale los mensajes a tu jefe.

> **Ejemplo:** *El señor Araña llamó y dijo que no puede venir esta tarde pero que vendrá mañana.*

1c Lee los apuntes de tu jefe sobre el último mensaje. Escribe un fax como respuesta de parte de tu jefe.

> *Imposible – que vuelva a calcularlo todo – pido plazo para pagar*

1d Mira el material que ha recibido tu jefe y escribe una carta.

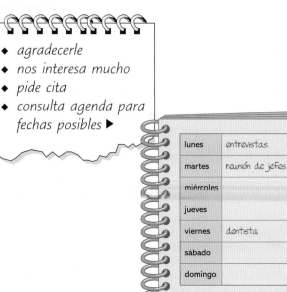

- ◆ *agradecerle*
- ◆ *nos interesa mucho*
- ◆ *pide cita*
- ◆ *consulta agenda para fechas posibles* ▶

lunes	entrevistas
martes	reunión de jefes
miércoles	
jueves	
viernes	dentista
sábado	
domingo	

Gramática   ⇨ 165 ⇨ W46

Indirect speech

This is used to report or explain what somebody is saying or has said without quoting them directly. Take care with sequencing your tenses and changing the verbs (first to third person). Remember to change other parts which relate to the speakers in your sentence.

"No tengo tiempo para hacerlo ahora" → Dice que no tiene tiempo para hacerlo ahora.

"Ya he escrito mi currículo." → Dijo que ya había escrito su currículo.

"Quiero hablar con su jefe." → Dijo que quería hablar con mi jefe.

"Me gustaría trabajar aquí." → Dijo que le gustaría trabajar aquí/allí.

2a Una empresa en el Reino Unido quiere saber qué es y qué hace Mondragón. Lee el texto y escribe un reportaje **en inglés** resumiendo los puntos más importantes.

- ◆ dónde y cuándo
- ◆ filosofía
- ◆ características

MONDRAGÓN
CORPORACIÓN COOPERATIVA

Todo comenzó en el año 1956 en el pueblo vasco de Mondragón cuando un grupo de cinco ingenieros jóvenes parados buscaban qué hacer y el cura local, Padre José María Arizmediarrieta, les animó a establecer una cooperativa – fabricando estufas de cocina. Adoptaron la filosofía y visión del Padre y ya para 1959 habían establecido la Caja Laboral Popular que no sólo sirve como banco para los trabajadores sino que son ellos mismos que la dirigen.

Desde sus orígenes lejanos ya ha crecido a 160 cooperativas con más de 23.000 miembros proprietarios y ventas de más de 3 billones de dólares. Las estadísticas muestran que las cooperativas de Mondragón son dos veces más rentables que las otras empresas españolas con mayor productividad que cualquier otra en España. Además de su propio banco ya tiene un instituto de investigaciones, una división empresarial, instituciones de seguros sociales y de salud y de vivienda, 40 colegios e institutos de formación profesional.

Ya es una de las doce empresas más grandes de España y es la más grande del País Vasco. Su visión se basa en la idea de que el capital sólo sirve como medio para lograr un fin – su meta es fomentar un ambiente laboral feliz y productivo, a la vez dueños de su propio destino. Dan el 10% de las ganancias anuales a obras de caridad; el 40% lo depositan en el banco colectivo; el 50% restante es para ayudar a los empleados a desarrollar otras iniciativas. La amistad y la cooperación son las palabras clave.

Jesus Ginto
Cooperativa Mondragón
BP Aozaraza # 2
20550 Aretxabaleta, País Vasco España

Una magnífica tienda

La firma Porcelanosa prosigue su espectacular expansión con esta nueva tienda de Nueva York, que está situada con en el distrito de Paramus.

2b Mira la información. Tu jefe quiere saber algo más acerca de Porcelanosa y quiere visitarla. Escribe una carta para pedir más información y una cita para él. También busca otros datos en Internet.

2c Más tarde te pide que le expliques a un grupo de empleados lo esencial. Haz una presentación oral sobre una de las dos empresas.

Técnica

Writing a summary in English

- Read the text several times to be sure you have understood the gist.
- Decide (unless indicated) by how much you need to reduce each section.
- Note the main words, phrases and expressions used in each section.
- Think of alternative words, phrases or expressions if possible.
- Express the main idea of each section in your own words. This is not the same as expressing your own ideas; only do this if asked. A summary doesn't usually require you to give your opinion.
- Read what you have done and make sure it flows as a whole piece of writing.

1 Write a summary (120 words) in Spanish about the company you did not choose for the oral presentation in 2c.

Extra Completa las actividades en la Hoja 23.

A escoger

1a Acabas de hacer tus prácticas laborales. Con la ayuda de tu agenda explica lo que has hecho durante la semana.

1b Escribe un reportaje sobre lo bueno y lo malo de tus prácticas.

1c ¿Qué consejos darías a otros estudiantes que van a hacer prácticas?

GRUPO DE EMPRESAS LIDER EN EL SECTOR DE OCIO SOLICITA PARA SUS CENTROS DE TRABAJO DE BARCELONA Y PROVINCIA

PERSONAL
PARA SALAS DE BINGO

Perfil:
- Persona dinámica, responsable y con capacidad de trabajo.
- Edad preferible entre 18 y 30 años. Buena presencia.
- Con o sin experiencia.

Se ofrece:
- Integrarse junto a un equipo de profesionales.
- Jornada de 38 h/semana, o bien a tiempo parcial de 19 h/semana.
- Salario según convenio más interesantes ingresos adicionales por propinas.

Interesados enviar currículum vitae y fotografía actual, indicando en el sobre la referencia 6.043 a: güppo anuncios, c. Balmes, 18, 5° 3°• 08007 Barcelona

www.publiempleo.com   e-mail: guppo@publiempleo.com

2a S🎧 Escucha las tres entrevistas y para cada candidato anota:
- ◆ su experiencia
- ◆ sus intereses
- ◆ sus cualidades
- ◆ sus razones de querer el empleo
- ◆ otros detalles

2b 👥 Escoge al candidato que consideras más adecuado para el puesto y da tus razones. Compara tu decisión y tus razones con las de tu compañero/a.

3 Escribe una carta de solicitud para el empleo anunciado.

4 Escribe un resumen **en inglés** del texto de abajo.

La Red Araña

Es una entidad no lucrativa que desde 1988 desarrolla servicios de promoción de empleo en el ámbito local. El uso de la información es clave para generar oportunidades en la promoción, gestión y creación de empleo. La iniciativa *Equal* es un proyecto de desarrollo local que beneficia a la mujer de ámbito rural junto con parados mayores de 40 años, inmigrantes y minusválidos físicos. La conexión en red será fundamental para poner solución al problema. Además se ha diseñado un plan de sensibilización para que las empresas inflexibles permitan el acceso de las personas que sufren dificultades para integrarse o reintegrarse en el mercado de trabajo.

Técnica

Revision skills

At this halfway point it is useful to review what you have covered so far and assess how well you are progressing.

- Check back over the *Técnica* boxes and make up some learning tips cards.
- Revise the *Gramática* boxes and
  - list points you really feel sure about
  - query structures or tenses you need to go over again and revise them
  - ask for help on structures or tenses you are still unsure about.
- Do the listening activities again without any help.
- Make sure you have a clear, well-organized vocabulary book.
- Ask a friend or parent to test you on a few words every day.
- Make a list of useful phrases and try to use them regularly in oral and written work.
- Go back over corrected work and make sure you understand your mistakes.

Repaso Unidades 5–6

1 No quieres seguir estudiando cuando acabes el bachillerato pero tus padres sí lo quieren. Trata de convencerles que te permitan un año libre por lo menos. Habla durante 2 o 3 minutos y graba tu presentación.

(10 marks)

2 Prepara tus ideas y respuestas orales a estas proposiciones. No te olvides de justificar tus opiniones.

◆ Es más importante tener una vida fuera del instituto que estudiar todo el tiempo.

(2 marks)

◆ Un empleo ya no es "de por vida".

(3 marks)

◆ Mi carrera ideal sería …

(2 marks)

◆ Más vale estar en paro que estar mal empleado.

(3 marks)

3 Mira el material y prepara tus respuestas.

1 Describe la escena.
2 ¿Cuál es el mensaje? ¿Qué quiere decir?
3 ¿Tú, qué opinas? ¿Cuál ha sido tu experiencia en cuanto a la orientación?
4 Haz un comentario sobre los estereotipos. ¡La realidad desmiente la ley!

(10 marks)

4a Escucha la discusión sobre las distintas maneras de estudiar y completa las frases con un final adecuado.

1 La universidad provee	**a** todo lo que es digno de saber.
2 Ciertas profesiones merecen	**b** un entorno muy dedicado al estudio.
3 Lo más importante es	**c** no trabajar antes de estudiar.
4 La vida te enseña	**d** la pena tanto como las más académicas.
	e estudiar por estudiar.
	f encontrar un sistema que respalde tus esfuerzos.

(4 marks)

4b Contesta a las preguntas.

1 ¿Qué ventajas hay en ir a la universidad según la persona A?
2 ¿Cómo responde la persona B?
3 ¿Qué razones da la persona C por haber elegido su curso?
4 ¿Cómo pretende estudiar la persona D? *(4 marks)*

4c Completa el texto usando el vocabulario y las estructuras que has escuchado.

Hay varias maneras de seguir (1) …….. después de los dieciséis años y no (2) …….. un solo camino para todos. Es importante (3) …….. las múltiples oportunidades y elegir una que mejor te (4) …….. en cuanto a tu situación económica, tu disponibilidad para estudiar y la carrera (5) …….. .

(5 marks)

5 Lee el artículo y contesta a las preguntas.

1 ¿Qué demuestran las estadísticas del primer
   párrafo? *(2 marks)*

2 ¿Qué concesiones hace la ley? *(2 marks)*

3 ¿Qué motiva a los hombres a pedir la baja según el
   artículo? Da tres ejemplos. *(3 marks)*

4 ¿Qué comentario hace el autor del artículo al
   final? *(2 marks)*

5 ¿Estás de acuerdo con el derecho del hombre a la
   baja de paternidad?
   Escribe un párrafo breve con tus ideas sobre el
   tema. (75 palabras máximo) *(10 marks)*

6 Redacción

◆ La educación debe ser gratuita a todos los niveles y
   en todos los aspectos y fases.

◆ Hay que ser realista y aceptar que la educación
   cuesta, luego debemos estar dispuestos a pagar los
   estudios después de los 18 años.

Escribe unas 150 palabras para discutir las dos caras
de la moneda. *(36 marks)*

Mi papá es amo de casa. Desde que hace un año entró en vigor en España la nueva Ley de Conciliación de la Vida Familiar y Laboral, 1.750 hombres han solicitado la baja de paternidad lo que supone un gran aumento ya que en 1998 tan solo 118 hombres la solicitaron. ¡Por supuesto el primer ministro británico no iba a ser el único!

La ley concede 16 semanas de baja: Las seis primeras como descanso obligado para la mujer, y las otras diez se pueden repartir con la pareja.

En caso de parto múltiple el período se amplía dos semanas por hijo.

Los motivos por los cuales las parejas llegan a tomar esta decisión pueden ser varios: o bien porque el padre lo elige para poder disfrutar más de los primeros días de vida de su hijo; o porque después de hacer cálculos económicos les sale más rentable que tome el hombre la baja; o bien porque él trabaja por su cuenta, a veces desde la casa, y sería menos problemático repartir su tiempo de acuerdo con las necesidades de un recién nacido; o bien por razones de inflexibilidad o incertidumbre del empleo.

De todos modos para el hombre medio español estar de baja de paternidad es algo no muy común todavía y se reconoce que hay deficiencias en el sistema español.

Los medios de comunicación

7

By the end of this unit you will be able to:

- ◆ Read about and describe the Spanish press
- ◆ Discuss the role of radio and TV
- ◆ Discuss the effects of technology – Internet, mobile phones etc.
- ◆ Talk about the impact advertising has on people's lives
- ◆ Use verbs taking an infinitive and a preposition
- ◆ Recognize and compare different registers of language
- ◆ Describe continuous actions, past and present
- ◆ Use impersonal verbs and phrases
- ◆ Use language of persuasion
- ◆ Develop your writing skills – assembling and organizing facts and ideas

7

Página	Tema
82	La prensa
84	¿Radioyentes o televidentes?
86	¿Estás conectado?
88	Anuncios y publicidad
90	A escoger

1 Encuesta: Lee y contesta a las preguntas.

Dime lo que lees, ves, escuchas y te diré quién eres ...

1 Lees el periódico
- a a veces
- b cada día
- c rara vez

2 Compras una revista
- a cada semana
- b de vez en cuando
- c cada mes

3 Escuchas la radio
- a a diario
- b a menudo
- c pocas veces

4 Te conectas
- a todos los días
- b 2 ó 3 veces por semana
- c una vez a la semana

5 Usas el móvil
- a poco
- b bastante
- c mucho

6 Ves la tele
- a mínimo 3 horas al día
- b un poco todos los días
- c a veces durante la semana

Puntuación

| 1 | a:4 b:6 c:2 | 3 | a:6 b:4 c:2 | 5 | a:2 b:6 c:4 |
| 2 | a:6 b:2 c:4 | 4 | a:6 b:4 c:2 | 6 | a:6 b:4 c:2 |

Resultados

Menos de 20 puntos
Estás super contento con tu propia compañía y no dependes demasiado de los medios.

Entre 20 y 29 puntos
Mogollón de ideas tuyas pero también te gusta estar al día.

Más de 30 puntos
¡Al loro! Eres tunero a morir metido a toda hora en lo que está pasando alrededor tuyo.

2 Discusión en clase.

1 ¿Cuál … mejor?
- a informa
- b relaja
- c entretiene
- d instruye

la tele   la radio
el Internet   la prensa

2 ¿Qué consideras más importante: un anuncio …
- a que informa?
- b que divierte?
- c que choca?

Extra Completa las actividades en la Hoja 24.

La prensa

Hay una variedad enorme de periódicos y revistas ...

1a 🎧 Escucha e identifica los títulos.

1b Clasifica los títulos.

- ◆ diario
- ◆ deportes
- ◆ semanal
- ◆ moda
- ◆ quincenal

- ◆ pop
- ◆ mensual
- ◆ cotilleo
- ◆ noticias de gran formato
- ◆ interés general

1c Busca otros títulos en Internet y escribe una frase sobre tres publicaciones serias y tres de corazón o sátira.

1d 👥 Con tu compañero/a compáralas con las que lees o las que hay en tu país.

2 📖 Busca otras palabras.

Ejemplo: redacción – redactor – redactar

1 redacción   4 leer
2 título   5 edición
3 periódico   6 reportaje

3 Lee los titulares. Clasifícalos según sean:

a serios y objetivos   **c** divertidos y frívolos
b emotivos y dramáticos   **d** salaces y obscenos

Pasión entre Alex y Carlos
Los demonios existen
Ferrero pisa firme
Ingeniería tamaño microchip
La red pierde los cables
Alonso, el triunfo más joven
Amores, mentiras y ... ¡grandes sorpresas!
Los mejores desnudos del verano – póster

Gramática	⇨ 168 ⇨ W65

Verbs + infinitive + preposition

Here are some of the most common examples:

+ **a**:	+ **de**:	+ **en**:
aprender a	cansarse de	consentir en
ayudar a	cesar de	consistir en
comenzar a	dejar de	convenir en
enseñar a	olvidarse de	
invitar a	tener ganas de	
persuadir a	tener miedo de	
ponerse a	tratar de	
prepararse a	enterarse de	
volver a		

A 📖 Look these verbs up and learn them.

B Complete these sentences using the verbs boxed below.

1 Me gusta *El País* porque sale todos los días y te .... apreciar lo que pasa en el mundo.
2 Prefiero *Super Pop* o *Bravo* porque sale cada quince días y no me .... leer todo sobre mis ídolos poperos.
3 Nunca .... leer el *Marca* todos los días porque soy hincha del Barça.
4 A mí me encanta la sátira de *Cambio 16* porque te .... reírte de ti mismo.
5 En cambio *ABC* es tan monárquico que no .... hablar de la familia real.
6 Y *¡Hola!* es puro chisme y .... hablar de las estrellas.

cesa de	ayuda a	consiste en	dejo de
	canso de	enseña a	

C Using the sentences and verbs above make up five sentences of your own about which newspapers and magazines you read, why you read them and what you like about them.

4 Lee el texto y contesta a las preguntas.

1 ¿De qué se queja el artículo?
2 ¿Qué discrepancia en la ley destaca?
3 ¿Cómo describe el periodismo de hoy?

La intimidad ya no existe

Acudir a los trucos para sacar titulares exclusivos es inmoral y poco ético. Usar la cámara oculta y el micrófono escondido además es intruso.

El derecho a la intimidad es un derecho fundamental en el artículo Primero de la Constitución. Entonces hay que preguntar también si es legal acudir a la cámara oculta para sacar informes. Lo que pasa es que hoy se ha convertido en el medio – ya no es un medio para llegar a un fin. ¿Por qué los periodistas, sea televisivos, de prensa o de radio, son inmunes al control cuando en cambio la policía está sometida a un control riguroso y exhaustivo? La investigación periodística ya no requiere ningún esfuerzo. Con este truco de la cámara oculta se puede coger el camino más corto y obtener la mayor rentabilidad de cualquier artículo o programa sin arriesgarse. Y demos un paso más allá – hoy por hoy no hay que buscar el chanchullo* siquiera – se plantea delante de uno, se inventan las historias sentimentales para luego decir que son exclusivas. La cámara oculta ya no es un instrumento para llegar a la verdad; se ha convertido en la forma misma de periodismo.

* chanchullo *fiddle, sleaze*

5 🎧 Escucha las opiniones y completa las frases.

1 La prensa consiente en
2 Deben aprender a
3 Tratan de persuadir a la gente que
4 No parecen tener miedo de
5 Hoy por hoy consiste en

a inventen un escándulo
b buscar la forma más vaga y no hacer ningún esfuerzo
c respetar la intimidad de cada uno
d manipular la verdad
e ser condenados por falta de moralidad

Frases claves

Estoy de acuerdo al cien por cien con ...
Habéis dado en el clavo a la hora de decir que ...
Me parece muy acertado ...
Lo más descarado de todo es que ...
Es mi opinión considerada que ...

6 Compara estos dos reportajes sobre el mismo tema.

1 ¿Cómo describen el tema?
2 ¿Qué verbos usan?
3 ¿Cuál de los dos contiene lenguaje formal?
4 ¿Cuál de los dos te llama más la atención? ¿Por qué?

A1

Invasión adolescente – las actrices más jóvenes de Hollywood han salido rebeldes. No aceptan cualquier guión y miden sus pasos profesionales. Su trabajo se impone en algunos de los estrenos más taquilleros.

A2

Jugar a las muñecas – las adolescentes provocativas y sensuales fueron llamadas durante décadas 'josephines' y ahora se presentan mogollones para los papeles más sexys de Hollywood. ¡Así nos hechizan con su look de Lolita!

Técnica

Different registers of language

● We all use different kinds of language depending on
  – the effect we want to have
  – the subject we have chosen
  – whether we are speaking or writing
  – the situation, be it formal or informal.
● Make a list of some recent programmes you have watched or heard. How would you classify them? What kind of language did they use?
● Newspaper and magazine headlines need to attract your attention. How do they do this?

1 Apply the words below to different types of media articles or programmes.

serio emocional emotivo formal informal
divertido dramático sensacionalista político
deportivo analítico objetivo

2 In what type of article or programme would you find the following words and phrases?

mogollón me flipa me mola a tope super bien
grandes reportajes en portada gooooool de Raúl
cartas de la semana con referencia a en cuanto a
la entrevista con

¿Radioyentes o televidentes?

El español medio siempre ha sido y sigue siendo aficionado a la radio pero la tele llegó a galope y la sobrepasó …

1a 🎧 Escucha. ¿Prefieren la radio o la televisión? ¿Por qué?

1b Escribe tres frases a favor de la tele y tres a favor de la radio.

1c Encuesta de clase.
¿Quién prefiere la tele y quién la radio? ¿Por qué?
¿Cuántas horas pasan viendo la tele y escuchando la radio?
¿Qué tipo de programas prefieren?
Presenta los resultados en forma gráfica y explícalos.

1d 🎧 Escucha y clasifica los programas.

> telediarios (informativos)   películas
> documentales   culturales   retransmisiones deportivas
> tertulias y debates   series   concursos
> telenovelas/culebrones   programas de música

1e 👥 Cuenta lo que estaba pasando a tu compañero/a.

Inventa otros ejemplos. ¡A ver si tu compañero/a los puede adivinar!

Gramática ⟹ 162, 164 ⟹ W33, 43

Continuous tenses

- These describe what is or was happening at a given moment:
  *Ahora **estoy escribiendo** mis tareas pero antes **estaba viendo** la tele.*
- Remember the irregular forms *leyendo, trayendo, durmiendo, sintiendo* and *pidiendo*.
- Normally pronouns go on the end of the gerund:
  ***Estaban poniéndose** los trajes de baño y ahora **están bañándose** en la piscina.*
  *Pedro **estaba escribiéndote** una carta y ahora María **está leyéndola**.*
  Remember the accent when an extra syllable is added.

2a 👥 Lee el texto y explícalo a tu compañero/a, resumiéndolo en inglés.

2b Compara lo que dice el texto con lo que pasa en tu país.

2c Da tus propias reacciones al texto. Usa las frases claves de la página 83.

La caja tonta
La televisión "educa" durante más tiempo que el colegio.

"Es difícil no creer en la televisión; ha invertido más tiempo que tú en educarnos" – así dijo Bart de los Simpsons a su vago padre Homero. Era una broma pero una broma que contenía una chispa de verdad. Asimismo un 45% de los niños españoles ve la televisión, en días laborables, durante casi una hora y media; un 23% la ven durante 2 ó 3 horas.

Por lo menos el padre de Bart le acompaña en esta actividad pero no es el caso para un 2% de los niños que pasa horas a solas frente a la tele; sólo en un 55% de los casos dicen los padres que los acompañan. Dicen que los niños que ven más de una hora de tele tienen más tendencia a la violencia y agresividad cuando cumplen los 20 años. En España los niños pasan 930 horas al año frente al televisor y pasan 900 horas en clases delante del profe.

- The gerund is used only as a verb, never as an adjective, so the endings don't change. Look back at page 7 for present participles used as adjectives.
- Note the expression *se está haciendo tarde* – it's getting late.

3a Lee los textos y compara las opiniones.

1 La telebasura, la pornografía y la violencia – esto es lo que se está viendo, escuchando, leyendo y viviendo cada día y el lugar apropiado para tanta bazofia* es el vertedero más cercano.

Se lee poco; se escribe menos; se reflexiona poquísimo; vivimos en la inmediatez – la superficialidad momentánea, pasajera – por eso en la cultura televisiva la violencia es regla. El telediario contiene la violencia real y si mezclamos con esto las películas violentas la gente se insensibiliza. En una semana se pueden ver 770 asesinatos, 47 torturas, 28 secuestros, 17 suicidios, 1.200 peleas y una multitud de disparos.

Se dice que la televisión, ciertos anuncios y hasta páginas web y mensajes de texto fomentan la violencia, la explotación sexual y la perversión pero a mi modo de ver estas clases de violencia siempre han existido y no son más que el reflejo de la sociedad en que vivimos. Lo difícil es reconocerlo y por eso es más fácil echar la culpa a un objeto inánime, sea la caja tonta, el ordenador, el móvil o una revista pornográfica.

Si bien aceptamos que la violencia forma parte de la sociedad hay que buscar la razón de su existencia – en las familias disfuncionales; en el aburrimiento en clases que matan la creatividad o que insisten en el aprendizaje de memoria; en una sociedad que no ofrece modelos responsables ni estables a la gente vulnerable.

No obstante es la falta de responsabilidad y supervisión de los padres lo que es más significativo en cuanto a los niños. Ante todo tenemos que educar a la gente y desarrollar su capacidad crítica porque es cierto que quien tiene el mando es el que tiene el poder.

* bazofia *rubbish*

2 No acepto el término "tele, radio, prensa – basura". Existen programas de entretenimiento y artículos mejor o peor hechos o escritos que les gustan a la gente más o menos y es mi opinión considerada que es un debate artificial que exponen los que tienen miedo de la libertad de expresión.

Somos ambiguos en nuestras exigencias – criticamos a los medios de comunicación pero al mismo tiempo exigimos cada vez más imágenes y sensaciones. Es fácil echar la culpa a los medios cuando en realidad hay un gran número de personas que encuentran la violencia atractiva, la intrusión divertida, lo más salaz entretenido. ¿Por qué tuvo un éxito instantáneo Gran Hermano? Porque acertó con un formato tan sencillo y barato – el del voyeur – nosotros el público viéndolo todo, 24 horas al día gracias a la cámara. No es de extrañar entonces que este formato comenzara a producir variaciones para todos los gustos. Desengáñate porque hay muchos otros programas peores o mejores por llegar.

¿Cuántos ejemplos positivos se conocen? La educación a distancia, sea por radio, televisión o Internet, es algo que ha ayudado a millones de personas globalmente. Los periódicos, revistas y programas que informan e instruyen a la vez abundan. La nación española se salvó gracias a la radio y al Rey aquella noche casi surrealista del 23 de febrero de 1981 cuando hubo el Tejerazo.

Los medios de comunicación son espejos de la realidad social en que vivimos. Nos reflejan tal cual somos. Los medios son imprescindibles y necesarios; nos instruyen y educan; nos informan y hasta previenen cosas malas; existen luego debemos aprender a usarlos para el beneficio del género humano y no al contrario.

En fin, no matemos al mensajero que puede traer mensajes positivos.

3b Anota los argumentos a favor y en contra de los medios de comunicación de hoy.

3c Contesta a las preguntas.

1 Según el primer texto, ¿cuál es el problema?
2 ¿Cómo lo refuta el segundo texto?
3 Según el primer reportaje ¿qué no queremos reconocer?
4 Según el segundo reportaje ¿cómo somos ambiguos?

4a 🎧 Escucha las opiniones sobre la tele testimonial y toma notas.

4b Lee las frases e indica si están de acuerdo o no con tus notas.

1 Dos personas dicen que les fascina y que no les importan las escenas explícitas.
2 Todos dicen que no la toman en serio.
3 A los jóvenes les divierte bastante.
4 La mayoría prefiere ver algo divertido a ver programas serios y deprimentes.
5 La mitad dice que les hace olvidar la realidad de sus propias vidas.
6 Solamente una persona está en contra.

4c Anota primero las opiniones negativas luego las positivas.

4d ¿Tú, qué opinas? ¿La tele testimonial es chocante o divertida? ¿Es humillante y morbosa o bien humorada y un poco salaz?

¿Estás conectado?

Durante los últimos 10 años los medios de comunicación han revolucionado nuestra vida de tal forma que cualquier cálculo que hagamos hoy ya habrá cambiado mañana.

¿España está desconectada?

Encuesta sobre los hábitos cibernautas
58% no utiliza Internet
18,1% no sabe qué es Internet
41% tiene ordenador en casa
80% de usuarios de ordenador tiene CD-Rom

Se me hace que los números cantan en voz alta a pesar de los esfuerzos del Gobierno con su plan para digitalizar a Juan Español. Últimamente por una encuesta del CIS sobre las nuevas tecnologías se sabe que más de la mitad de los entrevistados (unas 2.500 personas) no usan Internet porque dicen que no lo necesitan. Aún peor es el número – el 18% – que proclaman ni siquiera saber lo que es Internet.

Casi el 67% de las personas que lo usan con frecuencia lo hace en su casa y el 42% en la oficina. El 81% de ellos dice que lo usan para buscar informes o documentos.

En contraste se cree que el 72,6% posee móvil y por cierto está conectado. De los usuarios que envían más de un mensaje al día, el 55% tiene 18 años de edad o menos. De hecho los jóvenes pasan horas mensajeándose ... el celular es su compañero constante así que por un lado es cierto que nosotros los españoles no estamos conectados – ¡mientras por el otro me parece que estamos demasiado conectados!

1a Lee el texto y explica en español el tema.

- ¿Te sorprenden las estadísticas?
- ¿Cómo se comparan con tu país?
- Da cinco razones a favor de estar conectado y cinco en contra.

1b Puede ser que estas cifras ya hayan cambiado. Busca en Internet los datos más recientes y compáralos.

Gramática ⇨ 168 ⇨ W63

Impersonal verbs – reflexive expressions

These verbs and expressions are used a lot in Spanish to avoid using the passive, which is used far more in English (see Unit 3 page 41 and Unit 8).

- If you use the reflexive remember you must make it agree with the subject, singular or plural.
  En España se oye la radio mucho pero se usan más la tele, los DVD y el ordenador.
  Se conecta poco pero se habla mucho por móvil.

- Take care when referring to people – you need to add an object pronoun:
  Se acusó del robo means he accused himself.
  Se lo acusó del robo means he was accused.

- Use the impersonal form 'they' – the third person plural form of the verb:
  En España publican muchos libros pero no los leen.
  Todos los días ven muchas horas de tele.

(A) How many examples are there in the text opposite?

(B) Now make up sentences of your own using the following:

Se cree que	Se me hace que
Se dice que	Dicen que
Se sabe que	Escuchan
Se teme que	Hablan de

¿Cómo hemos cambiado?

1876	Alexander Graham Bell inventa el teléfono
1982	Primera generación del teléfono celular – funciones: Hablar y recibir llamadas
1996	Segunda generación – funciones: Llamar y recibir llamadas, SMS y gráficos
2002	Segunda generación y media – funciones: SMS, MMS, cámara digital y sonido polifónico
2003	Tercera generación – funciones: Cámara digital, video cámara, mensajería MMS y EMS, Internet

2 Estudia la información y prepara tu comentario usando los verbos impersonales de la casilla Gramática.

1 ¿De qué trata? ¿Cuál es el tema?
2 Comenta las fechas.
3 ¿Cuál es tu opinión de los cambios? ¿Son muy lentos o demasiado rápidos?

3a ¿Qué hemos ganado con toda esta nueva tecnología? Escucha y anota solamente los puntos de vista positivos.

3b Escucha otra vez e indica qué palabra completa mejor la frase.

1 Se habla de la importancia de mantenerse
a siempre **b** cada día **c** a veces **d** a menudo
en contacto con la familia y los amigos.
2 Se dice que la otra cara de la moneda es que todo el mundo puede
a escaparte **b** recordarte **c** publicarte **d** llamarte.
3 Se teme que cause daño a los
a jóvenes **b** mayores **c** adultos **d** viejos.
4 Se cree que ofrece más
a sensibilidad **b** dificultad **c** curiosidad **d** flexibilidad.
5 Se sabe que es una forma de comunicación
a lenta **b** posible **c** rápida **d** antigua.

3c Redacción: ¿Crees que es importante estar conectado? Contesta a la pregunta y da tres ejemplos para justificar tu opinión. Escribe 125 palabras:
25 para la introducción y la respuesta.
75 (25 cada uno) para los tres ejemplos.
25 para la conclusión.

¿Eres ciberpirata?

Hoy tenemos toda la música y el cine que queremos al alcance de un clic de ratón. Sólo hace falta tener una línea de Internet que permita navegar sin que se descuelgue cada pocos minutos y se descarga todo sencilla y cómodamente. Este tipo de piratería es un nuevo desafío que enfrentan las multinacionales y las pérdidas alcanzan billones. Los cinco grandes sellos que se repartan el 90% de los más de 40.000 millones de dólares del total de ventas de discos en el mundo ya han comenzado una cruzada contra algunos servidores por violación de las leyes de derechos de autor.

Hasta ahora no han perseguido a los particulares: jóvenes que descargan algunas canciones o películas pero sí quieren concienciarles de que están cometiendo un acto delictivo. Son las personas que controlan las plataformas de intercambio de archivos – *peer to peer* – a quienes persiguen ante todo pero no surte efecto por el momento. Tampoco ha resultado la idea de comprar o descargar legalmente en línea por razones obvias – ¡la piratería sale más barata! Sin embargo en España la piratería digital aún no se ha asentado y es la piratería física – el *top manta* – que causa unos daños en torno a los 200 millones de euros anuales, es decir el 25% del volumen de ventas musical. Además hay que tener en cuenta la todavía baja penetración de ordenadores y conexiones a Internet que existe en el país – ¡todavía estamos a la cola de la alfabetización digital en Europa!

4a Lee el texto y busca la frase que significa:

1 you only need
2 without it cutting out
3 it's a new challenge
4 download a few songs
5 make them aware
6 to no effect
7 still hasn't caught on
8 of about
9 at the tail end of
10 computer literacy

4b ¿Hay que defender los derechos de autor a toda costa? Discute el tema con tu compañero/a luego prepara una presentación breve.

Anuncios y publicidad

Nos rodean a todas horas y es importante saber diferenciar entre lo bueno y lo malo – a ver cómo reaccionas.

1 Estudia el anuncio y prepara tu comentario.

    1 ¿De qué trata? ¿Cuál es el tema?

    2 ¿A quién va dirigido el anuncio?

    3 ¿Cuáles son las palabras clave del eslogan?

    4 ¿Te interesaría esta clase de vacaciones? ¿Por qué?

    5 ¿Qué importancia tienen las vacaciones en tu opinión?

Extra Completa las actividades en la Hoja 25.

2a 🎧 ¿Qué impacto tienen las campañas publicitarias? Escucha el reportaje y busca la siguiente información.

1 Dos ejemplos de publicidad buenos
2 Dos ejemplos de publicidad malos
3 El impacto que tiene la censura según el autor
4 Las fechas importantes para España
5 Las metas de dicha publicidad
6 El medio de alcanzarlas

2b ¿Es práctica o posible la autocensura? Discute en clase. Para empezar: Da dos ejemplos de cómo puedes censurar el comportamiento de otros compañeros de clase.

Extra Completa las actividades en la Hoja 26.

Técnica

Writing skills – organizing ideas and facts for a structured response

● Time spent planning is crucial to good writing. For example, if you are required to write a response in 50 minutes then allocate at least 5 minutes to planning.
● Stick to the question!

1 Work out a plan for the following in 5 minutes.
– Does the radio have a role to play in today's world?
– Do the advantages of modern technology outweigh the disadvantages?

● Check, underline or highlight each aspect of the title you are asked to respond to. Look back at the titles on pages 85 (4d) and 87 (3c) and write down the aspects you need to consider.
● List your own ideas on the subject in any order. Here is an example:

Impones propias reglas.
¿Todos están de acuerdo?
¿Cómo decidir las reglas?
¿Práctica?
AUTOCENSURA
Posible pero difícil
¿Quién es responsable?
¿A qué precio la privacidad?

● Classify your ideas into for, against or don't know/ advantages, disadvantages, a bit of both.
● Always add concrete examples or facts for each idea.

2 Write three examples for the benefits of texting, the Internet and the broadsheet press.

● Prepare vocabulary. Revise the unit so far and note down the key words and phrases.
● Use a variety of language and more complex structures. Look back at the Gramática boxes and re-use the structures in your answers.
● Build up the structure of your answer carefully.

● Introduction: make a bold statement for or against – or a statement recognizing the complexity of the question.
En primer lugar hay que decir/rechazar/considerar ...
● Write down and learn a few good phrases for expressing an opinion:
Estoy de acuerdo al cien por cien con ...
Me parece muy acertado/a el artículo/la frase
Habéis dado en el clavo
Por un lado/por el otro
La otra cara de la moneda es ...
● Justify your opinions with good examples of your own. Listen again to exercise 5 on page 83 and note down the opinions and examples.
Me parece lógico que sea un beneficio cuando hay tantos ejemplos a su favor ...
● Main body: balance your paragraphs in length and argument. Count your words carefully and be precise with your illustrations.
● Connect your paragraphs so they lead on from one to the other. Use phrases like *no obstante*, *sin embargo*, *sin lugar a dudas*, *empero*, *a continuación*, *de hecho*.
● Conclusion: sum up by drawing ideas together and restate your stance.
En resumen/Para resumirlo todo/ Lo anterior sirve para demostrar que ...

Above all
● Stick to your plan when you write; time yourself and count the number of words.
The three most important things to remember are:
1 Always answer the question asked, not an answer you prepared in advance.
2 Use the pre-release material as a starting point, but then use facts and evidence of your own.
3 Make sure the facts and evidence refer to Spain or a Spanish-speaking country.

A escoger

1a Lee el texto y busca un titular adecuado.

Felicidad Buendía

"Destapa su tragedia"

La modelo había logrado su sueño – triunfar en los Estados Unidos – pero su pasado le hizo una mala jugada: en el momento en que su programa *Chismes de Corazón* barría en sintonía se quedó sin visado y sin posibilidad de regresar al país. Hoy vive retirada de la pantalla y de la pasarela y nos contó lo que es para ella la peor tragedia de su vida.

Desahógate – el mundo de una estrella

¿Sabes ligar en la playa?

CARA A CARA – UNA HISTORIA INOLVIDABLE

La última gamberrada

Juntos y revueltos

1b Imagina la vida de Felicidad y escribe un texto de unas 120 palabras sobre el episodio bajo el título. Decide si es para una revista seria o frívola.

1c Ahora escribe un párrafo breve para otros dos titulares.

1d ¿Te gustaría ser confesor(a) televisivo/a?

2a S 🎧 Escucha y clasifica lo que oyes según sea:

- informativo
- pronóstico del tiempo
- propaganda
- chisme/cotilleo
- deportivo

2b Anota dos datos extra para cada uno.

3 Lee los argumentos y clasifícalos según estén a favor o en contra de los medios.

1 Les gusta contar las cosas a su manera.
2 Son una herramienta increíble de información.
3 Permiten comunicarse fácilmente.
4 A veces son inflamatorios.
5 Nos entretienen.
6 Dicen mentiras y exageran la verdad.
7 Pierdes mucho tiempo navegando en Internet.
8 Uno se puede educar desde casa.

4 "Lo mejor de la caja tonta es que nos divierte, relaja e informa después del día laboral." Presenta tus ideas a la clase.

5 "¡El mensajeo electrónico está matando la lengua!" Escribe un ensayo de unas 150 palabras exponiendo tus ideas.

Gramática

Verbs to keep an eye on

The verb 'to become' in English simply doesn't have one direct translation in Spanish. You have to think about the meaning and context and choose:

- *hacerse* = by choice or effort: *Juan se ha hecho profesor.*
- *llegar a ser* = naturally or as a matter of course: *María llegó a ser muy amiga mía.*
- *convertirse en* = change of identity or character: *Ibiza se ha convertido en la capital del placer.*

Las artes

By the end of this unit you will be able to:

- Contrast Spain's cultural heritage with the present day
- Discuss paintings and sculptures
- Talk about music and dance
- Discuss the theatre, cinema, directors and stars
- Use the passive
- Use exclamations such as *¡Qué ...!* and *¡Cómo ...!*
- Use suffixes appropriately
- Adapt a text
- Decide on the position of adjectives
- Choose prepositions correctly

1a 🎧 Escucha el comentario e indica la imagen.

1b ¿Cuántas imágenes reconoces? ¿Te gustan?

2a 🎧 Escucha el comentario otra vez y anota dos datos sobre cada imagen.

2b Escribe unas frases sobre tres de las imágenes.

2c Busca en Internet las que faltan y haz una presentación oral dando tu opinión de ellas.

Obras de los romanos

El arte de los Íberos

El arte griego y feneciano

El Siglo de Oro

La influencia de los árabes

El estilo románico

El barroco

El arte de los judíos

Influencias culturales

España tiene una inmensa riqueza cultural que es muy evidente en todas las facetas de las artes.

1a Lee el texto y busca:

sinónimos de ...	antónimos de ...
1 importantes	7 tarde
2 revelaciones	8 similares
3 hallado	9 el cielo
4 occidente	10 el principio
5 equivocado	11 conforme
6 legado	12 difusión

1b Completa las frases.

1 Los primeros siglos de la historia de España
2 Los griegos buscaban el portal del infierno
3 Los romanos pensaron que contemplaban
4 Los moros encontraron
5 Cristóbal Colón, creyendo que el mundo era redondo,
6 El arte español es nutrido por

Gramática ⇨ 168 ⇨ W62

The passive

- In Spanish the active is used much more than the passive.
- In active sentences the 'subject' does the action of the verb, e.g.
  The Romans built many useful and beautiful monuments in Spain.
- In passive sentences the subject has something done to it:
  The amphitheatre at Mérida was built by the Romans in around AD 15.
- To form the passive take the verb *ser* + past participle which must agree with the noun (masculine/feminine/singular/plural).
  La construcción de la Alhambra fue comenzada por los Moros Nasrid en 1232.
- By is usually translated by *por* but a few verbs take *de* or *en*:
  rodeado de   temido de   hecho de/en
- In Spanish the passive only tends to be used in formal contexts such as newspaper reports or legal texts. On the whole it is avoided (see pages 40 and 86).

Gramática ⇨ 160 ⇨ W14

Exclamations

- Always remember to put exclamation marks before *and* after the word/phrase.
- Don't forget the accent on the exclamative word:
  ¡Qué feo! ¡Cómo canta! ¡Cuántos edificios!
- If the adjective follows the noun *más* or *tan* is added:
  ¡Qué cosa más linda! ¡Cuántas obras tan increíbles!

a la última parte del mundo.
b se fue en busca de la India.
c fueron caracterizados por ciertos hallazgos importantes.
d el legado de varias grandes culturas.
e lo que creían que era una isla.
f cuando llegaron a Gibraltar.

Cosa curiosa es que casi todos los momentos clave que han marcado el período temprano de la historia española han ido acompañados de descubrimientos contrarios, es decir, llegaron los griegos pensando que habían descubierto la entrada al infierno bajo el peñón de Gibraltar; llegaron los romanos pensando que la punta oeste era el extremo del mundo – *finis terrae*; llegaron los árabes pensando que España era una isla; y finalmente hubo el descubrimiento más erróneo de todos, el de Colón pensando que había descubierto otra ruta a la India. Cada hito ha dejado su huella en las artes a lo largo de los siglos y aún hoy día los artistas deben mucho a los matices y la fusión de su herencia cultural, sea cristiana, judía o islámica. Dos ejemplos que destacan son los estilos mozárabe – una fusión del arte cristiano con matices moros y mudéjar – la mezcla del moro con influencias cristianas.

A Listen to the historical survey again. Note five examples of the passive and analyse them.

Sentence/phrase	Tense	Noun (gender and number)

B Translate your examples into English and underline the passive form.

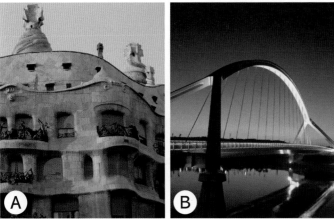

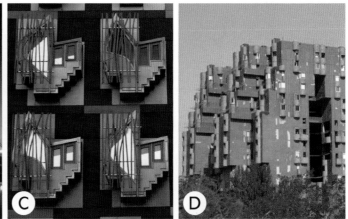

2 Lee el texto sobre Antoni Gaudí y usando tus propias palabras:

1 Explica el término Modernismo.
2 Describe el estilo de Gaudí.
3 Da tu opinión sobre su estilo.
4 Resume su vida.

Hacia finales del siglo XIX nació un nuevo estilo llamado Modernismo cuya sede fue Barcelona. Esta variación del Art Nouveau fue expresada tanto en arquitectura como en pintura y su exponente más renombrado fue Antoni Gaudí I Cornet.

Nacido en Reus en 1852 Gaudí estudió en Barcelona después de haber estado de aprendiz con un herrero. Inspirado tanto por la naturaleza como por una ansiedad hacia un pasado medievo y romántico desarrolló su propio estilo original. Adoptado por el adinerado Conde de Güell fue dado libertad total para diseñar una serie de edificios y un parque cuyas formas y colores en particular marcan la originalidad de sus obras. Hombre de fuerte carácter, solitario y devotísimo consagró su vida entera a su arte y donó todo su dinero a su oficio. Descuidado y mal vestido le tomaron por un mendigo cuando fue atropellado por un tranvía en 1926 dejando todo un legado patrimonial; La Casa Milà, "La Pedrera", terminada en 1910, El Parque Güell (1914) y la Sagrada Familia entre otros tantos.

Extra Completa las actividades en la Hoja 27.

3a 🎧 Escucha las opiniones. Identifica el edificio e indica si le gusta o no o si le resulta indiferente al entrevistado.

3b Escoge un edificio y escribe una descripción breve.

Gramática ⇨ 170 ⇨ W6

Suffixes

Suffixes are widely used in spoken Spanish. They are added to nouns and sometimes to adjectives and adverbs to give a particular emphasis or shade of meaning (see page 23). There are several different types:

● diminutives: -ito/a/s, -illo/a/s = little (dear, sweet)
Isabelita, Andresito, una mesilla de noche, pequeñito
ín/ines/ina(s) = no real sentiment attached – simply indicates small size
pequeñín, maletín

● augmentatives: -ón/ones/ona(s), -azo/a/s, -ote/ota/s = big (great, too big, clumsy)
un portón, una mujerona, un golazo, las manotas, grandote

● pejoratives: -ucho/a/s, -acho/a/s, -uzo/a/s, -uco/a/s, -(z)uelo/a/s = worst (horrible, unkind), expresses scorn and contempt
casucha, feucho, gentuza (take care not to offend people if you use these!)

● Some suffixed words are words in their own right:
bolso → bolsillo, palabra → palabrota, silla → sillón

(A) Look up these words and find the diminutive, augmentative and pejorative forms.

1 casa   3 maleta   5 papel
2 chico   4 ojos

(B) 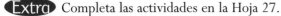 Choose one of the buildings on this page and ask your partner questions about it. Your partner must respond using adjectives with appropriate suffixes. Swap roles and ask and answer questions about the other buildings.

Las artes plásticas y visuales

La pintura es el campo artístico donde el genio español se revela con mayor brillantez.

Gracias a las riquezas que llegaron del Nuevo Mundo en el siglo XVI España se convirtió en centro cultural de Europa y produjo una serie de maestros renombrados a lo largo de los siguientes siglos …

El Greco (1541–1614)

Diego de Velázquez (1599–1660)

Bartolomé Murillo (1618–1682)

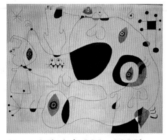

Francisco de Goya (1746–1828)

Joan Miró (1893–1983)

Pablo Ruíz Picasso (1881–1973)

Salvador Dalí (1904–1989)

1a 🎧 Escucha los comentarios. ¿Qué cuadro o qué pintor se describe?

1b 🎧 Escucha otra vez y anota dos datos sobre cada artista.

2a Lee el texto. ¿Qué cuadro describe?

2b Léelo otra vez y comenta los adjetivos.

En este observa se nota la realidad con todos sus matices de belleza y fealdad, de ternura y crueldad en que nos dio como documento de la época desde las dulces escenas bucólicas de sus tapices cortesanos hasta las corridas de toros y las escenas sangrientas de la Guerra napoleónica. Al expresivo realismo de sus figuras añade el elemento nuevo del movimiento que da a muchos de sus cuadros y dibujos una sensación de vibrante energía.

Técnica

Adapting a text

- Read through the text several times to gain an overall appreciation of the style, register and gist.
- Take a paragraph or section at a time and note down key words and phrases.
- Use a monolingual dictionary or thesaurus to find alternative ways of expressing the key words and phrases.
- Is the aim to write a report, summary or simply follow a model?
- Substitute your own words and phrases.
- Are you asked to give a personal response?

1 Busca en Internet datos sobre uno de los siguientes:

Francisco Zurbarán 1598–1663
Joaquín Sorolla 1863–1923
Juan Gris 1887–1927
Antoni Tàpies 1923–
Antonio Saura 1930–1998

2 Escribe un párrafo breve sobre una de sus obras que te guste. Adapta el texto del ejercicio 2.

3a Lee el comentario y escoge una palabra adecuada.

Las Meninas de Velázquez (1656) y Picasso (1957)

Ambas obras representan a la Infanta Margarita en la Corte (1) ....

La composición de Velázquez, a la vez autoretrato del pintor y retrato de la Infanta Margarita Teresa de cinco años, hija del rey Felipe IV, enfoca a ésta en (2) .... centro del lienzo, (3) .... de (4) .... meninas que la atienden y de (5) .... enanos que fastidian al (6) .... perro.

La obra (7) .... de Velázquez logra captar la atmósfera misma que rodea al grupo con luces y sombras que dan la ilusión de espacio y nos llevan la mirada hacia el fondo donde José Nieto está parado en la puerta mirando la (8) .... escena con los (9) .... reyes (Felipe IV y María Ana), cuya (10) .... imagen se ve en el espejo. En realidad los reyes son el tema del cuadro.

En contraste, el cuadro más (11) .... de Picasso da un enfoque (12) .... e interpreta un gesto congelado de la (13) .... niña de cinco años. Picasso hizo 44 retratos cubistas basados en la obra (14) .... de Velázquez.

---

* enanos *dwarves (here court jesters)*

---

verdadera rodeada misma real diferente

original maestra pobre nuevo

mismos varias extraños pleno falsa

3b 🎧 Escucha y verifica.

3c Escribe un comentario parecido sobre dos de los cuadros de la página 94, usando el vocabulario de abajo.

el lienzo	el retrato	el pincel
obras de arte	el autoretrato	el colorido
la pintura	expresar	la acuarela
el cuadro	simbolizar	el óleo
ilustrar	la composición	

4a 🎧 Escucha. ¿Cuál es la descripción de la escultura: A o B?

4b Sigue el ejemplo y describe otra escultura.

Gramática ➡ 156 ➡ W10

Position of adjectives

- Most adjectives follow the noun they describe.

- Possessive adjectives and adjectives of quantity come before the noun. These include:
  bastante mucho poco demasiado alguno ninguno

- Remember that some adjectives change their meaning depending on whether they come before or after a noun. Look for these examples in the texts above and note their position and meaning.
  grande/gran diferente medio mismo nuevo pobre varios
  Make up a grid and learn their different meanings.

Adjective	before noun	after noun
grande/gran	great	big/large

- When there is more than one adjective:
  - If they are of equal importance join them with *y/e* and place them after the noun; or
  - Put the adjective less closely connected to the noun before it and the more important one after.

Find examples in the texts and then make up more of your own with these words:
extraño falso original simple verdadero real

Las artes musicales y la danza

Hoy día gozamos de una fusión increíble de ritmos y estilos en todas las formas musicales.

1 🎧 Escucha la entrevista e indica las frases correctas, luego corrige las incorrectas.

1 El reportaje nombra a cinco cantantes colombianos.
2 Menciona seis clases de premios.
3 Celia Cruz fue homenajeada durante la gala de los Grammy latinos.
4 Shakira es cantautora – escribe sus propias canciones.
5 Carlo Vives era guitarrista antes de comenzar a cantar.

La voz de oro

Un joven tenor peruano se ha caído sobre el mundo de la ópera como una lluvia de oro – Juan Diego Flórez, apenas cumplidos los 30 años, se estableció ante el público hace un año en su debut en la Metropolitana de Nueva York. Dice que aún sigue sorprendido por su éxito porque hace diez años cuando ingresó en el conservatorio de Lima quería cantar como su ídolo Paul McCartney pero que poco a poco se iba dando cuenta de que poseía una voz extraordinaria y empezó a estudiar los clásicos. Hasta entonces cantaba zarzuelas y canciones típicas de su país acompañándose con su guitarra o en dúo con su padre. Ahora su modelo es más bien el recién fallecido canario Alfredo Kraus y por supuesto los tres tenores célebres Pavarotti, Domingo y Carreras. Reconoce que cantar requiere un esfuerzo atlético y que hay que mantenerse en forma pero actualmente cada vez que abre la boca salen notas doradas.

2a 🎧 Escucha el programa de radio y toma notas en español. Anota:

1 tres tipos de música que estén de moda
2 dos tipos de música que no estén de moda
3 una crítica importante
4 un comentario sobre la música regional

2b Usa las frases claves para escribir tus opiniones de la escena musical del momento de tu país.

3a Lee el perfil y escoge las frases correctas.

1 Juan Diego Flórez es barítono peruano.
2 Empezó su carrera hace poco.
3 Su primer concierto fue en Nueva York.
4 Fracasó ante el público neoyorquino.
5 Estudió música en su país natal.
6 Imitaba las canciones de los Beatles.

7 Hacía años que cantaba con su padre cuando descubrió su talento.
8 Tiene un atletismo vocal increíble.

3b Corrige las frases incorrectas.

3c Busca una frase en español que signifique:

1 descended on the opera world
2 only just thirty
3 still surprised by his success
4 gradually became aware
5 until then he had been singing

3d Haz un resumen oral en inglés.

4 👥 Inventa un diálogo con tu compañero/a tratando de persuadirle de que vaya a un concierto contigo. Tu compañero/a quiere que le acompañes a otro concierto. Usa las frases claves en tu discusión.

La creatividad flamenca asfixiada
(1) .... poperos confeccionados

Músicos y críticos están montando una campaña (2) .... poderío televisivo de las estrellas de pop prefabricadas en España (3) .... mes tras mes el 80% de los top 10 ha sido encabezado por Operación Triunfo*.

(4) .... el título "Otro timo no"* organizaron un concierto en Madrid donde los espectadores serán invitados a cambiar un CD de OT (5) .... uno de verdad – es decir de música autóctona. La protesta, organizada por un amplio espectro de estrellas veteranas y nuevas promesas, junta a tipos como el cantautor Joaquín Sabina, el icono de rock Enrique Bunbury y otros grupos más jóvenes tales como Ojos de Brujo que mezclan el flamenco (6) .... hiphop y ragamuffin, el rapero Frank T y Diego de Cigala, cantaor flamenco. Además insisten (7) .... el derecho de proporcionar el tiempo alocado en la tele porque (8) .... el crítico Ricardo Aguilera de *El Mundo* y la revista *Rolling Stone* no quieren poner fin a OT sino que quieren ver música verdadera (9) .... la pantalla también.

---

* Operación Triunfo *TV programme, similar to Fame Academy*
*Otro timo no *Not another fraud*

---

sobre   por (x2)   según   bajo   donde   con
en contra del   en

5a Lee el texto y complétalo con preposiciones adecuadas de abajo.

5b ¿Cuál es el problema según el artículo?
¿Tienen razón los críticos en tu opinión?

5c Anota las palabras o frases que significan:

1 stifled by manufactured pop stars
2 against the televised might of
3 that's to say real music
4 backed by a cross-section
5 rising stars

5d Escribe unas 150 palabras sobre uno de estos temas:

a Hay una sola cultura – la de la gente joven.
b Hoy por hoy la música une, no divide a la gente.

Gramática ⇨ 168 ⇨ W18

Prepositions

● Prepositions often express place, but can also indicate *when* something happens:
   durante   antes de   después de   desde   hasta   a   de   hacia   por   para

● Be careful with *a* and *de* – the smallest words often cause the most problems!

● Spanish does not always use the same prepositions as English:
   Sevilla está a 385 km de Madrid.
   Seville is 385 km **from** Madrid.

● Translation varies according to the context:
   en coche **by** car   *en casa* **at** home
   en la mesa **on** the table

A Now write two sentences for each of these to illustrate their different meanings:
   sobre   ante   bajo   a   de   hacia

   ◆ Don't forget the personal *a*.

B Look back over the texts. Pick out phrases or sentences containing prepositions and translate them.

Asturias: pericote
Aragón: jota
Cataluña sardana
Castilla: jota
Andalucía: sevillana, flamenco

6a 🎧 Escucha e identifica el baile.

6b 🎧 Escucha otra vez y anota algunos datos para cada uno.

6c Describe un baile regional folklórico de tu región o de Latinoamérica.

6d Busca en Internet datos sobre la Tuna.

Extra Completa las actividades en la Hoja 28.

Las artes dramáticas: el teatro y el cine

Para muchos españoles el cine es una extensión natural de la literatura dramática del teatro – otro medio literario que han desarrollado de manera única.

De La Barraca a La Claca

El teatro es del pueblo

En términos generales se puede decir que dos grupos literarios marcan el comienzo del siglo XX – la Generación del 98 (1898), un grupo de escritores y poetas que lamentaban el descenso de España, y otro grupo, la Generación del 27 (1927).

De todos ellos destaca el poeta dramaturgo Federico García Lorca. No sólo escribió tragedias ya mundialmente conocidas sino también poesías líricas y es gracias a él que el teatro español llamó la atención del público fuera de su país. En Madrid estudió con un grupo de intelectuales – el pintor Salvador Dalí, el gran cineasta Luís Buñuel y el músico compositor Manuel de Falla entre otros. A principios de 1930 formó un grupo llamado La Barraca con el fin de llevar el teatro clásico de Lope de Vega y Calderón de la Barca al pueblo español. Lo más trágico de todo fue el fin de una vida que prometía tanto cuando La Guardia Civil le fusiló apenas comenzada la Guerra Civil.

Bajo la censura de la dictadura Antonio Buero Vallejo sobresale con sus obras alegóricas y hoy por hoy Antonio Gala es muy renombrado y exitoso. Falta mencionar otro grupo teatral bastante individual – el de La Claca, fundado en 1967 por Joan Baixas, profesor de arte titiritero. En colaboración con pintores célebres como Miró escribió, dirigió y representó obras fantásticas como *Mori el Merma*, un espectáculo con títeres gigantescos sobre zancos y máscaras enormes decoradas que se verían representados luego en los Juegos Olímpicos de 1992.

1a Lee el texto y busca frases o palabras en español que signifiquen:

1 generally speaking
2 deplored the decline
3 stands out amongst all of them
4 came to public notice
5 whose purpose was to
6 which promised so much
7 giant puppets on stilts

1b Contesta a las preguntas.

1 ¿Quién es la persona central del texto?
2 ¿Cómo terminó su vida?
3 ¿Por qué se resalta el grupo titiritero?

1c Busca información en Internet sobre dos de las otras personas del texto y escribe un resumen breve. Menciona:

◆ su campo de arte
◆ fechas significativas
◆ obras renombradas

2a 🎧 Escucha el programa de radio e indica las tres frases correctas.

1 Penélope Cruz nació en Nueva York.
2 Acaba de protagonizar una película del director Agustín Díaz Yanes.
3 Victoria Abril es una actriz española.
4 Penélope vivía con su abuela cuando era niña.
5 *Goya* ganó un Oscar.
6 *Vanilla Sky* es la versión americana de *Abre los Ojos*.
7 Mónica es su hermana gemela.
8 No habla inglés.

2b Explica por qué las otras no son correctas.

2c 🎧 Escucha otra vez y escribe un resumen en inglés de unas 120 palabras.
Menciona:
◆ su vida de niña ◆ sus películas ◆ sus papeles

3a El mundo cinematográfico.
Lee y empareja los cuatro textos con los nombres.

3b Busca los otros en Internet y escribe textos parecidos.

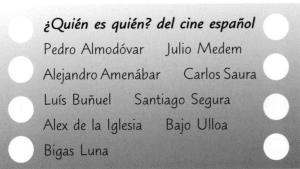

¿Quién es quién? del cine español

Pedro Almodóvar   Julio Medem

Alejandro Amenábar   Carlos Saura

Luís Buñuel   Santiago Segura

Alex de la Iglesia   Bajo Ulloa

Bigas Luna

3c 👥 ¡A jugar con tu compañero/a!

A da un dato o una fecha.
B identifica el director o cineasta o guionista.

4 Lee la sinopsis de la película *Y con Pancho Villa haciendo de sí mismo* y contesta a las preguntas.

1 ¿Quién es el protagonista de la película?
2 ¿Qué acordaron los productores originales?
3 ¿Qué tiene de raro?

Antonio Banderas rodó este filme en México bajo la dirección de Bruce Beresford. Se trata, en realidad, de un telefilme rodado por la cadena de televisión por cable norteamericana HBO basado en un hecho histórico de la vida del famoso revolucionario mexicano; en concreto, el acuerdo al que llegaron los productores cinematográficos D.W. Griffith y Harry Aitkin con Pancho Villa para comprar los derechos exclusivos para filmar los momentos más importantes de la revolución mexicana, que incluirían después en lo que entonces se denominó como la primera "película de acción" de Hollywood. Cosa curiosa es que Banderas acaba de estrenar otra película, *Érase una vez en México* dirigida por Roberto Rodríguez, que también refleja este período violento de la historia mexicana.

Extra Completa las actividades en la Hoja 29.

A (1900–1983) Su legado más importante, aparte de las 32 cintas que filmó, fue su manera de mostrar la realidad; ejemplares mundialmente conocidos abarcan desde *Viridiana* hasta *El oscuro encanto de la burguesía* con el esmerado actor Fernando Rey desempeñando el papel central.

B De unos 70 y tantos años lleva más de 40 años haciendo películas. Es guionista establecido y recientemente nos dio *Tango* (1998), *Goya* (1999) y *Salomé* (2002).

C Nacido en 1951 en un pueblo de la Mancha empezó su vida laboral en la telefónica de Madrid donde perteneció a grupos de rock y de teatro vanguardista luego comenzó a escribir guiones, operar la cámara y usar su propia voz para grabar la banda sonora. Se identifica con el destape con sus filmes. *Pepi, Luci, Bom y otras chicas del montón* (1980) refleja su actitud extravagante e irónica.

D Vasco inspirado por Almodóvar combina el humor negro con la violencia, la comedia y la subversión. Es uno de un grupo de jóvenes que se están imponiendo en la escena cinematográfica actual.

A escoger

1a S 🎧 Escucha. ¿Qué imagen describe?

A

B

1b S 🎧 Escucha otra vez y completa las frases.

1   El cuadro fue pintado por … Es pintado en …
2   El edificio fue construido en … por …

2 Lee los textos luego adáptalos para describir una película exitosa que hayas visto recientemente.
Menciona:

◆ los actores
◆ el argumento
◆ la técnica cinematográfica

◆ el director
◆ tres razones por qué (no) te gustó.

Billy Elliot

La vida del hijo de un minero en el norte de Inglaterra cambia sorprendentemente el día que Billy descubre lo fascinante que resulta el ballet y sus excelentes dotes para destacar en él. Decide así cambiar sus clases de boxeo por las sesiones de danza a espaldas de su familia. Excelente filme de Stephen Daldry que sorprendió a crítica y público con esta tierna historia ambientada en una época de crisis en el norte de Inglaterra.

Evasión en la Granja

Las gallinas de la granja de los Tweedy están cansadas de la forma de vida que llevan y se ponen de acuerdo para fugarse. Tras muchos fracasos, castigadas de las formas más terribles por la dueña de la granja, llega para liberarles un arrogante gallo americano que se ve envuelto en la rebelión y que tratará de impresionar a sus amigas sin demasiado éxito. Divertido filme de los autores de *Wallace y Gromit* con unas gallinas de plastilina con mucho carácter. Gran éxito de crítica y público para esta película diseñada para pequeños y mayores que homenajea al cine de los campos de concentración con un toque irónico.

3a 👥 No se puede considerar la música pop como arte. ¿Estás de acuerdo? Discute tus ideas con tu compañero/a.

3b Escribe una respuesta en no más de 120 palabras.

Técnica

Research skills

● Take a few minutes to think clearly before you start.
● Make a list of exactly what you want to find out.
● Decide where it is best to start looking – library, resource centre, CD-Rom, dictionary or internet.
● Always make a careful note of your source.
● Bookmark your favourite websites.

① Use www.google.es and search for information about:

1   the Alhambra
2   Salvador Dalí or Joan Miró
3   the Iglesias family (Julio, Enrique …)
4   flamenco

Prepare to give a two-minute presentation on the topic of your choice.

② Look at www.El Prado.es and download a page which interests you.

a Read the page and explain what it is about.
b Write a paragraph about what you like or don't like.

Repaso Unidades 7–8

1a 🎧 Escucha el programa sobre las artes. ¿A quién le gusta el museo? ¿A quién no le gusta y a quién le resulta indiferente? Completa una tabla así:

Le gusta	No le gusta	Le resulta indiferente	Razón
1			
2			

(10 marks)

1b 🎧 Escucha otra vez y completa las frases. Sobran dos letras.

1 Los entrevistados acaban de
2 Se hacen preguntas
3 Hace muy poco que
4 La primera señora habla
5 La segunda persona
6 El señor entrevistado parece ser
7 Todos parecen reconocer
8 La última entrevistada cree que

a muy orgulloso del museo.
b sobre sus opiniones.
c le gustan los baños de mármol.
d de todo menos los cuadros.
e visitar el Museo Picasso.
f la ciudad tiene un tesoro cultural.
g el estilo de otro pintor.
h no había visto los cuadros antes.
i se inauguró el museo.
j el genio del gran pintor.

(8 marks)

1c Describe esta escultura. Menciona:

- el estilo
- los colores
- la forma
- el tamaño

Da tres opiniones positivas o negativas.

2a Mira la publicidad y descríbela:

- ¿De qué trata? ¿Cuál es el tema?
- ¿Da informes? ¿Es seria o frívola?
- ¿Te gusta? ¿Por qué?
- ¿Tú, qué opinas de tales anuncios? ¿Es una campaña efectiva?

(5 marks)

2b Inventa un anuncio positivo e informativo para una campaña benéfica:

- El teléfono del Menor
- Los Samaritanos
- Los sin hogar

(10 marks)

2c Prepara una presentación oral de dos minutos sobre:

- ¿Cómo controlan nuestras vidas los medios?
- ¿Cómo reflejan la cultura del país las artes?

Debes estar preparado/a para contestar a unas preguntas.

(10 marks)

La guitarra en todo su esplendor

Fiel a una cita ineludible para los amantes de la guitarra, Córdoba se convierte un verano más en el referente mundial de las nuevas tendencias surgidas en torno a un instrumento musical que apasiona por igual a rockandroleros, fadistas*, poperos o seguidores del flamenco. En el festival internacional de Córdoba todo tiene cabida desde el programa formativo con cursos tan diversos como construcción de guitarra y guitarra antigua al programa de grandes conciertos y espectáculos con ofertas guitarrísticas de jazz y guitarra moderna y clásica. Desde hace ya 23 años viene desarrollando cursos de clases magistrales con los mejores guitarristas del mundo tanto clásicos como flamencos y a la vez se complementan con cursos de cante y de baile bajo la tutela del cantaor y profesor Calixto Sánchez.

*fadistas *performers of fado (Portuguese folk music)*

3a Lee el texto y busca:

sinónimos para	antónimos para
1 leal	6 similares
2 llega a ser	7 moderna
3 global	8 rehúso
4 entusiasma	9 restringiéndose
5 está incluido	10 amateur

(10 marks)

3b Completa las frases con la preposición adecuada.

1 El festival de Córdoba es .... los fanáticos de la guitarra.
2 La ciudad es convertida .... un centro universal guitarrístico.
3 .... el festival hay diferentes programas y cursos.
4 No todo se concentra .... el instrumento.
5 También ofrecen cursos de baile y cante .... el maestro Sánchez.

(5 marks)

> durante   en (x2)   para   con

3c Escribe un resumen en inglés de no más de 70 palabras. Menciona:
- el enfoque
- quién participa
- en qué consiste el festival

(15 marks)

4 Escribe unas 150 palabras sobre **a** o **b**.

a Un programa de radio, tele o un texto en una revista te ha chocado. Escribe una carta al redactor quejándote del contenido y de la presentación.

(36 marks)

b Acabas de tomar parte en un programa testimonial en la tele. Escribe lo que hiciste, de qué trató, cómo reaccionaste etc. ¿Ahora qué opinas sobre esta clase de programas?

(36 marks)

5 Escribe unas 250 palabras sobre uno de estos temas.

a
- Da tres ejemplos de foros culturales para jóvenes. Explica lo que hacen.
- ¿Quién debe financiar tales foros?
- ¿Son importantes hoy en día? ¿Unen o dividen?

(54 marks)

b
Los medios traen más ventajas que desventajas. / Los peligros y beneficios de la red hoy en día. Discute.

(54 marks)

El medio ambiente

9

By the end of this unit you will be able to:

- Discuss different types of environmental problems
- Describe the effects on the planet
- Talk about do's and don'ts for conservation
- Explain what you can do and discuss possible solutions
- Discuss the pros and cons of GM crops and renewable energy

- Work out the meaning of some words without a dictionary
- Use the imperative in all its forms
- Use the subjunctive to suggest doing something
- Use pronouns more accurately
- Devise your own ways of checking your work

1a Describe la escena.

1b ¿Qué piensas? ¿Cómo reaccionas?

1c 🎧 Escucha e identifica el lugar en el mapa.

Extra Completa las actividades en la Hoja 30.

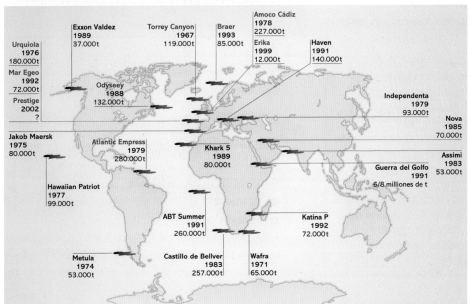

Urquiola 1976 180.000t	
Mar Egeo 1992 72.000t	
Prestige 2002 ?	
Exxon Valdez 1989 37.000t	
Odyseey 1988 132.000t	
Torrey Canyon 1967 119.000t	
Braer 1993 85.000t	
Amoco Cádiz 1978 227.000t	
Erika 1999 12.000t	
Haven 1991 140.000t	
Independenta 1979 93.000t	
Nova 1985 70.000t	
Jakob Maersk 1975 80.000t	
Atlantic Empress 1979 280.000t	
Khark 5 1989 80.000t	
Guerra del Golfo 1991 6/8 millones de t	
Assimi 1983 53.000t	
Hawaiian Patriot 1977 99.000t	
ABT Summer 1991 260.000t	
Katina P 1992 72.000t	
Metula 1974 53.000t	
Castillo de Bellver 1983 257.000t	
Wafra 1971 65.000t	

Causas y efectos

Cada día suena la campana de alarma pero los problemas y sus efectos siguen causando estragos sobre nuestro planeta.

1a Lee y empareja los titulares con un problema.

1b 🎧 Escucha e identifica el problema.

1c Empareja la causa con el efecto que produce.

1d 👥 Discute con tu compañero/a: ¿Cuáles son los problemas más graves y menos graves?

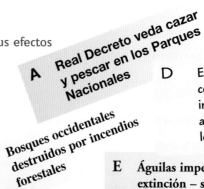

A Real Decreto veda cazar y pescar en los Parques Nacionales

B Bosques occidentales destruidos por incendios forestales

C No más a la base de Rota – gritan los vecinos cansados y ensordecidos por los enormes aviones

D Exigimos más controles sobre las instalaciones y el almacenamiento de los residuos nucleares

E Águilas imperiales al borde de la extinción – sólo quedan 134 parejas

---

Problemas

1 La desertización   **2** La contaminación de agua y suelo   **3** La polución atmosférica
4 La polución acústica y lumínica   **5** La destrucción del medio ambiente/de los ecosistemas
6 Los animales/las especies en peligro   **7** El cambio climático/el efecto invernadero   **8** La lluvia ácida

---

Causas

Los gases tóxicos/CFC/aerosoles

El almacenamiento de los desechos radioactivos

Los vertidos de la basura doméstica y de los residuos industriales

El sobrepastoreo   La sobrepesca   La sobrepoblación

El ruido   El grafitti   La caza y el comercio   Vertidos de petróleo

Efectos

La extinción de especies

La deforestación

El agujero en la capa del ozono

Incendios forestales

Inundaciones

Enfermedades

Estrés

2a Lee el texto y haz un resumen oral usando tus propias palabras.

Entre estos problemas hay unos que podemos solucionar nosotros con un poquito de voluntad y disciplina propia pero hay otros que requieren la cooperación mundial y como consta en el planteamiento de Ecologista en Acción: "La inercia de los dirigentes, así como la falta de plena conciencia sobre la magnitud del problema por parte de la población mundial, explica por qué no se hayan adoptado a tiempo las oportunas medidas correctivas que se necesitan." Los acuerdos internacionales de 2000 y 2002 ratificados ya en Kioto dan esperanza pero también se requiere un aporte económico enorme. Estamos todos a la espera ...

2b ¿Cuál es el sentimiento central expresado en este texto breve?

3 Presentación oral.
Nombra cinco causas de la contaminación y da tu opinión sobre ellas en no más de tres minutos.

Frases claves

en primer/segundo lugar	no se puede negar que
principalmente	finalmente
después hay que considerar	en conclusión
en cuanto a	por último
en relación con	

¡Despiértense!

A finales del siglo XIX el planeta tierra estaba tal cual había estado durante milenios – intacto. En tan sólo diez décadas nosotros los seres humanos lo hemos llevado al borde de la catástrofe – o igualmente hacia un nuevo entendimiento naturaleza– ser humano.

En menos de 100 años las selvas antiguas que vistieron el planeta han desaparecido y la flora y la fauna están amenazadas. Los dos agujeros que se han formado en la capa del ozono crecen cada vez más. Hoy día hay 5.000 millones más de bocas que alimentar, cuerpos que vestir, domiciliar y calentar que hace cien años. La mayoría se ha mudado del campo a la ciudad. Y para colmo el efecto invernadero ha comenzado a perturbarnos y a causar estragos.

No cabe duda alguna que si el consumo, el despilfarro y la contaminación continúan a este paso en el futuro la biodiversidad de los sistemas ecológicos se desintegrará. Dentro de 50 años se predice que un tercio del mundo carecerá de agua potable; millones de especies habrán desaparecido; billones de hectáreas de tierra se habrán convertido en desierto y la población mundial habrá alcanzado los 9.000 millones.

Está también la otra cara de la moneda; después de sonar la alarma, durante los años setenta la tecnología ha sido enganchada y hoy por hoy hay menos lluvia ácida y las fábricas no emiten tantos gases tóxicos; la conciencia global se está despertando y existen protocolos para proteger el medio ambiente; áreas enormes han sido designadas parques nacionales y naturales; se han producido avances significativos en la ciencia de la energía renovable y de genes – todos mejoras importantes. Al despedirnos de la era industrial y saludar a la era de la biotecnología todo está a nuestro alcance para proteger, conservar y hasta reconstruir nuestro planeta tierra.

Técnica

How to avoid using your dictionary
- Think of words connected to the word in the text.
  – Word families
  contaminar la contaminación contaminante
  – Synonyms and antonyms
  proteger – cuidar
  destruir – construir
  – Prefixes denoting opposites or repetition:
  im-, anti-, des-, re-
  paciente – impaciente
  integrar – desintegrar
  democrático – antidemocrático
  leer – releer
  – Suffixes
  ero/a – jardinero/a
  ista – ecologista
  or(a) – protector(a)
  – Cognates or near cognates
  deforestation – *deforestación*
  pollution – *polución*
- Think about the function of a word in the sentence.
  verb *respetar*
  noun *el respeto*
  adjective *respetuoso*
  adverb *con respeto/respetuosamente*
- Remember also the endings of nouns which indicate gender (see page 10).

A Reread the text on the left and note examples for each category.

B Find verbs related to these nouns and nouns related to these verbs. Add any adjectives and adverbs.
1 respuesta   culpa   cuidado
2 ensuciar   reaccionar   cortar   florecer

4 Lee el texto y contesta a las preguntas.
1 ¿Cuántos problemas identifica? ¿Cuáles son?
2 ¿Qué predicciones hace?
3 ¿Cómo ha reaccionado la gente?
4 ¿Qué conclusión saca?

5 El planeta tierra está en peligro: ¿Verdadero o falso? Escribe una respuesta con ejemplos y dando tu opinión sobre el tema (no más de 250 palabras).

Normas ecológicas

Hay ciertos problemas que tienen soluciones bastante fáciles y prácticas – por ejemplo, la contaminación de la basura, la contaminación acústica etc.

1a Lee la hoja y decide si la frase está dirigida a los padres o a los hijos.

Excursión al Parque Natural de la Serranía de Ronda

Por la seguridad y la tranquilidad de todos hagan el favor de

1 Poner la comida en los contenedores adecuados
2 Indicar la hora de regreso y el lugar de recogida de sus hijos
3 Salir con zapatos fuertes y ropa adecuada
4 Venir al instituto a la hora indicada
5 Ir siempre en grupos de un mínimo de tres
6 Saber seguir el mapa/las instrucciones para conocer la ruta
7 Hacer lo que dice el guía
8 Escuchar y comprender las instrucciones del profe
9 Tener una mochila adecuada

1b 🎧 Escucha e identifica la instrucción.

1c Da la instrucción adecuada.

Ejemplo: Pon la comida en un contenedor adecuado.

Gramática ⇨ 167 ⇨ W60–61

Commands

Remember:

- The subjunctive form of the verb is used in **every** imperative **except** the positive familiar commands using *tú* and *vosotros*, so think about which person you are using or addressing – singular or plural – and whether the command is positive or negative.
- Learn the irregular *tú* forms: *di, pon, ve* etc.
  Reread the text in 1a and copy and learn the irregular forms.
- Think about spelling changes: *pueda, quiera, sepa, salga, tenga, diga* etc. Find examples in the two texts.

(A) Explain the text in 1a using the following:
  1 Quieren que pongamos 3 Nos piden que
  2 Insisten en que   4 Esperan que

- Remember that pronouns are added to the end – take care with the word order.
- In public notices, recipes and other formal instructions you use the infinitive.

(B) Complete the grid with the positive and negative forms for the following verbs.

Infinitive	tú	vosotros	usted	ustedes
poner				
hacer				
tener				
decir				
ser				

- Other ways of telling someone not to do something:
  Prohibido tirar basura.
  No se permite pisar la hierba.
  No está permitido hacer fuegos.
  Se ruega que no corte flores.

(C) Look at the notice in 2a and reformulate the instructions using the phrases above.

2a Lee el aviso.

Turismo activo en los Parques Nacionales de España
El ecoturismo comienza aquí.
Gracias por ayudarnos a cuidar el medio ambiente.
Por favor:

- Ponga toda basura en una bolsa adecuada.
- Use los contenedores designados.
- Respete la flora y la fauna.
- Haga fuegos sólo en lugares especialmente designados.
- Vaya por el sendero indicado.
- Apague su cigarrillo con mucho cuidado.
- Cierre todas las cancelas de ganado detrás de usted.
- Respete la veda de caza.
- Gracias por cumplir con las normas.

2b Escucha y elige una instrucción adecuada.

3a Escucha. ¿Qué hacen para proteger el medio ambiente y qué deberían hacer?

3b Escucha otra vez y anota los errores.

3c ¿Tú, qué haces? ¿Qué podrías/deberías hacer? ¿Cómo podrías cambiar tu rutina para ser "buen ecologista"?

3d Inventa una encuesta para tu instituto. ¿Qué tal resulta? Presenta los datos en forma gráfica y explícalos a la clase.

Frases claves
Hay que + infinitive
Debes/Se debe + infinitive
Sería mejor + infinitive
economizar/conservar – no gastar/desperdiciar
reciclar – no tirar
usar el bus/coche – caminar/ir en bici
usar productos verdes

4 Discusión.
A tu compañero/a no le interesa el aviso sobre reciclar – dice que no tiene tiempo para eso. Trata de convencerle que se conciencie un poco.

cómo separar bien
EN EL CONTENEDOR AMARILLO:
BRICKS
ENVASES DE PLÁSTICO
LATAS

Separar para reciclar

Multiplicas en recursos naturales porque separando se recuperan materias primas, que de otra forma irían a un vertedero; se ahorra energía y evitas la degradación del medio ambiente. Y multiplicas en bienestar, porque tu ayuda contribuye a la conservación y mejora de tu entorno.

Deposita en el contenedor amarillo sólo:
envases de plástico, latas y envases tipo brick.
No introduzcas papel, cartón, restos de comida, vidrio ni ropa.
Si mezclas se echa a perder el esfuerzo de todos.
Deposita:
vidrio en el iglú verde.
cartones y papel en el contenedor azul.
resto de residuos en el contenedor beige.

El reciclado es un sistema que precisa una colaboración ciudadana continua para preservar el medio ambiente.
Si tienes alguna duda consulta con tu ayuntamiento o en www.ecoembes.com/madrid

Trabajemos juntos

Hay otros problemas mucho más graves que nos amenazan que tendrán efectos duraderos y devastadores y que requieren la cooperación mundial.

Hagamos una revolución para proteger el medio ambiente

No esperes a que lo haga otro.

Gracias a personas como tú hemos creado "Actuemos juntos", un programa que apoya proyectos solidarios para conservar el medio ambiente.

Haz que ocurra.

1a Describe el póster.

- ¿De qué trata? ¿A quién va dirigido?
- ¿Cuántas formas del imperativo usa? ¿Cuáles son las palabras claves?
- ¿Qué opinas? ¿Tú, qué reciclas?

1b Diseña un póster para una campaña ecológica parecida.

Gramática   ⇨ 167 ⇨ W60

More on commands

- **Use the subjunctive of the *nosotros* form of the verb to express 'let's' or 'let's not'.**

hagamos – no hagamos

seamos – no seamos

protejámoslo – no lo protejamos

- **Use *que* plus the subjunctive form of the person involved.**

Que hagan esto – que no hagan lo otro.

Que seas concienzudo – que no seas vago.

- **Use *ojalá* plus the subjunctive to express wishes and hopes.**

Ojalá sea pronto. Ojalá no vayan a causarle daño.

- **Use *quisiera* + infinitive to introduce polite requests.**

Quisiera pedirle un favor.

Los laboratorios verdes de la Unesco

En España, la red de Reservas de la Biosfera – es decir modelos de desarrollo sostenible – incluye ya 20 zonas.

No sólo son zonas protegidas. Las 20 Reservas ocupan un lugar especial en la escala de la protección medioambiental. Se trata de lugares poblados donde la conservación del ecosistema debe ir unida al uso sostenible de los recursos naturales. El proyecto que impulsa tal declaración, Hombre y Biosfera (MaB), pretende que la gestión de estas zonas pueda extrapolarse a otros lugares. En el mundo ya existen 411 modelos.

España es el tercer país con mayor número de reservas, tras Estados Unidos y Rusia pero resulta insuficiente. Pese a contar con muestras de islas, zonas costeras húmedas y esteparias*, alta montaña y clima mediterráneo y atlántico, nos falta, por ejemplo, la dehesa, paradigma de aprovechamiento y adaptación a la naturaleza. Alguna dehesa*, Picos de Europa y otros enclaves de la cordillera Cantábrica, como Alto Mino y el Alto Sil esperan nominación.

* esteparias *steppe*
* dehesa *meadow*

2a Lee el texto y escoge las frases correctas.

1. Los laboratorios verdes ayudan a proteger el medio ambiente.
2. Usan recursos industriales.
3. A la gente no se les permite vivir allí.
4. Quieren copiar estos sistemas en otras partes del mundo.
5. España ocupa el tercer puesto en el mundo.

2b Contesta a las preguntas.

1. ¿Cómo es el modelo del que hablan?
2. ¿Qué muestras menciona?
3. ¿Por qué cita los Picos de Europa?

Sed en el planeta

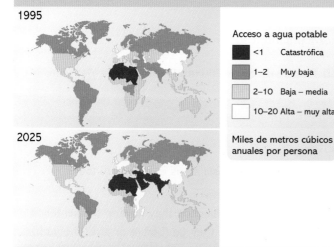

1995

Acceso a agua potable

■	<1	Catastrófica
■	1–2	Muy baja
■	2–10	Baja – media
□	10–20	Alta – muy alta

Miles de metros cúbicos anuales por persona

2025

Durante el Año Internacional del Agua Dulce más de mil millones de personas carecen de agua potable y más de 3.000 millones se mueren por la mala calidad de la misma.

Nadie puede negar que son unas cifras alarmantes y sin embargo parece que al mundo "desarrollado" le importa un bledo. Los habitantes de los países industrializados usan un promedio de entre 400 y 500 litros de agua a diario comparado con los 20 litros escasos por persona en los países en vías de desarrollo. Demos otro ejemplo algo más chocante. Al descargar el retrete piensa que estás usando tanta agua como usa una sola persona en los países en vías de desarrollo para todas sus necesidades: lavarse, limpiar, cocinar, beber — todo.

De hecho en la Cumbre del Milenio de las Naciones Unidas se comprometieron a reducir a la mitad para el año 2015 esta cifra de mil millones sin acceso a agua potable. En 2002 salió otro compromiso similar de la Cumbre en Johannesburgo para proveer servicios sanitarios como derecho humano fundamental. No obstante la crisis social y natural de escasez de recursos hídricos es la que nos amenaza a todos y debemos afrontarla sin demora. Aun así la demanda está creciendo a un paso insostenible. Además hay que darse cuenta de la desigualdad en el reparto del agua en el mundo.

La ineficiencia en el uso del agua, empero, es lo que empeora una situación ya bastante crítica. La agricultura consume casi el 70% del agua disponible en regar y si añadimos a esto el problema del cambio climático y el aumento de la población el futuro es desolador.

Junto al problema de la escasez de agua va la contaminación de la misma. Diariamente dos millones de toneladas de desechos son vertidos en los ríos, lagos, arroyos y el mar. Aún peor cuando nos damos cuenta de que un litro de agua residual contamina unos ocho litros de agua dulce.

En fin hay soluciones, ¿pero dónde está la voluntad, sobre todo cuando se trata de inversiones económicas? Actualmente cuesta unos 30.000 millones de dólares hacer llegar el agua dulce a la gente que no la tiene. ¿Cuánto más será el costo en el futuro si no logramos afrontar este problema de inmediato?

3a Lee el texto y contesta a las preguntas.

1 ¿Cuáles son las cifras más alarmantes? ¿Por qué?
2 ¿Tienes fe en las soluciones ofrecidas? ¿Por qué?

3b Traduce al inglés la última parte que empieza por "La ineficiencia en el uso del agua …".

4a 🎧 Escucha. ¿Qué hacen para conservar el agua? Anota las diez soluciones que proponen.

4b Explica sus ideas usando estas frases.

Insisten (en) que	Quieren que	Esperan que
Temen que	Les gustaría que	No dejan que
No permiten que	Nos piden que	Prefieren que
Impiden que		

5a También podemos protestar y dar voces en contra de tales situaciones. ¿O crees que las protestas no sirven para nada? Contesta en no más de 150 palabras.

5b Busca en Internet datos sobre el fundador de Greenpeace y escribe un perfil de la organización o de una organización parecida.
Haz una presentación oral a la clase.

Extra Completa las actividades en la Hoja 31.

¿A qué precio?

A veces las soluciones resultan buenas pero a veces son polémicas y producen sus propios problemas.

1 🎧 Escucha el reportaje sobre la agricultura ecológica.

- ◆ ¿Cuál es el objetivo principal?
- ◆ ¿Qué dudas y problemas se expresan?

2a Lee los dos textos.

A

Maíz perfecto con tres pasos sencillos

De aquí a un tiempo los científicos **se** han preguntado por qué las plantas emiten algunas señales químicas que atraen a insectos y **otras** que **los** ahuyentan. Desde hace siglos los agricultores y jardineros saben que ciertas margaritas rechazan los áfidos y desde luego si **se las** plantan al lado de las rosas las protegen de tal plaga, un sistema **cuyo** nombre es "intercultivar".

Replicamos **esto** a una escala mucho más amplia. El experimento consistió en plantar el maíz al lado de una hierba que rechaza el insecto plaga y en plantar **otra** alrededor del **todo** que atrapara y hasta matara la plaga. ¡Un exitazo total! No sólo eliminaron la plaga sino también las dos clases de hierbas sirven de alimento para el ganado.

B

Alimentos transgénicos en tu supermercado

El 27 de enero de 2001 marcó un hito histórico en la investigación del mapa génico. Consiguieron descifrar el primer genoma completo de una planta comestible: el arroz. En seguida se abrió la puerta al abaratamiento de los costes de producción; a la conservación más duradera de productos modificados genéticamente (OMG); al supuesto mejoramiento de la salud por ser posible incorporar vacunas, vitaminas y aportes nutritivos contra alergias y enfermedades allí dentro.

Los que se proclaman a su favor citan el arroz con vitamina A que previene la ceguera, el trigo sin gluten para los celíacos, el tomate cultivable en tierras salinas.

Y los otros alarmados que gritan en contra preguntan por los efectos a largo plazo; ¿Qué del equilibrio ecológico y de la contaminación de la biodiversidad? No hay lugar a dudas que este descubrimiento es un arma de doble filo.

2b Debate de clase. Discute la última frase del texto B.

Gramática	⇨ 159 ⇨ W22–29

Pronouns

- ● There are three basic steps in using pronouns:

  1 Recognizing them

  2 Deciding what function they have in the sentence

  3 Deciding where they go (before or after the verb).

- ● Personal, relative, possessive, demonstrative and indefinite pronouns work on their own in a sentence.

- ● Reflexive, direct and indirect object pronouns often come together in a sentence and go in this order:
  reflexive – indirect object – direct object
  They follow the same order when attached to the end of an infinitive, imperative or present participle.

- ● Remember also that pronouns indicate gender.

(A) Study the examples in bold in the texts and classify them using the information above.

(B) Complete the sentences with an appropriate pronoun.

1 En cuanto a los productos orgánicos la UE .... ha respaldado.
2 .... que beneficia un cultivo puede perjudicar ....
3 Acabo de leer .... sobre el maíz y entiendo que han desarrollado una manera ingeniosa de proteger ....
4 En fin .... pregunto por qué no .... puede hacer lo mismo con todos los cultivos.
5 ¿No .... da miedo todo este debate sobre los alimentos transgénicos? Acabarán apoderándo .... de ....

algo me nosotros se (x2) los otro
te lo (x2)

Extra Completa las actividades en la Hoja 32.

Mejoría en la salud de la Tierra
Últimas noticias – tres investigaciones independientes sobre el estado del planeta dan motivos leves para la esperanza.

Por lo general esperamos noticias alarmantes y catastrofistas pero a veces salen algunas que nos alientan un poquito. He aquí unos ejemplos: observaciones hechas desde satélites de la NASA han demostrado que la masa verde del hemisferio norte – digamos una línea a los 40 grados que uniría Nueva York, Madrid y Beijing – está en aumento gradual no tanto en tamaño sino en densidad. Además otro artículo informa que entre 1990 y 1997 la desertización pronosticada no se ha cumplido y en realidad los bosques no están perdiendo masa al ritmo estimado; por último la mejor noticia es que el agujero en la capa del ozono sobre la Antártida se ha estabilizado aunque sea algo provisional y puede tener que ver con fenómenos cíclicos de la atmósfera. Sin embargo nos da un rayo de esperanza.

3a Escucha el debate y contesta a las preguntas.

1 ¿Cómo se definen las energías renovables?
2 ¿Cuántos ejemplos se citan? ¿Cuáles son?

> energía solar
> agua del mar/de los ríos – hidroelectricidad –
> fuerza fluvial – centrales minihidráulicas
> viento – energía eólica
> biomasa – energía vegetal – desechos

3b Escoge los títulos en el orden en que se mencionan.

A Las ventajas
B Explotación de las mismas
C Las fuentes de recursos renovables
D Unas definiciones
E ¿Hay desventajas?

3c Escucha otra vez y decide cómo se dicen en español. Verifica la ortografía.

1 source
2 renewable
3 to store up
4 dams
5 harness
6 the tide
7 windmills
8 to dry up/become exhausted
9 give off
10 nuclear power stations

4a Lee el texto y haz un resumen en español en tus propias palabras (75 palabras). Menciona:
- por qué llama la atención el artículo
- los motivos de tener esperanza
- tu opinión sobre el texto

4b Más valen las energías renovables que la tecnología transgénica.
Escribe una respuesta en no más de 250 palabras.
Explica tus razones dando ejemplos y justificando tus opiniones.

Técnica

Checking your work

- The best way is the way you devise and that suits you so think about the following and decide how you are going to tackle them.

First check

- Verbs: irregular, spelling change, subjunctive?
  tense, person, ending?
- Pronouns: check the noun they are replacing for gender, singular/plural and position
- Nouns: gender, singular/plural
- Adjectives: agreement, position

Then look out for

- personal *a*
- prepositions
- spelling
- accents

Add any more points you can to help yourself.

A escoger

1a **S** 🎧 Escucha el debate sobre la energía nuclear. Anota tres razones a favor y tres en contra.

1b Las centrales nucleares son un mal necesario. Discutid en grupos.

La biodiversidad amenazada

La diversidad biológica del planeta está en vías de desaparición según la voz media. Las causas son múltiples: la contaminación tanto de aguas, suelos, atmósfera como acústica y lumínica; la erosión gradual de la tierra y la conversión de uso de la misma. A raíz de tales causas resaltan los efectos: el cambio de clima, la deforestación y la extinción de las especies. Cifras alarmantes que salen de la Unión Mundial para la Naturaleza son que casi el 24% de los mamíferos y el 12% de las aves del mundo se encuentran amenazados. Si se sigue así en el año 2050 más de un tercio de las especies habrá desaparecido. En España hay 38 mamíferos en peligro, entre ellos el lince y el oso ibérico y con ellos la rapaz más amenazada de la UE, las águilas imperiales de las cuales sólo quedan 134 parejas y figuran entre las siete especies que más riesgo corren en el mundo.

2a Lee el texto y contesta a las preguntas.

1 ¿Por qué se dice que la biodiversidad está amenazada?
2 ¿Por qué se teme por los animales y los pájaros?
3 ¿Qué pronóstico hace?
4 ¿Cuál es la situación en España?

2b Busca una frase o palabra que signifique:

1 en camino de extinguirse
2 el promedio de la gente
3 como consecuencia de
4 números que causan pavor
5 si continuamos de esta forma

3 Presentación oral. Habla durante tres minutos sobre el tema.
¿Qué opinas de los días sin coche?
o
Todos debemos pagar una cuota si queremos conducir por el centro de la ciudad.

4 El futuro del medio ambiente depende de todos nosotros.
Escribe unas 250 palabras explicando si estás de acuerdo o no.

Gramática ⇨ W66

Verbs to keep an eye on

There are three verbs meaning 'to ask' in Spanish:

- *preguntar* – to ask a question, to ask after or for someone
- *pedir* – to ask for something, to place an order, to ask someone to do something when used with *que* + subjunctive
- *rogar* – to request formally as in notices – often used impersonally: *se ruega*, to beg someone to do something when used with the subjunctive

Se pronuncia así **S** 🎧

The letter *r*

- sounds softer in the middle of a word
- sounds harder at the beginning of a word.

Double *rr* sounds strongest:
Llora la guitarra con rabia y dulzura.

La España plural

By the end of this unit you will be able to:

- Talk about the origins of multicultural Spain
- Think about problems facing marginalized people
- Discuss issues of exile, immigration and integration
- Examine prejudice and universal human rights
- Use the subjunctive in the past tense forms
- Recognize and use the correct sequence of tenses
- Use *si* clauses
- Use a monolingual dictionary
- Give an oral response and explanation

A

B

C

D

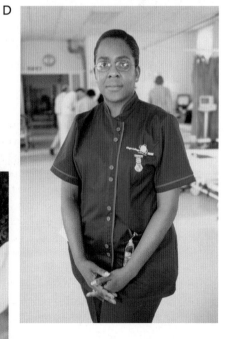

1 Todos los países pasan por períodos de intolerancia.

- ¿Qué períodos de intolerancia puedes nombrar en la historia de tu país?
- ¿En qué lugares del mundo hay delitos ultrajantes hoy por hoy?
- ¿Por qué no se pueden controlar?

2 Busca cinco palabras para describir cada imagen.

Nuestra herencia

A lo largo de la historia, España ha sido y sigue siendo un puente entre varias culturas importantes del mundo.

El 31 de mayo de 1492 se promulgó el edicto de expulsión que insistió que todos los judíos se convirtiesen al cristianismo dentro de tres meses o que salieran de España, su país desde hace muchísimos de años, donde eran banqueros muy poderosos y mercaderes ricos.

El rey Juan Carlos I quinientos años más tarde en un acto de celebración cultural de la herencia hebrea pidió en nombre del pueblo español que se le perdonara la injusticia de la expulsión de los judíos y les invitó a que aceptaran la bienvenida.

Reconocer los delitos pasados y buscar la reconciliación son dos pasos fundamentales para combatir la intolerancia.

Una historia iluminante pero borrosa por el transcurso de los anales es la de al-Andalus cuyo centro era Córdoba donde musulmanes, judíos y cristianos crearon una cultura de tolerancia en la España medieval cuando el resto de Europa pasaba por la Edad de las tinieblas. De Córdoba salió lo mejor de la fusión de las tres culturas para luego influir a toda Europa – las primeras traducciones de los griegos Platón y Aristóteles; la tradición de poesías amorosas; conceptos de matemáticas; arquitectura y tecnología. Esta cultura rica y compleja floreció durante casi 700 años.

Fue en la víspera del Renacimiento cuando los Reyes Católicos en nombre del Papa crearon la policía secreta de la Inquisición y rompieron por completo este ambiente tolerante. Durante los siglos posteriores el recuerdo de esta cultura vibrante y sofisticada en la cual judíos, musulmanes y cristianos coexistían y trabajaban el uno al lado del otro en armonía se iba borrando de la memoria colectiva.

El hecho de que España decidió celebrar su herencia judía con el Sefarad 92 resalta la madurez democrática que había alcanzado en menos de 20 años después de la muerte de Franco. Durante este festival cultural cuando España abrió de nuevo sus puertas tan definitivamente cerradas cinco siglos atrás por los Reyes Católicos, el rey

1a Traduce el primer párrafo del texto al inglés.

1b Contesta a las preguntas.

1 ¿Cómo describe al-Andalus?
2 ¿Cuál fue el símbolo de reconciliación?
3 ¿Por qué fue tan importante?
4 ¿Qué actos similares ha habido en otros países?

Juan Carlos I pidió perdón por la injusticia de su expulsión. Sólo así, dijo, podemos considerarnos una nación madura. Además de una sinagoga Madrid tiene hoy un parque cuyo nombre celebra al fundador de la capital, el Emir Muhammed.

Es importante concienciar a la gente acerca de su historia porque hoy por hoy muchos no comprenden por qué se hace tanta referencia al período anterior o posterior al franquismo. Para ellos la Guerra Civil es un evento histórico pero hay que comprender que los eventos pasados aún tienen resonancia en el mundo de hoy.

Gramática ⇨ 166 ⇨ W53

More on the subjunctive

Revise the formation and use of the present subjunctive.

Remember the subjunctive is not a tense: it is a 'verbal mood' and is used widely in Spanish.

The imperfect subjunctive

● To form the imperfect subjunctive take the 'they' form of the preterite:

-ar	-er	-ir
hablaron	comieron	subieron

● Remove the *-ron* ending:

habla-	comie-	subie-

● Add the following endings. The second version given in each case is slightly less common.

ra/se	ra/se	ra/se
ras/ses	ras/ses	ras/ses
ra/se	ra/se	ra/se
áramos/ásemos	éramos/ésemos	éramos/ésemos

(note the accents which replace the unaccented *a* or *e*)

rais/seis	rais/seis	rais/seis
ran/sen	ran/sen	ran/sen

● Remember that all verbs with spelling changes or irregular forms in the third person plural preterite will have similar changes in the imperfect subjunctive, e.g. *decir → dijeron*, so the imperfect subjunctive becomes *dijera/dijese* etc.

(A) Write these verbs out in the imperfect subjunctive choosing either set of endings.

1 estar → estuvieron 3 hacer → hicieron
2 poder → pudieron 4 tener → tuvieron

◆ So far you have learnt to use the subjunctive after verbs giving commands or advice, expressing emotions (sorrow, surprise), wishes, hopes or doubts and after *cuando* when talking about future events.

(B) Explain why the subjunctive is used in the following sentences.

1 La Inquisición insistió en que los judíos se convirtiesen al cristianismo.
2 Rogaron que les diera más tiempo.
3 Los Reyes Católicos prohibieron que practicaran su religión.
4 No dejaron que viviesen más en España.
5 Hoy esperan que todos vivan en armonía.

The perfect and pluperfect subjunctives

◆ To form these, you use the auxiliary *haber* in the present/imperfect subjunctive plus the past participle. Remember to check irregular past participles.

Perfect subjunctive	Pluperfect subjunctive	
haya	hubiera/hubiese	
hayas	hubieras/hubieses	
haya	hubiera/hubiese	[+ past participle]
hayamos	hubiéramos/hubiésemos	
hayais	hubierais/hubieseis	
hayan	hubieran/hubiesen	

(C) Complete these sentences with ideas of your own.

1 Se sorprendieron que … 4 Temieron que …
2 El profe rogó que … 5 Quise que tú …
3 Mis padres insistieron que …

A guide on how to sequence the tenses

● The tense used in the subjunctive depends on the tense of the main verb.

main verb present tense = subjunctive present tense, sometimes perfect tense:
Me alegro (present) *que puedas* (present) *venir mañana.*
Me alegro (present) *que hayan llegado* (perfect) *a tiempo.*

main verb preterite or imperfect tense = subjunctive imperfect or pluperfect tense:
Dudé (preterite) *que mis padres pudieran* (imperfect) *llegar a tiempo.*
Temía (imperfect) *que se hubieran perdido* (pluperfect) *en camino.*

(D) Now translate these sentences into English.

1 Me alegré mucho de que te hubiera gustado la visita a Córdoba.
2 Es una lástima que tan poca gente sepa su historia verdadera.
3 Pidieron que les acompañáramos a la mezquita.
4 No creí que hubieran visto nada semejante en su vida.

(E) Translate these sentences into Spanish.

1 I am so pleased you have come to live in Spain.
2 They doubted he would like living there.
3 He wanted us to go with him to the school.

Extra Completa las actividades en la Hoja 33.

Los marginados

Todos cuentan una historia diferente — muchas son desalentadoras pero hay también algunas que dan esperanza.

1 Lee el texto y contesta a las preguntas.

   1 ¿Qué sentimientos expresa?

   2 Describe el actitud del autor.

   3 ¿Qué conclusión saca?

¿Qué sabes tú de cierto acerca de mi vida? Apuesto a que unas estadísticas nada más; que hay alrededor de 500.000 gitanos en este país; que la mayoría vivimos en chabolas en poblachones y que estamos entre los más pobres; y que somos marginados, discriminados y el blanco de comentarios racistas – ay sí y que hacen estudios y películas sobre nuestro modo de vivir.
Lo que no sabes de verdad es el hambre, el frío, lo que es no tener ni un céntimo en el bolsillo – todo esto hasta cierto punto uno lo aguanta pero lo que sí duele en el alma es la falta de dignidad y el rechazo.
Soy español de pura cepa – mi familia ha vivido aquí desde hace siglos – pero aun así no tengo derechos o así me parece a mí y nadie quiere aceptar nuestro modo de vivir. Quieren encarcelarnos en edificios altos como en Las Tres Mil de Sevilla, ¡donde no quisiera que viviera ni mi peor enemigo!

2 🎧 Escucha a estos jóvenes explicando cómo han tratado de vencer el racismo. Contesta a las preguntas.

1 ¿Qué indica que es un grupo multicultural, según ellos?

2 ¿Qué grupo se integra con más facilidad? ¿Por qué?

3 ¿Qué contribución ha hecho el deporte, según el profesor?

4 ¿Qué diferencia se menciona entre los adultos y los adolescentes?

5 ¿Qué comentario hace el chico polaco sobre su color?

6 ¿Cómo responde el otro chico?

3a Lee el texto y haz un resumen en inglés (unas 60 palabras).

Soy temporero ecuatoriano sin papeles y busco empleo de bracero recogiendo fruta en las huertas de Murcia.
Cada madrugada me pongo con tantos otros compatriotas de cuclillas contra la pared aguantando el frío y esperando que vengan "los jefes" en una furgoneta a buscarnos, mano de obra barata pero indispensable. En silencio me señalan con el dedo como si fuera un animal. Una jornada de siete horas con media hora para almorzar bajo el sol es una vida dura, sin hablar de lo físico de la labor. Hoy me han tocado horas extra pero no me las han pagado y guardo silencio porque no hay más remedio. Al menos hoy tengo para comer y mandar algo a mi casa para que ellos también coman. Si supiera mi familia cómo vivo, les daría vergüenza.

3b 👥 Escribe una lista de seis palabras sinónimas. Tu compañero/a tiene que buscarlas en el texto.

3c 👥 Cambia de papel y busca los antónimos.

El muro de la inmigración

La nueva barrera que divide el mundo no es un muro físico como el de Berlín, es simplemente la barrera de la pobreza.

Los gitanos del Este – sobre todo de Rumanía – son el chivo expiatorio en todas partes de Europa. Los capitales fluyen libremente por el mundo y ahora más que nunca en Europa con el euro pero la gente no y menos si son víctimas de persecución o represión, refugiados que solicitan asilo. Para ellos el muro de la prohibición migratoria crece cada día más alto.

En España como en el Reino Unido ya han sacado nuevas leyes de inmigración y asilo que imponen medidas y condiciones más como respuesta populista a la voz xenófoba, respaldada en parte por la prensa irresponsable, que como medida pensada a fondo para ameliorar una situación creada por la desigualdad de bienes en el mercado libre de la economía global.

Afortunadamente todos conocemos situaciones más felices que muestran la otra cara de la moneda y podemos citar ejemplos de amigos o conocidos que han llegado a nuestra tierra y que han encontrado un nuevo hogar en un ambiente sano y salvo.

4a Lee el texto y empareja las palabras con sus definiciones.

1	la pobreza	a	sin restricciones
2	los capitales	b	personas inocentes pero marginadas
3	libremente	c	una situación de miseria
4	víctimas	d	dinero acumulado

4b Busca una palabra para cada definición.

1 el acto de vedar o excluir
2 tratando de complacer a la gente
3 apoyada
4 mejorar
5 por suerte

4c Explica en inglés estas frases.

el chivo expiatorio   la voz xenófoba
víctimas de persecución   la desigualdad de bienes
como respuesta populista   la otra cara de la moneda

5 Discusión en clase. ¿Qué opinas de las nuevas leyes de inmigración?

6 Imagina la vida de dos personas refugiadas, una que ha tenido una buena experiencia y otra que no y escribe dos párrafos que contrastan sus experiencias (no más de 120 palabras cada uno).

Gramática ⇨ 167 ⇨ W58–59

Constructions using *si*

- Where the implication is that the event has already happened or is very likely to happen, use:
  si + present tense + imperative
  Si quieres ir, ve. Si quieres hacerlo, hazlo.

  si + present tense + future or present
  Si quiere ir, irá. Si quiere hacerlo, lo hará.

- Sometimes *si* has the sense of 'when':
  Si nevaba en Navidades los chicos se alegraban.

- Sometimes it has the sense of 'whether' in an indirect question:
  Dime si vas a ir al concierto esta noche.
  Me preguntó si iría al colegio al día siguiente.

But

- In clauses using *si*, *como si* and *como* (meaning 'if') in the past tense, when the sense is that it is impossible or doubtful whether the action will take place, use the subjunctive and the conditional:
  Si tuviera mucho dinero compraría una casa más grande.
  Gasta dinero como si fuera un ricachón.
  Si lo hubiera sabido no habría salido hasta más tarde.

- Remember
  If A happens then B will happen = indicative
  If A happened then B might/could/would happen = subjunctive

(A) Look at these examples and decide why each tense is used.

1 Nos trató como si fuéramos animales.
2 Si mi familia supiera cómo vivo les daría vergüenza.
3 Si quieres recoger fruta, ven.
4 Si llegaban los jefes nos quedábamos contentos.
5 Si pudiera trabajar sería feliz.

(B) Complete these sentences with the correct form of the verb.

1 Si .... (tener) sus papeles legales .... (poder) trabajar sin problema.
2 Si .... (ser) ricos no .... (tener) ningún problema en encontrar trabajo.
3 Si .... (hablar) el idioma le .... (ser) más fácil integrarse.

Extra Completa las actividades en la Hoja 34.

¿Inclusión o exclusión?

Unos hablan sin pelos en la lengua y son vociferantes en sus opiniones racistas pero la gran mayoría nos callamos e insistimos que no somos nosotros los racistas.

1a 🎧 Escucha y clasifica las opiniones – positivas o negativas.

1b 🎧 Escucha otra vez y toma notas sobre cada opinión.

2a Lee las tiras de la prensa y empareja lo que está escrito con lo que acabas de escuchar.

> La mayoría (el 72%) dice que España es un país racista pero el 86% cree que los racistas son los otros, nunca ellos.

> Somos la puerta de África y es imposible controlar a todas estas personas que llegan ilegalmente, declaró ayer el alcalde de El Ejido (Almería).

> El número de extranjeros residentes en el país alcanza los 1,45 millones de los cuales el 40% es de Europa y el casi 30% es del Magreb.

> La nueva Ley de Extranjería entró en vigor y se niega a empadronar a los sin papeles, lo que quiere decir que unos 200.000 ilegales podrían ser expulsados.

2b 👥 Con tu compañero/a discutid los pro y los contra que acabáis de escuchar y leer.

- ◆ ¿Qué problemas enfrentan la gente refugiada?
- ◆ ¿Qué soluciones propones?

Presenta tus ideas a la clase.

3a Lee el texto y busca en el primer párrafo sinónimos para:

1	la comprensión	5	de forastero
2	se lleva a cabo	6	distante
3	ingeniar	7	de vez en cuando
4	los adolescentes	8	diferente

Ponerse en la piel de otro es un ejercicio que favorece el entendimiento. *Educar para la solidaridad* es un programa organizado por la ONG Intermón–Oxfam. Se está desarrollando en unos 2.000 centros en diferentes CC.AA. Trata de inventar juegos simuladores en los cuales los jóvenes desempeñan papeles diferentes a los que tienen en la realidad – por ejemplo asumen el rol de extranjero de visita o residente en un país lejano o puede ser que sean de un color diferente a lo suyo. A veces los juegos tienen un toque aun más realista cuando se encuentran en un ambiente ajeno donde no saben hablar el idioma o tratan de sentir lo que siente un subsahariano que atraviesa en patera el Estrecho.

Los profesores resaltan que el miedo a lo desconocido es lo que guía nuestros sentimientos y que una vez que nos familiarizamos con las costumbres y caras del "otro" este miedo disminuye o se desvanece. Lo más importante, añaden, es potenciar los valores y actitudes de respeto a la diversidad.

> El precio inmobiliario aumenta con la llegada del turismo lo que por un lado beneficia a la economía local pero por el otro quiere decir que los jóvenes y parados no encuentran domicilio a un precio asequible.

3b Ahora escribe antónimos para las mismas palabras del texto.

3c Traduce al inglés el último párrafo.

4 🎧 Escucha el informe sobre "Espacios Jóvenes" y corrige las frases incorrectas.
   1 La Cruz Roja está orientada hacia el trabajo multicultural.

2 Hay 21 distritos de Málaga incluidos en esta iniciativa.

3 Se trata de un sistema pedagógico que ayuda a la gente joven.

4 Los grupos de jóvenes salen a divertirse.

5 Son grupos mixtos de gente extranjera exclusivamente.

6 Hacen charlas sobre muchos asuntos de interés para ellos.

Técnica

Using a monolingual dictionary

- Some words can cause confusion as they have the same spelling but may have more than one meaning, e.g. *la muñeca, la tienda*. Look back at page 95 in Unit 8 and revise the adjectives that vary in meaning.

- Some nouns have the same spelling but a different gender and vary their meaning depending on the gender.
la corte = the Royal court: *el corte* = the cut of hair or suit/a power cut
la policía = the police force; *el policía* = the policeman
Other examples are: *el casete/la casete; el cabeza/la cabeza; el cura/la cura; el guía/la guía; el mañana/la mañana; el capital/la capital; el final/la final; el orden/la orden; el pendiente/la pendiente; el radio/la radio; el papa/la papa* (and note *el papá!*).

- Some nouns are very similar but again have different meanings depending on their gender, e.g.
el libro = the book, *la libra* = a pound in weight or sterling; *el manzano/la manzana; el banco/la banca; el cuento/la cuenta; el derecho/la derecha; el fruto/la fruta; el helado/la helada; el modo/la moda; la acera/el acero; el barro/la barra; el rato/la rata.*

- Some words have different meanings depending on whether they are used in the singular or plural:
el deber/los deberes; el arte/los artes/las artes; la dote/las dotes; el transporte/los transportes.

- Some words look like words in English but don't have the same meaning. These are often called false friends (*amigos falsos*):
sensible; actual; librería; agenda; realizar; carpeta; casual; concreto; conductor; dato; embarazar.

- Some words look like words in English but have slightly different meanings:
abusar; aplicación; argumento; carácter; colegio; conferencia; formación.

- You may well know some of the words used in an idiomatic phrase but not know the meaning of that particular phrase:
charlar por los codos; llamar al pan pan y al vino vino; llevarse como el perro y el gato; sacar de quicio; a lo hecho, pecho; el que mucho abarca poco aprieta.

So ...
Use a monolingual dictionary to
- find which meaning best fits a particular context.
- find definitions of words and explanations about them.
- check the meanings of false friends.
- find the meaning of a word used in an idiom.
- look for synonyms.

① Study the examples above then look up the meanings of the words in a monolingual dictionary.

Extra Completa las actividades en la Hoja 35.

5a 👥 Lee el comentario. ¿Crees que los mismos sentimientos existen en tu región? Discútelo con tu compañero/a.

> De entre 6.000 escolares de 17 comunidades autónomas (CC.AA) el 51% estima que los trabajadores extranjeros quitan puestos a los españoles y el 42% cree que contribuyen al aumento de la delincuencia: ¿Mito o realidad?

5b Escribe unas 150 palabras comentando la declaración. Da dos ejemplos más de problemas de racismo. ¿Cómo crees que se pueden solucionar?

Arquetipos y prejuicios

La ignorancia es una causa fundamental de muchos prejuicios así como la intolerancia y la falta de respeto de un ser humano hacia otro.

Se conocen por el mundo entero por las drogas y el dinero lavado.

Mariachis a morir.

Soñadores de un tiempo pasado, soberanos de su soberanía.

Tienen fama por el terrorismo.

La juerga y la alegría son su lema.

1a Estudia los dibujos y lee los textos. ¿Cómo reaccionas?

1b 🎧 Escucha y empareja las palabras con las descripciones que oyes.

1 independiente/luchador/con boina
2 El Peñón/¿españolizado o britanizado?
3 bigote/sombrero/balazos
4 narcotraficante/secuestrador
5 palmadas/orgulloso/domador de caballo

1c 👥 Anota unas palabras que resaltan los aspectos estereotípicos de un país o de una región de tu país. Preséntalas a tu compañero/a. ¿Puede adivinar de qué país/región se trata?

1d Mira el dibujo y escribe un texto apto.

Frases claves

Es una actitud claramente discriminatoria
El racismo es algo rechazable

2 Haz una presentación oral sobre:
¿Crees que los estereotipos son una broma nada más o algo más siniestro y pernicioso? Da ejemplos de los dos tipos para ilustrar tus ideas.

Técnica

Making an oral response

- Revise all the points made about preparing an oral presentation (see pages 42 and 63).
- Explain how you have interpreted the question or stimulus:
  A mí me parece que ...
  La conclusión que yo saco es que ...
  Hay que considerar las dos caras de la moneda.
  Tal pregunta nos hace reflexionar sobre ...
- Give your reasons.
- Always take care to include all the points required.

1 🎧 Listen to the radio discussion and note down the questions or statements. Underline each main point and note down the speaker's response.

3a Lee el texto.

Durante miles de años la naturaleza humana no ha cambiado mucho, imponiéndose por la fuerza, por el miedo y por la injusticia cuando haya querido o quiera. Lo que se respeta y se considera justo o digno en una orilla del río no se hace ni lo es en la otra (Pascal).

Empero el sueño de la universalidad de los derechos humanos lleva apenas dos siglos madurándose en la mente colectiva política. Fue en Núremberg cuando nació la idea de una justicia universal que debería perseguir los crímenes contra la humanidad y de que ninguna frontera pudiera ser una barrera ni el transcurso de los años tampoco. Hay que reconocer que es un proceso lento y que los poderes del mundo se conjuran en contra pero poco a poco se está perfilando por el ámbito cerrado de cada cultura por exclusiva o irreductible que parezca, esta idea de un patrimonio universal que son los derechos del individuo.

No obstante, las estadísticas no son muy favorables, digamos. Hasta ahora son pocos los criminales de esta índole que se encuentran juzgados y encarcelados. Sin embargo se debe mucho al juez español Baltasar Garzón que al lograr que se detuviera al dictador Pinochet en Londres hizo revivir la conciencia universal. Sin tal gesto quién sabe si hubiéramos visto a otros tantos como Milosevic y otros generales argentinos entregados a la justicia internacional.

Desafortunadamente aún hay territorios donde no se aplica esta ley; donde todavía la gente vive con terror; y nos quedamos con la pregunta en la boca – ¿Por qué?

3b Contesta a la pregunta en el último párrafo. Escribe unas 250 palabras.

Menciona:

◆ tus reacciones al texto
◆ unos ejemplos positivos
◆ unos ejemplos negativos
◆ por qué crees que no se cumple universalmente

Técnica

Making a written response

This requires all the writing skills you have practised so far, so revise the advice on the following pages:

● page 51 about linking paragraphs
● page 77 about summarizing a text
● page 89 about organizing your ideas
● page 94 about adapting a text

4 Debate de clase: La diversidad divide luego el multiculturalismo es un sueño imposible.

A escoger

1 S 🎧 Escucha a Tarek y corrige las frases incorrectas.

  1 Llegó en un buque a Algeciras en pleno día.
  2 Se fue a Tarifa en busca de su tío.
  3 Su tío vive en la calle de Almería.
  4 Su tío recoge fruta en las huertas costeñas.
  5 Tiene amigos de su tierra.
  6 Tiene miedo que le cojan y le expulsen.
  7 Tratan de educar a los jóvenes.

2 Si vieras este graffiti en tu instituto …

  ◆ ¿Cómo reaccionarías?
  ◆ ¿Cómo te sentirías?
  ◆ ¿Qué harías?

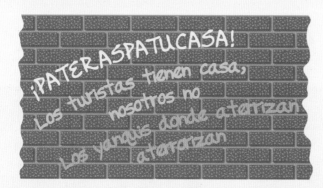

¡PATERASPATUCASA!
Los turistas tienen casa,
nosotros no
Los yanquis donde aterrizan
aterrorizan

3a Mira la foto. ¿Cuántos jugadores no son de España?

3b En el deporte son los espectadores los que son racistas, no los jugadores. Comenta esta frase.

4 Lee el comentario y escribe unas 250 palabras explicando lo esencial.
Da otros ejemplos de xenofobia actuales o históricos.
¿Cómo se puede concienciar a la gente con respecto a este problema?

> La xenofobia que existe hoy en día se debe en parte a las voces mediáticas creadas por las discusiones partidistas sobre la nueva Ley de Extranjería que sólo resaltan aspectos negativos y dan la impresión exagerada de "una ola de inmigrantes" que llegan a nuestras orillas. La realidad es otra – tenemos una de las tasas más bajas de trabajadores extranjeros.

Gramática

Verbs to keep an eye on

hacer

● has many idiomatic usages attached to it so try to keep a list and use them when appropriate. For example:

  – *hacerse tarde* – to get late
  – *hacer* + infinitive – to make someone do something or to get something done

Nos hizo decirle la verdad.
Si el niño sigue mal tendremos que hacer venir al médico.
Se me ha roto la cremallera del pantalón y voy a hacerla reparar en la tintorería.

SOLIDARIDAD CON LOS REFUGIADOS SAHARAUIS

180.000 Personas viven en los campamentos de refugiados en el desierto de Argelia.
25.000 son niños

AYÚDANOS

A recoger 900.000 Kg. De alimentos en Andalucía. Colabora aportando preferentemente:
Arroz, azúcar, aceite y cualquier alimento
No perecedero.

Una pequeña aportación tuya supone mucho para ellos. Tu ayuda sigue siendo necesaria.

Asociación de amistad con el pueblo saharaui
Comarca de Estepona

1a Mira el material y prepara tus respuestas.

- ¿De qué trata?
- Describe el póster.
- ¿A quién beneficia un proyecto así?
- ¿Qué piensas de trabajar para la solidaridad internacional?

(4 marks)

1b Prepara una presentación oral sobre este tema:
Es demasiado tarde para tratar de salvar el planeta tierra.

(5 marks)

2 Escucha y completa el texto con las cifras de abajo.

(9 marks)

La amenaza de la contaminación acústica

Según los datos hay unos (1) .... de personas que sufren a causa del exceso de ruido en el país. A menudo el (2) .... de nosotros experimenta niveles de ruido superiores a los aceptables. Cada año se registran unas (3) .... quejas acerca de vecinos ruidosos.

El gobierno va a gastar unos (4) .... euros en instalar superficies contra el ruido en las calles. Recientemente impusieron una multa de (5) .... euros a una familia por haber hecho demasiado ruido durante el bautizo de su hija. Si se registra el nivel normal en (6) .... entonces un susurro se registra en (7) .... decibelios y el aterrizaje de un avión aumenta hasta (8) .... y un concierto rock o fuegos artificiales alcanzan los (9) ....

150 mil   20%   140   32 millones   20   120.000
cero   100.000   100

3 Escucha la conversación y toma notas.

- ¿De qué problemas hablan?
- ¿Qué soluciones se mencionan?

Haz un resumen en inglés (no más de 120 palabras).

(36 marks)

4 📖 Lee el texto y contesta a las preguntas. Utiliza tu diccionario si es necesario.

1 ¿Cuál es el problema?
2 ¿Quiénes son los protagonistas?
3 ¿Por qué están en contra el uno del otro?
4 ¿Cómo va a solucionarse según el texto?

(10 marks)

El ingenioso duque de la Mancha

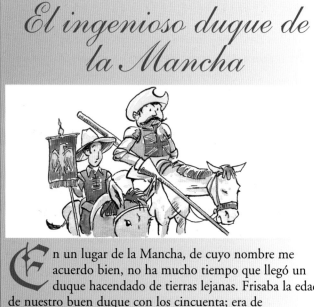

En un lugar de la Mancha, de cuyo nombre me acuerdo bien, no ha mucho tiempo que llegó un duque hacendado de tierras lejanas. Frisaba la edad de nuestro buen duque con los cincuenta; era de complexión rosada y rostro relleno y compró con sus millones 150.000 hectáreas de terreno que utilizaba como coto de caza unos días al año.

Érase una vez un pueblo manchego cuyos habitantes estaban orgullosos de su tierra y la protegían bien pero un buen día llegó el gobierno con planes de construir una nueva carretera por ende el conflicto de los campesinos con el hidalgo feudal.

Ambos se proclaman defensores del medio ambiente y alegan tener la protección de la especie en peligro de extinción – el águila imperial – en su vista. Los pueblerinos se quejan y protestan que la tierra les da vida; que de eso viven y además que la vía más corta sigue el ferrocarril que ya existe ... pero que pasa directo por pleno medio de las tierras feudales del gran duque.

Cosa interesante es que cuando les conviene citan proteger a las especies. ¿Y quién va a ganar este pleito? – Les apuesto lo que quieran que por la plata baila el perro.

5 Escribe unas 150 palabras sobre uno de estos temas:

a Da dos o tres ejemplos de racismo. En tu opinión, ¿cómo se pueden resolver este tipo de problemas?

b Escribe una carta al periódico local quejándote sobre un proyecto que estás seguro que va a causar daño al medio ambiente.

(36 marks)

6 Escribe unas 250 palabras sobre uno de los siguientes temas.

a Imagina la vida de una de estas personas. Menciona las causas de su situación; adónde va; las esperanzas para una vida mejor; posible resolución.

b Escribe sobre los grupos que quieren proteger el medio ambiente.

- ◆ Explica el trabajo que hacen.
- ◆ ¿Quién en tu opinión debe financiar este trabajo: El público o el gobierno?
- ◆ ¿Valen la pena?

(54 marks)

España frente a Europa

By the end of this unit you will be able to:

- Understand the historical perspective
- Discuss issues arising from Spain's entry into the EU
- Explain and describe how the EU has helped Spain develop
- Talk about cooperation versus competition in the EU

- Use time clauses with and without the subjunctive
- Use the subjunctive to express purpose
- Write formal letters from a stimulus
- Transfer meaning from English to Spanish

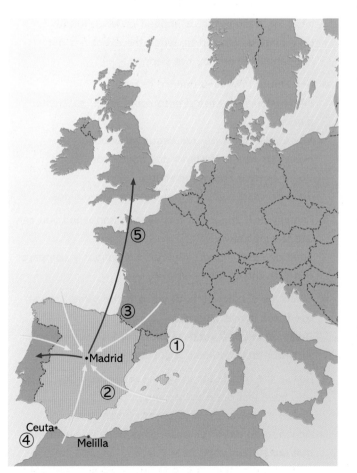

1a 🎧 Escucha y busca un nombre para cada número del mapa.

> Cataluña   Borbones   Cisneros   Hapsburgos
> Roncesvalles

1b 🎧 Escucha otra vez y anota una fecha luego un dato para cada uno.

Antiguamente España se extendiá más allá de los Pirineos para luego recogerse de nuevo detrás de la barrera natural de los mismos.

España aislada

Una guerra civil marca para siempre la mente colectiva a pesar de los años que han pasado y de que los jóvenes ya no la recuerdan bien ...

1a Lee los cuatro párrafos y busca un título adecuado para cada uno.

- ◆ Inestabilidad
- ◆ El caudillo
- ◆ Orígenes
- ◆ Fratricida

1b 🎧 Escucha el noticiero y emparéjalo con un párrafo del texto.

1c Imagina la situación y escribe otro noticiero parecido para otro párrafo.

1 A principios de los años 30 el extremismo y la violencia que habían marcado el siglo anterior vuelven a surgir y el péndulo político oscila bruscamente entre el liberalismo que busca la reforma religiosa y agraria y el conservatismo que la opone. Todo se tuerce a favor de los ricos así que la masa popular empieza a agitarse – proletario explotado contra propietario adinerado. El Rey Alfonso XIII busca el apoyo del ejército para imponerse a una situación crítica y de allí nace su poderío militar.

2 La impopularidad de la dictadura del general Primo de Rivera crece hasta tal punto que por fin cae y con él se cae también la monarquía. La Segunda República introduce reformas para separar la Iglesia del Estado y para devolver las tierras a los campesinos. En seguida produce reacciones violentas entre propietarios y campesinos que son ferozmente reprimidas por el militarismo.

3 La tensión entre los extremos de la derecha y de la izquierda marca las pautas y en cuatro meses se cometen más de doscientos asesinatos políticos – y de allí estalla el 18 de julio de 1936 la rebelión militar que producirá la lucha más cruenta de la historia española – el conflicto esencialmente español entre un nuevo orden reformista, igualitario, secularizador y el orden tradicional, autoritario y clerical – o republicanos contra nacionalistas.

4 Con más de un millón de muertos, la persecución o exilio para otro millón más, el recuerdo imborrable de las atrocidades por ambas partes es lo que más que nada mantiene en poder a la dictadura del generalísimo Franco que sigue la guerra. La base de su régimen siempre es el ejército aunque también cuenta con el apoyo de los partidos derechistas y de la Falange y con eso empieza la reconstrucción material y moral.

Gramática   ⇨ 166, 168 ⇨ W67

Time clauses

- Revise time clauses using *hace* and *hacía* with *desde que* (page 73).

- Take care when translating 'for' or 'since'.

- Use the subjunctive with conjunctions indicating time such as:
  antes (de) que, mientras (que), así que, después que, en cuanto (que), hasta que, luego que, tan pronto como and of course *cuando*
  when no definite fact is implied or when future possibility is referred to, when the event has not happened yet or may not happen.

- Remember how to sequence tenses:
  Iré de vacaciones tan pronto como tenga suficiente dinero.
  Voy a salir antes de que llegue mi papá.
  Harán las tareas después que hayan comido.
  Voy a esperar hasta que venga.
  Salió de casa antes de que llegaran sus amigos.

- Remember if the event has already happened you can use the indicative:
  Salió de casa cuando llegaron sus amigos – compare this with the sentence above.

- When the subject of both verbs is the same you can use these constructions:
  Antes de llegar a casa se fue a casa de sus amigos.
  Al entrar en casa llamó a sus amigos.

- Revise the tenses for using the expression *acabar de* – to have just done something:
  Acabo de volver de vacaciones en Venezuela.
  Acababa de entrar en casa cuando me di cuenta de que nos habían robado.

Extra Completa las actividades en la Hoja 36.

2a Estudia la casilla Gramática y completa las frases con un verbo adecuado.

El uno de mayo de 1937 es testigo de una atrocidad contra la humanidad cuando el pueblo vasco Guernica es bombardeado desde el aire un día de mercado antes de que la gente .... protegerse.

España se queda al margen de la segunda guerra mundial y durante muchos años después .... aislada de la reconstrucción europea.

1947: La Ley de Sucesión establece que cuando .... Franco se restaurará la monarquía.

1953: Desde .... años España busca ayuda de los EEUU y por fin firman un acuerdo de cooperación que le otorga derechos sobre bases como Rota.

1955: España tiene que esperar hasta que se .... un acuerdo entre los EEUU y la Unión Soviética para que le .... entrar en las Naciones Unidas.

El Rey de Marruecos consigue liberar a su país del protectorado español al .... un acuerdo con Franco en 1956.

El pequeño país africano, Guinea Ecuatorial, celebra su independencia en 1968 cuando España se la ....

En 1969 Juan Carlos de Borbón y Borbón es investido como heredero de la corona después de que Franco le .... el título de Rey. También cierra la frontera con Gibraltar.

Por fin se declaran el catalán, gallego y vasco lenguas oficiales pero no antes de que ETA .... matar al presidente del gobierno Luis Carrero Blanco.

dé   muera   pueda   firmar   otorga
permitan   está   hace   firme   logra

2b 🎧 Escucha y verifica.

Hitos importantes en la transición

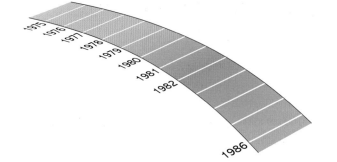

3a 🎧 Escucha y empareja cada nota con una fecha.

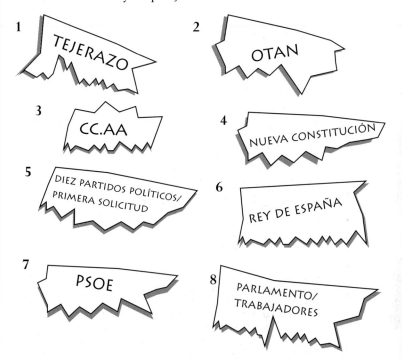

1 TEJERAZO

2 OTAN

3 CC.AA

4 NUEVA CONSTITUCIÓN

5 DIEZ PARTIDOS POLÍTICOS/ PRIMERA SOLICITUD

6 REY DE ESPAÑA

7 PSOE

8 PARLAMENTO/ TRABAJADORES

3b 🎧 Escucha otra vez y añade dos datos más para cada una.

3c Lee las palabras del Rey. ¿En qué fecha las pronunció?

La Corona, símbolo de la permanencia y la unidad de la Patria, no puede tolerar en forma alguna, acciones y actitudes de personas que pretenden interrumpir por la fuerza el proceso democrático que la Constitución votada por el pueblo español, determinó en su día a través de referéndum.

4 Debate en clase.
El mejor sistema de gobierno es un sistema en el cual el pueblo tiene voz y voto.

5 Escribe unas 150 palabras sobre:
La participación es clave en cualquier sistema o institución.

Las Comunidades Autónomas

¿Quiénes somos? Somos una familia grande de 17 comunidades autónomas y 49 provincias en total; cada cual tiene sus características y competencias diferentes.

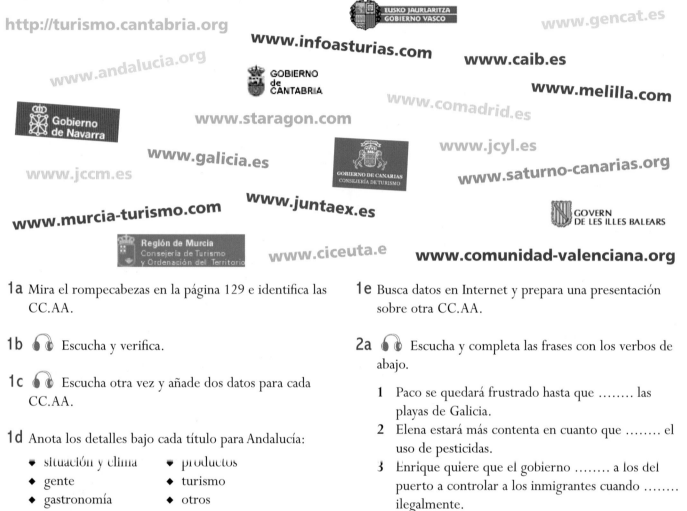

http://turismo.cantabria.org

EUSKO JAURLARITZA
GOBIERNO VASCO

www.gencat.es

www.infoasturias.com

www.caib.es

www.andalucia.org

GOBIERNO de CANTABRIA

www.comadrid.es

www.melilla.com

Gobierno de Navarra

www.staragon.com

www.jcyl.es

www.galicia.es

GOBIERNO DE CANARIAS
CONSEJERÍA DE TURISMO

www.saturno-canarias.org

www.jccm.es

www.juntaex.es

www.murcia-turismo.com

GOVERN DE LES ILLES BALEARS

Región de Murcia
Consejería de Turismo
y Ordenación del Territorio

www.ciceuta.e

www.comunidad-valenciana.org

1a Mira el rompecabezas en la página 129 e identifica las CC.AA.

1b 🎧 Escucha y verifica.

1c 🎧 Escucha otra vez y añade dos datos para cada CC.AA.

1d Anota los detalles bajo cada título para Andalucía:
- ♦ situación y clima
- ♦ gente
- ♦ gastronomía
- ♦ productos
- ♦ turismo
- ♦ otros

1e Busca datos en Internet y prepara una presentación sobre otra CC.AA.

2a 🎧 Escucha y completa las frases con los verbos de abajo.

1. Paco se quedará frustrado hasta que .... las playas de Galicia.
2. Elena estará más contenta en cuanto que .... el uso de pesticidas.
3. Enrique quiere que el gobierno .... a los del puerto a controlar a los inmigrantes cuando .... ilegalmente.
4. Sebas y María permanecerán rivales mientras que .... con los arquetipos regionales.
5. Nuria se pondrá menos triste tan pronto como .... renacer los bosques.

entren   vea   controlen   se sigan
se hayan limpiado   ayude

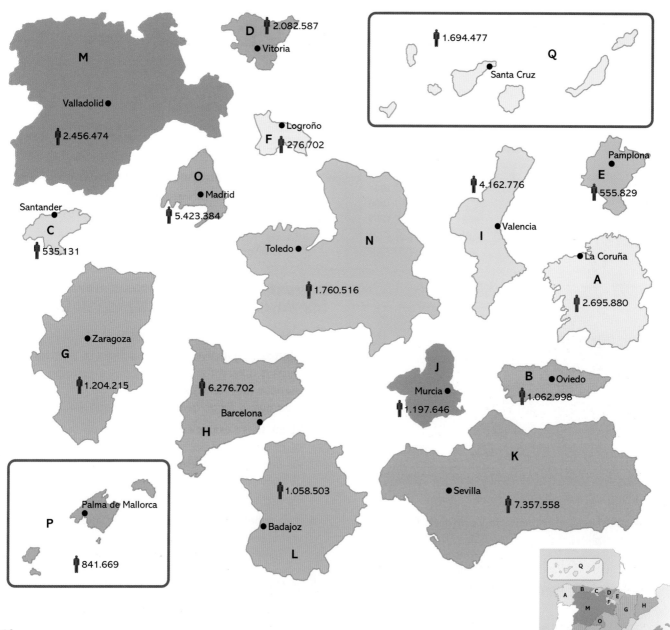

2b Anota las palabras o frases que corresponden a las siguientes frases inglesas.

1 As we know full well
2 Taken away our livelihood
3 More control is needed
4 In the long run
5 It's not only our problem
6 The birth rate/level of unemployment
7 So long as we carry on with
8 We've covered almost all of Spain

3a Debate de clase: En la variedad está el gusto.
Menciona las diferencias entre las regiones de España.

3b ¿Existen diferencias entre las varias regiones de tu país?
Contesta a la pregunta y escribe unas 150 palabras.

3c Regionalismo versus centralismo: ¿Cuál es más democrático?
Escribe unas 250 palabras. Considera:

◆ la historia del país
◆ el tamaño y la población
◆ la geografía y la economía

España y la nueva Europa

La Segunda Guerra Mundial (1939–1945) impulsó a los países europeos a establecer un entendimiento cordial tanto político como social y económico.

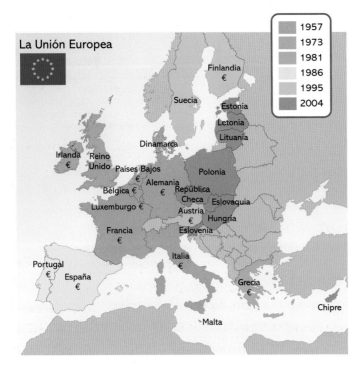

La Unión Europea

■	1957
■	1973
■	1981
■	1986
■	1995
■	2004

Finlandia €
Suecia
Estonia
Letonia
Lituania
Dinamarca
Irlanda €
Reino Unido
Países Bajos
Polonia
Bélgica €
Alemania €
República Checa
Eslovaquia
Luxemburgo €
Austria €
Hungría
Francia €
Eslovenia
Italia €
Portugal €
España €
Grecia €
Chipre
Malta

1a 🎧 Escucha el comentario y empareja los tratados con las fechas.

1 Tratado de París
2 Tratado de Roma
3 Tratado de Maastricht
4 Tratado de Amsterdam

1992   1951   1997   1957

1b 🎧 Escucha otra vez y añade un dato para cada tratado.

1c Corrige las frases incorrectas.

1 Fue toda una idea por parte de los alemanes
2 El objetivo principal fue ofrecer apoyo mutuo entre los países europeos.
3 El Reino Unido fue uno de los primeros en entrar en la comunidad.
4 Hay cuatro entidades que forman la Unión.
5 El euro siempre ha sido la divisa monetaria.

1d Contesta a las preguntas.

1 ¿Cuántos países miembros había al comienzo?
2 ¿Cómo se ha desarrollado?
3 ¿Cuál es la mayor preocupación hoy día?
4 ¿Qué otros países acaban de entrar en la Comunidad?

Gramática ⇨ 166 ⇨ W57

The subjunctive to express purpose

● Use the subjunctive when the subject of the two verbs is different with conjunctions expressing purpose (not result) such as:
para que, a fin de que, de manera que, de modo que

● Check these examples and comment on the sequence of tenses:
Te llamé para que estuvieras listo a tiempo.
Te llamaré a fin de que estés listo cuando llegue.
Puse el cuadro aquí así que todos lo vieran al entrar.

● Remember that if the same person is used for both verbs, you use the indicative:
Te llamé para decirte que estaba listo.

A Translate these sentences into Spanish.

1 The European Union was formed so that the countries of Europe could trade together freely.
2 Some countries joined together in order that their citizens could find work more easily.
3 They went to the European Court in order that it would give them justice.
4 A few countries still have not joined the euro in order not to lose their national currency.
5 A number of countries want to join so that they can develop trade and have more equal rights.

Extra Completa las actividades en la Hoja 37.

2a Lee el texto y explica las razones a favor y en contra de estar en la zona euro.

La visión europea – desarrollo y evolución económica

Desde su ingreso en la CE, España ha experimentado un notable cambio económico y cultural. Es, por ejemplo, uno de los países europeos con mayor población universitaria.

La introducción del euro puede suponer para España una cierta ventaja competitiva frente a los países que no están incorporados. Quedarse fuera hubiera constituido un desastre psicológico y económico. Entrar significará para España ceder formalmente la soberanía monetaria al Banco Central Europeo (BCE). No obstante puede considerarse casi lo contrario: que España a través del BCE recupere la soberanía al poder participar en las decisiones colectivas. Con el euro, España estará en el núcleo de la nueva Europa. Mas no se trata sólo de estar sino también de poder permanecer allí.

2b Debate de clase. Estar dentro de la Unión Monetaria o quedarse fuera: ¿cuál es mejor?

3a 🎧 Escucha las actitudes hacia Europa y empareja las dos partes de las frases.

1 Creo que es importante que …
2 Dudo ser buena europea …
3 En mi opinión es mejor que …
4 La nueva constitución permite que …
5 Para mí es imprescindible que …

a se elija un presidente.
b consideremos los dos aspectos de nuestra identidad.
c encontremos un sistema justo de votación.
d los países europeos se enfrenten a los problemas juntos.
e porque soy muy regionalista.

3b Lee las cartas y los e-mails y emparéjalos con las ideas expresadas en 3a.

A

Estimado Señor:

Me sorprende mucho la actitud del Estado que parece querer perder su identidad nacional ante una Europa cada día más poderosa cuando al contrario las regiones buscan cada día más independencia.

Atentamente

B

Muy Señor mío:

Le escribo con referencia al artículo "Europa, nuestro futuro" para declararle mi oposición total a esta entidad política. Cada país debe conservar su soberanía – por algo luchamos durante la Guerra. Insisto en que consideren bien a fondo las consecuencias de entregarse por completo antes de que sea demasiado tarde.

Reciba un atento saludo

C

```
Me ha interesado muchísimo el
debate escrito sobre la UE – estoy a
favor de todas las nuevas ideas con
tal de que respeten los derechos
humanos. ¿Quién no puede compartir
tal sentimiento?
miguelito@hotmail.com
```

D

El debate sobre la defensa futura de Europa me parece crucial – todos los países deben ponerse juntos en esto, al contrario no valdrá ninguna Constitución por más nueva que sea. Montse@wanadoo.es

Técnica

Writing a formal letter

Revise page 73 in Unit 6. and Hoja 22.

● Learn the conventions of layout.

● Remember how to start and finish.

● Use formal expressions to open the letter:
  Por la presente, me complace informarle/comunicarle
  Acuso recibo de
  Lamento informarle
  Les ruego que me informen sobre
  Le agradezco/agradecemos su atenta carta de

1 Write a letter to the editor of your local paper expressing your concerns about an issue you feel strongly about.

Los Pirineos desvanecidos

La barrera psicológica y física que siempre ha sido representada por los Pirineos en la mente española por fin está disminuyendo.

1 Lee el texto.

La influencia del turismo <u>más que nada</u> ha sido un factor clave <u>en abrir</u> las puertas españolas hacia Europa. El sector turístico <u>sigue siendo importantísimo</u> para la economía: ha financiado gran parte del déficit comercial, ha generado empleo y ha favorecido la convergencia regional. Al final de la década de los ochenta y al comienzo de los noventa bajó la demanda turística debido a la deceleración económica universal. No obstante en 1992 todo cambió, <u>y eso se explica en parte</u> por la Expo 92 y las Olimpiadas, y Madrid como la capital europea de la cultura. El número de turistas aumentó de 55 millones en 1992 a cerca de 63 millones en 1995 de los cuales un tercio procedía de Francia y casi un 30% de Alemania y Reino Unido.

Citemos el ejemplo de Bilbao: ciudad industrial que durante los años 50 y 60 decayó <u>al morirse las grandes industrias del **acero y carbón**</u> dejando sus huellas de **orín y herrumbre** por las orillas del río Nervión. Vela hoy día – limpia y reluciente foco de miles de ojos que arriman a ver el fenómeno del Museo Guggenheim. Lo mismo podemos decir del sector industrial del Puerto de Barcelona convertido hoy en el Pueblo Olímpico o **el muelle** antiguo de Valencia con sus museos.

<u>No sólo hay que</u> considerar los nuevos edificios, no. También es imprescindible acordarse de la infraestructura de las comunicaciones que gracias a inversiones bastante generosas de Europa han establecido ya un sistema de carreteras, autovías y autopistas que unen a todo el país. Pregúntale a cualquier persona de edad cuánto duraba el viaje de Bilbao a Málaga antes y se darán cuenta de lo <u>que digo</u>. Además tenemos el AVE que rivaliza a cualquier tren europeo o mundial y cuando se termine la red a Barcelona y Valencia y por el túnel de Somport, ¡estaremos tan unidos que yo qué sé! Aunque <u>acaban de anunciar</u> que la segunda fase <u>no se llevará a cabo</u> de momento porque el gobierno francés no tiene suficientes fondos.

Técnica

Transfering meaning from one language to another

- Word for word translation rarely works.

- Think through the phrase or sentence in the language. Remember: 'I want you to jump in the lake!' makes sense in English, but in Spanish it doesn't if you translate it word for word.

What do you have to remember?

- Ask yourself each time if there is a set phrase which matches.
  acabar de – to have just – is a good example.
  Make a note of other useful examples.

- Learn model sentences for constructions you find difficult:
  Si me lo hubieras dicho no se la habría dado
  helps you to remember sequence of tenses and position of pronouns.

- Use a monolingual dictionary to double check on words such as *real*, *raro*, etc.

- Remember there are different registers of language, formal and informal, and accepted formats of speaking and writing:
  Me flipa tu .../Me gusta mucho tu ...
  Oye, chulo/Estimada señora

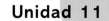

Técnica

1. Translate the phrases underlined in the text literally and then for their actual meaning.

2. Revise the techniques for using a dictionary on page 119 and ways of not using a dictionary on page 105.

   1. Write down ten cognates or near cognates.
   2. Write antonyms for *aceleración* and *disminuyó*.

3. First guess the meanings of the words in bold in the text then use a dictionary to check them.

4. Think about the verbs *citemos*, *vela* and *(cuando) se termine*.

5. Give an oral summary of the first paragraph and then an oral translation of the last paragraph.

2 Lee el texto y contesta a las preguntas.

   1. Explica qué es Inditex.
   2. ¿Cuál es su secreto según el texto?
   3. ¿Cómo se desarrolló?
   4. ¿Cómo se distingue de otras empresas?

3 Discusión en clase.

¿Europeizados o americanizados? El pueblo global pertenece a los jóvenes.

Da ejemplos de películas, música, ropa, comida, deporte.

Extra Completa las actividades en la Hoja 38.

ZARA – al por mayor con la moda global – revolucionando el negocio mundial del sector textil y la sociología del vestir

Inditex (Industrias de Diseño Textil S.A.), el grupo gallego, inaugura una nueva tienda cada semana y con razón tiene más de 27.000 empleados en 44 países del mundo. La moda rápida a buen precio ha sido su lema ganador. Su sede en Arteixo en La Coruña es el eje pivotal de información y distribución para todos sus 1.500 establecimientos. Su secreto es tener control completo del diseño, fabricación, distribución y ventas. La producción de ropa se concentra un 80% en Europa del cual un 50% en España. A precio asequible, rapidez de fabricación y distribución, diseño de calidad y respondiendo a las variaciones del mercado son las claves. Su meta es enviar una prenda a cualquier destino en menos de 48 horas.

En 1963 su fundador Amancio Ortega crea Confecciones Goa donde fabrica batas y en 1975 abre la primera tienda de ZARA en La Coruña. Luego en 1985 crea el grupo Inditex que encabecerá el grupo de empresas – Pull & Bear, Massimi Dutti, Bershka y Stradivarius. A partir de ese momento parece un cuento de hadas – 2001 vio su primera cotización en la Bolsa y desde ese día sus acciones no dejan de crecer. Desde luego el jefe patrón ha donado 6 millones de euros para los damnificados a causa de la catástrofe del petrolero Prestige.

Además es la primera empresa española en ser miembro del pacto global promovido por las Naciones Unidas para proteger los derechos de los trabajadores y el medio ambiente. Otro eje central es la filosofía del valor humano en que todos los empleados sienten su importancia dentro de la totalidad de la empresa. Tampoco gasta cantidades en grandes vallas de publicidad – el 0,3% nada más. Han perfeccionado el novísimo concepto de tienda envoltorio o tienda anuncio.

A escoger

1a 🎧 Escucha e indica las frases correctas. Corrige las incorrectas.

1b 👥 Juega a ¿Verdadero o falso? con tu compañero/a.

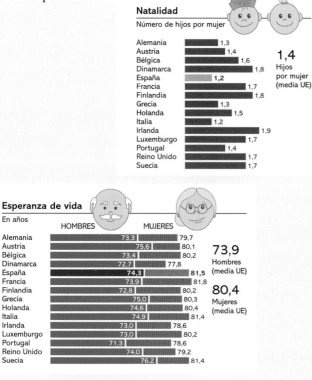

Natalidad
Número de hijos por mujer

País	Hijos por mujer
Alemania	1,3
Austria	1,4
Bélgica	1,6
Dinamarca	1,8
España	1,2
Francia	1,7
Finlandia	1,8
Grecia	1,3
Holanda	1,5
Italia	1,2
Irlanda	1,9
Luxemburgo	1,7
Portugal	1,4
Reino Unido	1,7
Suecia	1,7

1,4 Hijos por mujer (media UE)

Esperanza de vida
En años

País	HOMBRES	MUJERES
Alemania	73,3	79,7
Austria	75,6	80,1
Bélgica	73,4	80,2
Dinamarca	72,7	77,8
España	74,3	81,5
Francia	73,9	81,8
Finlandia	72,8	80,2
Grecia	75,0	80,3
Holanda	74,6	80,4
Italia	74,9	81,4
Irlanda	73,0	78,6
Luxemburgo	73,0	80,2
Portugal	71,3	78,6
Reino Unido	74,0	79,2
Suecia	76,2	81,4

73,9 Hombres (media UE)

80,4 Mujeres (media UE)

2a De memoria empareja las preguntas con una respuesta adecuada.

1 ¿Cuántos países hay desde el principio en la UE?
2 ¿Qué país de los Alpes no pertenece a la Unión?
3 ¿Dónde está la sede del Parlamento Europeo?
4 ¿Cómo se llama el himno europeo?
5 ¿Cuál es la abreviatura para la divisa europea?
6 ¿En qué año España solicitó entrar por primera vez?
7 ¿En qué año tuvo éxito?
8 ¿Por qué España no recibió ayuda americana del Plan Marshall?

a Se escribe euro pero es la letra e con dos rayas que la parten por la mitad.
b El país que sigue fuera es Suiza.
c Todo fue a causa del sistema fascista que los países democráticos no aceptaron.
d La oda a la alegría de Beethoven, de la última parte de la sinfonía número nueve.
e Hay seis que se llaman los países del Benelux.
f Firmaron el tratado en junio de 1985 y entraron en enero de 1986.
g Se encuentra en Estrasburgo.
h Fue en julio de 1977 pero fue rechazada.

2b 👥 Inventa otros ejemplos sobre la historia de España para tu compañero/a.

3a 👥 Discusión en grupos:

♦ ¿Para qué sirve la Unión Europea?
♦ ¿Cuáles son las ventajas o desventajas de trabajar en otro país?
♦ ¿Tú, te sientes europeo/a?
♦ ¿Cómo ves el futuro de Europa?

3b Escribe una respuesta de unas 150 palabras. Da cinco ejemplos con explicaciones.

Técnica

Accents

When checking your work, remember that accents are used

● to determine stress
● to differentiate meaning:

el – the (definite article)	*él* – he (pronoun)
si – if	*sí* – yes
se – self (reflexive pronoun)	*sé* – I know
solo – alone	*sólo* – only

1 Now explain *tu/tú* and *mi/mí*.

2 Now check the difference between:

1 aun/aún   **3** te/té
2 de/dé   **4** mas/más

● Remember: all interrogative words take an accent.

3 Write sentences to show the difference between:

1 ¿qué?/que   **2** ¿cómo?/como   **3** ¿cuándo?/cuando

El mundo hispanohablante

By the end of this unit you will be able to:

◆ Describe stages in the history of the Spanish Empire in Latin America

◆ Understand some aspects of social and economic development there

◆ Discuss attitudes to the cultural mix of Hispanic society

◆ Appreciate the future of Spanish as a world language

◆ Use the subjunctive of possibility/impossibility

◆ Use the subjunctive in relative clauses (of uncertainty)

◆ Devise strategies for revising

Busco una ruta que me conduzca hacia el occidente a la India.

'...Y fueron felices y comieron perdices.'

Busco un hombre con barba blanca que sea un Dios y que venga del Oriente.

Unos 30.000 años a.C. llegaron las primeras tribus al continente que hoy llamamos América. Entre los descendientes de éstas destacan los **Mayas** cuya civilización alcanzó su cumbre con centros urbanos y templos magníficos en lo que hoy se llama Guatemala y parte de México; también desarrollaron un calendario muy preciso que usa la NASA hoy en día. Sus descendientes forman gran parte de la población de la Centroamérica de hoy.

Los **Incas** (en el Perú) y los **Aztecas** (en el centro de México) también resaltan como civilizaciones muy avanzadas que estaban en su apogeo al llegar los españoles a las orillas de los **Arawak** – que habitaban en la isla de Hispaniola, hoy Haití y la República Dominicana.

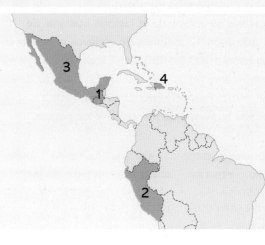

1a Estudia el dibujo y comenta lo que representa.

1b Empareja los nombres con un número en el mapa.

1c Busca en Internet y habla por unos dos minutos sobre:

◆ los Maya   ◆ los Incas   ◆ los Aztecas   ◆ los Arawak

Auge y ocaso del imperio español

Durante casi tres siglos España gobernó en la mayor parte de Latinoamérica y su influencia aún es evidente allí, sea en las leyes, las instituciones o en las costumbres de la gente.

España colonial

1a 🎧 Escucha y anota una fecha para cada persona.

1 Cristóbal Colón   4 Atahualpa
2 Francisco Pizarro   5 Moctezuma
3 Hernán Cortés

1534   1519   1492   1531   1520

1b 🎧 Escucha otra vez y anota otros detalles.

2a Lee y completa el texto.

Bartolomé de las Casas

Nacido en Sevilla de una familia bien el (1) .... Bartolomé de las Casas salió con Colón en su último viaje de 1502 a los Nuevos Territorios. Una vez establecido allí se dio cuenta de los (2) .... que sufrieron los indios que ya se estaban muriendo a causa de las enfermedades traídas por los europeos. Para (3) .... con su explotación de las nuevas tierras, cuyas (4) .... ya se habían revelado, ordenó la Corona que se (5) .... esclavos negros de África. El tráfico de esclavos capturados por negreros europeos es (6) .... de los episodios más siniestros de la historia humana. Se (7) .... que unos 12 millones de esclavos cruzaron el Atlántico entre 1500 y 1850. Las Casas, (8) .... ya en fraile dominicano, (9) .... el célebre *La Defensa de los Indios* en 1552. Pasó el resto de su vida (10) .... por los derechos humanos de los indios y los negros.

comprasen   escribió   abusos   luchando   joven
uno   riquezas   convertido   cree   seguir

2b Escribe otro texto parecido para uno de los personajes de 1a.

El grito de Independencia

3 🎧 Escucha y contesta a las preguntas.

1 ¿Por qué fue un momento oportuno para independizarse?
2 ¿Cómo se inspiraron los líderes?
3 ¿En qué año comenzó la lucha?
4 ¿Cómo terminó el imperio español?

Los territorios disminuyen

4a 🎧 Escucha y anota las preguntas.

4b Completa las respuestas con un verbo adecuado de abajo después de haber estudiado la casilla Gramática en la página 137.

1 Dudo que la .... en 1925; Bolivia .... su independencia en 1825 y tomó el nombre Bolivia en honor a su libertador Bolívar.

2 Es imposible que .... a Argentina; fue el general José de San Martín quien .... a Argentina en 1816.

3 No puedo creer que .... irlandés. Bernardo O'Higgins, que se convirtió en el primer presidente chileno en 1818, era hijo de padre irlandés.

4 No es verdad que .... mucho – se independizó México en 1821 y Nicaragua en 1828.

5 No estoy segura; puede ser que .... Cuba o Puerto Rico en 1898.

ganó   fuera (x2)   liberó   ganara
tardasen   haya liberado

Caras latinas que marcaron la historia

A Salvador Allende

B Rigoberta Menchú Tum

C Emiliano Zapata

D Simón Bolívar

D José de San Martín

D Bernardo O'Higgins

E Ernesto "Che" Guevara, Camilo Torres

F Evita Perón

5a Lee y empareja cada párrafo con una imagen.

1 De entre los muchos que lucharon estos tres resaltan como líderes de la liberación sudamericana. Vivieron en una época de sublevación e idealismo que cambió por completo las ideas y estructuras políticas mundiales.

2 Representa la cara de la Revolución mexicana cuando en 1911 el pueblo indígena se levantó en contra de los hacendados y reclamó sus tierras. Siguiendo las ideas sembradas por Hidalgo un siglo antes defendió los derechos de los campesinos y murió asesinado en 1919.

3 Revolucionarios del siglo pasado – el uno sacerdote y el otro (en la foto) condiscípulo de Fidel Castro – estos dos trataron de cambiar la faz explotadora del imperialismo y del capitalismo por la cara socialista del marxismo pero ambos murieron en la selva.

4 Este político chileno logró ser el primer líder marxista elegido por sufragio democrático – pero por poco tiempo. Fue derrocado y asesinado por los derechistas en 1973.

5 ¿Niña mimada del público argentino o mujer explotadora? Vino de la pobreza, experimentó la riqueza y murió vilificada por unos, beatificada por otros.

6 Esta señora indígena de los Maya Quiché recibió el Premio Nobel de la Paz en 1992 tras haber luchado como activista por los derechos de los indios guatemaltecos.

Gramática ⇨ 166 ⇨ W56

The subjunctive of possibility

● Use the subjunctive after an expression of improbability or untruth, possibility or impossibility:
dudar que   no es verdad que   es muy improbable que   es posible que   es   imposible que   no puedo creer que

Look back at page 52.

● Use the subjunctive after impersonal verbs which do not indicate certainty:
Basta que vayan los tres.
Será mejor que vengan mañana.
Es hora de que salga el avión.
Puede ser que lleguen pasado mañana.

5b Busca en Internet datos sobre uno de los siguientes:

◆ Tupac Amaru
◆ Pancho Villa
◆ Miguel Hidalgo
◆ Fidel Castro
◆ Arzobispo Óscar Romero

Presenta los datos a la clase. Habla durante dos minutos.

6 Discusión de clase.
Compara estas dos frases que expresan dos opiniones sobre la colonización española de Latinoamérica.
¿Cuál de las dos te parece más acertada?

a España destrozó otras culturas y civilizaciones para imponer la suya.
b España dio a la América hispana su carácter distintivo.

Mira el dibujo de la página 135 otra vez y comenta lo que representa.

7 Escribe unas 250 palabras sobre dos cosas importadas de Europa que cambiaron por completo el territorio que hoy se llama Latinoamérica.
Menciona:

◆ el impacto físico de la llegada de los conquistadores
◆ el impacto intelectual de la llegada de ideas revolucionarias.

Extra Completa las actividades en la Hoja 39.

¡Qué contrastes!

En cada país latinoamericano se ven contrastes enormes sea de paisaje, de cultura o de nivel de vida.

País	Superficie (miles de km2)	Habitantes (millions)
México	1,973	94.2
Guatemala	109	11.2
El Salvador	21	5.7
Honduras	112	5.8
Nicaragua	148	4.6

1a 🎧 Escucha el comentario. ¿Qué países se mencionan?

1b 👥 Mira el mapa y juega a ¿Verdadero o mentira? con tu compañero/a.

Ejemplo: A: *Bogotá es la capital de Chile.*
B: *Mentira – Santiago es la capital de Chile.*

1c Contesta a las preguntas: ¿Cómo se llama(n)?

- los dos países que no tienen mar
- el país más largo del mundo
- las islas ecuatorianas
- el país más pequeño de Latinoamérica
- la isla donde llegó Colón

1d 🎧 Escucha y anota tres datos para cada país mencionado. Decide si son aspectos positivos o negativos y di por qué.

2 ¿Como se comparan?

1 ¿Cuál es el país más grande/pequeño/largo/angosto?
2 ¿Cuál tiene más/menos habitantes?
3 Compara los países latinoamericanos con España.

Frases claves

Es ...	Tiene ...
(mucho) más pequeño que	(mucho) menos ... que
(casi) tan grande como	(casi) tantos ... como
más grande que	más ... que

3 👥 Con tu compañero/a compara las dos fotos.

- ¿Qué ves?
- ¿Qué te llama la atención?

Gramática ⇨ 166 ⇨ W57

The subjunctive in relative clauses

- You should use the subjunctive in relative clauses where there is an element of doubt because the person referred to has not yet been identified and maybe doesn't even exist:

  ¿Conoces alguien que me pueda ayudar?
  Busco un hombre que sepa reparar la máquina.

  Note that no personal *a* is needed in these sentences.

- Compare these:

  Sí, conozco a alguien que te puede ayudar (you know the person exists).

  Busco al hombre que sabe reparar la máquina (you know the one particular man who will be able to fix it).

- If your response is in the negative, you do need the personal *a* as well as the subjunctive:

  No, lo siento pero no conozco a nadie que te pueda ayudar/que sepa hacerlo.

(A) Complete these sentences and explain the differences between them.

1 Nombra un país que tenga …
2 Nombra el único país que tiene …
3 Busca un lugar que sea …
4 Busca el único lugar que es …
5 No encuentro a ninguno que esté …
6 Es probable que …
7 Es cierto que tiene …
8 Es seguro que hay …

4a 🎧 Escucha el programa sobre Colombia. Anota los datos usando los títulos de abajo.

- ◆ Gobierno
- ◆ Superficie y comparación
- ◆ Población – habitantes – tipo %
- ◆ Capital y ciudades importantes
- ◆ Clima
- ◆ Productos
- ◆ Industrias
- ◆ Cultura
- ◆ Otro

4b Busca informes sobre otro país latinoamericano. Haz una presentación oral a la clase. Habla durante tres minutos nada más.

5 Lee el texto y contesta a las preguntas.

1 ¿Por qué llegaron los países latinoamericanos con optimismo a la conferencia?
2 En su opinión, ¿qué mejoraría la situación de sus países?
3 ¿Qué conclusión se saca sobre la situación de Latinoamérica?
4 Traduce al inglés la frase subrayada.

Con más de 54 millones de hambrientos y la sombra de una deuda externa de 810 mil millones de dólares Latinoamérica asistió al tercer Foro Social Mundial con optimismo ante el futuro y desilusión ante el presente. ¿Cómo no, cuando las promesas quedan incumplidas? Las Naciones Unidas y otras más se comprometieron a reducir a la mitad el hambre antes del año 2015. A pesar de los tantos activistas renombrados y la obvia oposición al capitalismo rapaz de los países desarrollados tuvieron que reconocer que las promesas no se habían cumplido. Es por algo que el economista chileno Velis dio al mundo la teoría económica de la dependencia.

Apelaron a la voluntad política y situaron tal lucha uña y mugre con la lucha contra el terrorismo, estando la miseria y la injusticia en la misma trinchera. Añademos a este panorama los conflictos regionales y las catástrofes naturales que por algo siempre acompañan a los países menos favorecidos del mundo entre ellos muchos de Latinoamérica.

6 Escribe unas 150 palabras sobre el tema de abajo.
Los países latinoamericanos ofrecen unos contrastes increíbles.
Menciona dos aspectos positivos y dos negativos.

Extra Completa las actividades en la Hoja 40.

Una sociedad diversa

La diversidad étnica y cultural se ve tanto en las fiestas, la música, la comida y las lenguas como en las caras y la vestimenta de muchos habitantes de Latinoamérica.

La identidad: unos términos

criollos hijos de europeos, nacidos en Latinoamérica

indígenas descendientes de los habitantes originarios de América que no se han mezclado con los europeos. En unos países forman gran parte de la población (Guatemala y Bolivia 60%, Perú y Ecuador 40%)

indios hace siglos término de abuso; desde 1992 reclamado con orgullo por grupos indígenas como parte de su autodefinición

ladinos desde el siglo XVI se refiere a gente indígena que adopta las maneras y el hablar español, sobre todo en Guatemala

mestizos gente de raza mezclada; la mayoría de los latinoamericanos

mulatos gente de ascendencia africana y europea

Tradicionalmente estos términos se usaban para denominar a las mezclas de razas – o mejor dicho de culturas o a la posición social. Hoy en EEUU se usan chicano, hispano o latino para señalar la gente de procedencia latinoamericana. Los indígenas siguen siendo los más marginados.

1a Lee el texto de abajo y contesta a las preguntas.

1 ¿Por qué causa luchaba Floro?
2 ¿Cómo logró su sueño?
3 ¿Cuántas palabras positivas como "ayuda" y cuántas negativas como "amenazas" puedes encontrar en el texto?

1b Busca información sobre los Mapuche de Chile y los Zapatistas de Chiapas, México. Da una presentación oral de unos tres minutos.

Menciona:
◆ sus orígenes   ◆ su lucha   ◆ otros datos

2a 🎧 Escucha e identifica la fiesta y anota unos datos sobre cada una.

Días nacionales de independencia
El día de los muertos
La fiesta del sol
Carnaval
El doce de octubre
Reinados de belleza

2b Busca en Internet los días nacionales de independencia de otros países latinoamericanos.

El triunfo de Floro Tunubalá, "El Taita Floro"

A pesar de las amenazas de muerte, el gobernador del Cauca, Colombia ha recorrido 21 países en busca de ayuda para su departamento, los indígenas y los desplazados y por fin le otorgaron el premio de Derechos Humanos de la Organización de las Naciones Unidas.

Desde su adolescencia había participado en movimientos de ocupación de tierras que los terratenientes habían expropiado a los campesinos. Unos años más tarde su gente le pidió que llevara el mensaje y la cruzada "al mundo de los blancos para recuperar sus derechos ancestrales". Después de haber logrado estudiar ciencias agrícolas llegó a ser el primer senador indígena elegido por voto popular y con otros consejeros lideró la aprobación de tres leyes que garantizan la autonomía de los pueblos indios. No sólo tuvo que luchar contra los narcos y los ejércitos ilegales de las Farc y el Eln y los paramilitares sino también contra las familias tradicionales de la pólitica colombiana pero realizó su sueño al ser elegido gobernador departamental.

Amenazado por todos lados – ultraderecha e izquierda – ha trabajado sin cesar para su plan de desarrollo integral. Ha buscado y recibido ayuda internacional; vestido de traje típico se ha dirigido al Congreso norteamericano; voces internacionales como Noam Chomsky y el juez español Baltazar Garzón le apoyan; en fin como él mismo dice, "hace 20 años no figurábamos ni en el mapa".

3a Lee la descripción y emparéjala con la persona correcta.

Salma Hayek   Shakira   Ana Fidelia Quiroz

Directora y protagonista principal nos trajo la imagen de Frida Kahlo en el filme del mismo nombre. Dice la misma: "Lo que me llamó la atención de ella fue su coraje para ser única y diferente – no dejarse llevar por la corriente y sobre todo en México que era todavía un pueblo cuando se casó con el muralista Diego Rivera. Me interesó mucho que decidió llevar los trajes típicos de mi región, la península Tehuantepec, aun sin ser de allí."

3b Busca las otras personas en Internet y escribe un texto breve para cada una.

4 Lee y contesta a las preguntas.

1 ¿Por qué se puede decir que es filántropo?
2 ¿Cuánto tiempo lleva en su búsqueda?
3 ¿Qué problema pretende resolver?

Manuel Patarroyo – filántropo y científico colombiano

La malaria infecta a 300 millones cada año y mata a unos 1,5 millones. En unos 101 países del mundo mata a un niño cada 30 segundos.

Ha dedicado su vida entera a la búsqueda de una vacuna que pueda erradicar la malaria. En 1995 donó su patente a la Organización Mundial de la Salud pero sólo fue eficaz en un 30% de las personas. Las empresas mundiales de farmacéuticos querían explotar su vacuna pero se negó porque su meta era proveer algo que estuviera al alcance de todos. El gobierno español le ha respaldado con una promesa de vacunar gratis a los niños de África menores de cinco años. Además han desarrollado puestos de salud en Mozambique y Tanzania.

El problema para todos los científicos ha sido que el mosquito muta con vacunas biológicas y lo que espera Patarroyo es que su vacuna química sea más eficaz. Esperamos los resultados con anhelo.

Técnica

Revising

Read each of the *Técnica* boxes again and follow the examples.

- Pay attention to detail.
- Devise your own ways of learning, e.g. with cards, with a friend, testing or recording yourself, colour coding or posters.
- Learn key words and phrases only for each topic – don't overload your memory – and revise strategies for managing without a dictionary.
- Make one list of key phrases for all situations: oral presentation, oral responses, conversation and essay writing.
- Practise saying phrases and difficult words aloud then write them down.
- Create your own strategy for checking written work.
- Group sets of verbs together and make sure you know the differences between them:

  preguntar/pedir/rogar
  tomar/sacar/coger/llevar
  considerar/pensar/creer/opinar

- Design verb maps to help you sequence the tenses.
- Make a list of expressions using *tener*, *hacer*, *ser* and *estar*.

Una lengua mundial

El español es el tercer idioma en el rango mundial detrás del inglés y del chino – de aquí en 50 años se predice que habrá entre 500 y 600 millones de hispanohablantes.

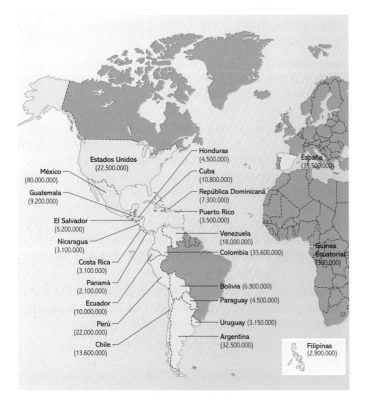

Estados Unidos (22.500.000)
México (80.000.000)
Guatemala (9.200.000)
El Salvador (5.200.000)
Nicaragua (3.100.000)
Costa Rica (3.100.000)
Panamá (2.100.000)
Ecuador (10.000.000)
Perú (22.000.000)
Chile (13.600.000)
Honduras (4.500.000)
Cuba (10.800.000)
República Dominicana (7.300.000)
Puerto Rico (3.500.000)
Venezuela (18.000.000)
Colombia (33.600.000)
Bolivia (6.900.000)
Paraguay (4.500.000)
Uruguay (3.150.000)
Argentina (32.500.000)
España (39.500.000)
Guinea Ecuatorial (300.000)
Filipinas (2.900.000)

1a 🎧 Escucha y anota de qué país son.

1b 🎧 Escucha otra vez. ¿Qué dice cada persona sobre las lenguas de su país o región?

2 Busca en Internet a uno de los siguientes: Gabriel García Márquez, Pablo Neruda, Miguel Ángel Asturias, Jorge Luís Borges, Mario Vargas Llosa, Gabriela Mistral, Isabel Allende, Laura Esquivel. Presenta los datos a la clase. Habla durante dos minutos.

3a ¿Qué idioma hablas en casa? Pues … ¡el spanglish! Adivina lo que significa …
1 vacunar la carpeta
2 comprar grocerías
3 llamar para atrás
4 mopear el piso
5 el marketing
6 el zapping
7 chutar un gol
8 un blujean
9 un emilio

3b Empareja la palabra del español peninsular (en rojo) con la palabra del español latino (en azul).

3c Busca otras palabras y clasifícalas según su grupo, por ejemplo música, deporte, comida.

3d 👥 Inventa unas palabras de spanglish y a ver si tu compañero/a puede adivinarlas.

portero · computadora · carro · percha · arquero · retroalimentación · gancho · feedback · manejar · conducir · coche · ordenador

---

El español al igual que el inglés tiene una gran variedad de formas y se habla en una gama enorme de territorios. Pertenece a todos los que lo hablan, no sólo a los que habitan la península ibérica.

Castellano significa la lengua hablada en la época colonial y por eso se llama así en Latinoamérica porque el término *español* se referiría más al país de los conquistadores. En 1492 el sabio Antonio de Nebrija escribió la Gramática de la Lengua Castellana, el primer tomo de gramática, y en 1517 Reglas de Ortografía.

En 1994 la Real Academia de España se juntó con las mismas de Latinoamérica para concertar el alfabeto que desde esta fecha tiene 27 letras nada más.

4 Lee el texto y tradúcelo al inglés.

El Nuevo Diccionario es panhispánico y refleja la unidad del español, anunció el director de la Real Academia Española. Por lo que se refiere a la utilización creciente de extranjerismos en un mundo cada vez más globalizado añadió que es el pueblo el que hace la lengua. A su juicio en el siglo XIX abundaban los galicismos y estos tiempos están marcados por los anglicismos. Lo importante es que se hace una especie de depuración. Como ejemplo citó la implantación general de fútbol y *corner* frente a la desaparición de *offside*.

Ya se han incorporado formas como autoestima, barman y consumista e igualmente siglas y acrónimos como CD-ROM y DVD además de coloquialismos como currante, flipar, jopé y pasota. Solamente, las invasiones hay que encauzarlas y civilizarlas.

5a Lee el texto y escribe un sinónimo o antónimo para las palabras subrayadas. Indica cuál es.

5b Busca frases españolas para:

1 formerly
2 following wars and payments
3 the wheel is coming full circle
4 and continues to grow
5 without getting
6 at least a third of the vote
7 Spanish might dominate English
8 for decades

6a Discusión en grupo: el español, lengua trasnacional.
Da unos ejemplos y tu opinión sobre ellos.

6b Escribe unas 250 palabras sobre este tema.
Hoy por hoy la gente latina mira más hacia el norte a su vecino gringo, los EEUU, que a través del Atlántico a su pariente España.

Extra Completa las actividades en la Hoja 41.

Hispanoamericanos – la latinización de los Estados Unidos de América
Los latinos reclaman su territorio

Alex Padilla, <u>joven</u> diputado del Concejo de Los Ángeles, California, hijo de <u>inmigrantes</u> mexicanos y graduado de MIT, nos da una <u>clase</u> de historia. Antiguamente la ciudad de Los Ángeles formaba parte de México; cuando se independizó de España en 1821 lo que hoy llamamos California, Texas, Nuevo México, Utah, Nevada y parte de Colorado caían <u>dentro</u> de la <u>frontera</u> mexicana.

Tras guerras y pagos la frontera <u>se recogió</u> pero hoy día la rueda se está dando una vuelta <u>completa</u> – la población latina ha crecido y <u>sigue creciendo</u> de tal forma que dentro de menos de cincuenta años <u>habrá alcanzado</u> una cuarta parte de la población total de los EEUU basándose <u>mayormente</u> en Miami, Nueva York y Los Ángeles con una edad media de 26 años.

Hay más de 36 millones de latinos en los EEUU de unos 22 países diferentes – mexicanos, puertorriqueños, cubanos y colombianos, entre otros. Prefieren <u>el apodo</u> latinos al de hispanos o chicanos. Es <u>imposible</u> ganar las elecciones presidenciales en América sin ganar el voto en California y es imposible ganar el voto allí sin <u>conseguir</u> por lo menos <u>un tercio</u> del voto latino. Hay gente que teme que el español domine el inglés y les <u>molesta</u> que se hable español. Durante decenios los hispanos <u>escondían</u> sus raíces latinas; enseñaban a sus hijos a hablar sólo en inglés y tenían un complejo de <u>inferioridad</u>. Ahora ya todo cambió y la asimilación de la cultura anglosajona es paralela a la cultura hispana.

Los cambios vendrán y serán <u>beneficiosos</u> – con gente bilingüe y cruce de culturas. ¿Por qué se sabe esto? ¡Porque la salsa de tomate – *ketchup* – ya no se vende tanto como la salsa picante!

A escoger

1a S🎧 Escucha. ¿En qué orden se mencionan las cifras?

> 60 II 1824 1494 1713
> 1588 1519 30 1561

1b Añade un dato para cada cifra.

2a Lee el soneto *Oda a las Indias*.

Soy el cantor de América autóctono y salvaje:
Mi lira tiene un encanto, mi canto un ideal.
Mi verso no se mece colgado de un ramaje
Con un vaivén pausado de hamaca tropical ...

Cuando me siento inca, le rindo vasallaje
Al Sol, que me da el cetro de su poder real:
Cuando me siento hispano y evoco el colonaje,
Parecen mis estrofas trompetas de cristal.

Mi fantasía viene de un abolengo moro:
Los Andes son de plata, pero el león, de oro:
Y las dos castas fundo con épico fragor.

La sangre es española e incaico es el latido:
Y de no ser poeta, quizás yo hubiera sido
Un blanco aventurero o un indio emperador.

Santos Chocano, 1875–1934, peruano

2b Relee la casilla *Técnica* en la página 105 sobre cómo leer sin usar el diccionario.

   1 Haz una lista de palabras cognadas y casi cognadas.
   2 Busca otras palabras conectadas con:
cantor, ramaje, colonaje, incaico, aventurero
   3 Adivina el significado de:
autóctono, vasallaje, abolengo, fragor, el latido

   📖 Después verifícalas en tu diccionario.

2c 👥 Busca las imágenes del poema que más te llaman la atención. Discute con tu compañero/a por qué son apropiadas.

3a Haz una presentación oral.
Habla por unos tres minutos sobre uno de los siguientes temas:

- ◆ La época precolombina
- ◆ Un personaje del período colonial
- ◆ El español como lengua mundial

3b Escribe unas 150 palabras sobre uno de los otros temas de 3a.
Menciona:

- ◆ cifras importantes
- ◆ tres datos interesantes
- ◆ tu opinión

4 Escribe unas 250 palabras sobre:
España ha marcado a Latinoamérica sin lugar a dudas. ¿Cuál ha sido su legado? ¿Lo positivo pesa más que lo negativo? Escribe tu opinión.

Se pronuncia así 🎧

(1) Write some sentences in order to practise:

- ● the five vowels:

a – e – i – o – u

- ● these consonants:

g – j

c – z

v – b

r – rr

(2) Read the poem again and indicate examples of:

- ● *sinalefa*

- ● *entrelazamiento*

(3) Practise this sentence and record yourself.

Sergio juega al rugby y Azucena juega al vóleibol y al baloncesto.

1 Mira las fotos y descríbelas:

1 ¿Qué indican del país y de la gente?

2 ¿Qué diferencias ves? ¿Y qué similitudes?

3 ¿La globalización destaca las similitudes o las diferencias? *(5 marks)*

2 🎧 Escucha las opiniones sobre Europa.

1 ¿Qué ventajas se citan? *(2 marks)*

2 ¿Cuántos aspectos negativos se mencionan? ¿Cuáles son? *(4 marks)*

3 ¿Qué conclusión se saca? *(2 marks)*

3 🎧 Escucha a un grupo de españoles – ¿qué saben y qué opinan de sus parientes latinos? Resume lo que dicen en inglés.

◆ How favourable are their remarks?

◆ What makes you think this?

◆ How do they see the future? *(6 marks)*

4 Lee el texto y contesta a las preguntas.

1 ¿Qué comentario hace sobre el imperio español?

2 ¿Por qué dice que no fue exclusivamente español?

3 Explica por qué dice que España perdió más de lo que ganó.

4 ¿Qué similitudes cita entre Inglaterra y España?

5 ¿El texto refleja la situación verdadera, en tu opinión?

(10 marks)

5 España está más relacionada con Europa que con Latinoamérica.

Discute esta frase, luego escribe unas 150 palabras.

Da tres razones a favor de Europa y tres a favor de Latinoamérica.

(36 marks)

España es uno de los pocos países cuya lengua y cultura han tenido un impacto mundial.

Sin embargo el imperio español, lejos de ser español única y exclusivamente, fue creado por marineros genoveses, príncipes flamencos, aventureros vascos, holandeses e italianos, comerciantes chinos – en fin una multitud de gente bajo la bandera real española.

Cosa interesante es que España a finales del siglo XV apenas estaba formándose como reino unido pobre después de tantas luchas contra los moros. Hasta cierto punto España perdió más de lo que ganó cuando se considera que había expulsado precisamente a los banqueros y administradores judíos que iba a necesitar con la explotación de territorios ultramares y que muchos de los otros tantos valientes y enérgicos aventureros en su busca de El Dorado nunca volvieron, dejando al país en un estado demasiado débil para aprovechar su riqueza y potencia.

Floreció durante poco menos de cien años pero con la firma del Tratado de Utrecht en 1713 España volvió a la pobreza y solitud – y una vez más bajo Franco. Sin embargo la memoria colectiva habla del imperio como si fuera cosa de largo trecho. Los conquistadores ganaron el terreno pero fue el espíritu emprendedor que dejó su legado. El imperio británico siguió las huellas españolas y de ahí es que las lenguas de estos dos tuvieran dominio en el avance occidental.

Repaso total

Listening A

1 🎧 Escucha este comentario sobre el servicio voluntario. Lee las frases y complétalas con la palabra o frase adecuada.

1 Estas organizaciones no .... dinero de los gobiernos.
   a envian
   b reciben
   c mandan

2 Las personas jóvenes van a trabajar ....
   a al centro urbano
   b al campo
   c al extranjero

3 Hacen .... de trabajos voluntarios.
   a una variedad
   b una colección
   c una solución

4 A veces encuentran .... cuando están lejos de su casa.
   a amistades
   b dificultades
   c ciudades

5 La mayoría se siente muy satisfecha después .... su trabajo.
   a de salir
   b de vivir
   c de cumplir   *(5 marks)*

2 🎧 Listen to this report about young people's eating habits. Using the bullet points as a guide, summarize the item **in English**.

   ◆ the main cause for concern
   ◆ how this is shown/reflected in numbers
   ◆ the contrasts given about food
   ◆ the changes
   ◆ the conclusion   *(10 marks)*

Listening B

1a 🎧 Escucha el noticiero de la Costa del Sol. Contesta a las preguntas **en español**. ¡Ojo! **Hay cinco puntos extra para la calidad de la lenguaje**. Escribe frases completas.

1 ¿Por qué han anunciado el nuevo plan turístico?
                                        (1 mark)
2 Explica las cifras relevantes al augmento de turismo en Málaga.   *(2 marks)*
3 ¿Qué esperan para el futuro?   *(1 mark)*
4 ¿Cuál es el objetivo del plan?   *(2 marks)*
5 ¿Qué clase de turista se requiere?   *(2 marks)*
6 ¿Qué se ofrece a esta clase de turista?   *(1 mark)*
7 ¿Qué menciona sobre el turismo cultural?
                                        (2 marks)

1b Completa los cinco espacios en el resumen con un verbo adecuado de abajo. Escribe la forma correcta del verbo.   *(5 marks)*

La Feria Mayor de San Pedro (1) .... una vez más ante un público animado que (2) .... sobre un millón. El público sanpedriño pasó cinco días (3) .... del buen tiempo y de una variedad de actos animadores. Como siempre fue la ocasión de (4) .... nuevos trajes típicos y todo el mundo (5) .... de buena comida y de las fiestas.

   gozar triunfar disfrutar alcanzar lucir

Reading

1 Lee el artículo sobre la Formación Superior. Indica las **seis** frases correctas. *(6 marks)*

1 El instituto ofrece dos formas de educarse.
2 Quedan aún unos puestos en los cursos.
3 Los cursos no incluyen prácticas laborales.
4 No tienes que presentarte al examen de entrada.
5 Hay que cuidarse que no exploten los equipos audiovisuales.
6 Este grado le capacita para ser técnico superior en asuntos audiovisuales.
7 Sigue un sistema de formación especial.
8 Tienes que estudiar muchas matemáticas.
9 El segundo curso comienza a las dos de la tarde.
10 Enseña cómo hacer compras en el mercado.
11 Con este grado puedes trabajar en el cine.
12 Al final del anuncio se ofrece más información sobre los cursos.

CEV Escuela Superior de Comunicación, Imagen y Sonido

Ahora tienes dos oportunidades más para dar el salto al mundo profesional.

Dos nuevos Ciclos Formativos de Grado Superior con Titulación Oficial.

¡Aún estás a tiempo de empezar! (últimas plazas)

Técnico superior en sistemas de Telecomunicación e Informáticos

2000 h lectivas, en dos cursos académicos, incluida la formación en centros de trabajo. Da acceso directo sin selectividad a estudios universitarios, especialmente para Ingeniería Técnica de Telecomunicación. Forma profesionales especializados en el ámbito de la configuración de equipos y sistemas tecnológicos que resuelvan las necesidades operativas y de conectividad de estudios de grabación, productoras y televisiones.

Las salidas profesionales son el diseño de instalaciones, la gestión de sistemas, el mantenimiento y la explotación de equipos audiovisuales e informáticos para departamentos técnicos de empresas tecnológicas, servicios, ingenierías, producción o difusión audiovisual y multimedia.

CEV aplica un avanzado método pedagógico que hace accesible la formación en el campo de Telecomunicaciones sin la carga matemática y la dificultad tradicionalmente asociada con este tipo de estudios.

Técnico superior en Gestión Comercial y Marketing

1400 h lectivas, en un curso académico más la formación en centros de trabajo. Da acceso a estudios universitarios. Orientado a formar profesionales especializados en la comercialización de cualquier tipo de producto y en especial del ocio, la cultura y la comunicación que sepan utilizar las nuevas tecnologías audiovisuales y conozcan las últimas formas de mercadeo.

Las salidas profesionales de este ciclo son los departamentos de marketing de empresas, destacando la gran demanda existente en la actualidad dentro del sector audiovisual por parte de compañías discográficas, distribuidoras cinematográficas, productoras audiovisuales, cadenas de televisión, festivales, certámenes y organización de eventos culturales para sus departamentos de promoción, comunicación, ventas.

Infórmate personalmente. Visítanos en: www.cev.com.

Email: info@cev.com

2 Lee el reportaje del Instituto Nacional de la Juventud (Injuve) y contesta a las preguntas **en español**. ¡Ojo! **Hay 10 puntos extra para la calidad de lenguaje.** Escribe frases completas.

1 ¿Cuál es el foco del sondeo? *(1 mark)*
2 ¿Cada cuánto se lleva a cabo? *(1 mark)*
3 ¿Cuál es la conclusión principal? *(2 marks)*
4 ¿Qué cita como la preocupación principal y por qué? *(3 marks)*
5 ¿Cómo interpreta las cifras sobre consumidores de tabaco? *(2 marks)*
6 ¿Por qué concluye que se relaciona el tiempo libre con el consumo de tabaco? *(2 marks)*
7 ¿Qué razones dan los jóvenes por haber comenzado tal consumo? *(2 marks)*
8 ¿Cómo se sabe que reconocen los efectos negativos? *(2 marks)*
9 ¿Qué indica que hay más chicos que chicas consumidores? *(1 mark)*
10 ¿Qué clase de orientación se requiere? *(2 marks)*
11 ¿Qué tipo de campaña se ha hecho? *(1 mark)*

Sondeo periódico de opinión y situación de la gente joven
Conclusiones principales

Sigue siendo mucho más frecuente la valoración positiva de la situación sociolaboral y económica del país que la negativa.

El trabajo, los estudios, la familia y la salud permanecen al igual que en anteriores consultas como las principales preocupaciones personales de los jóvenes. Ahora bien tras el suceso del 11 de septiembre ha surgido con fuerza la preocupación juvenil ante los conflictos mundiales y el terrorismo sigue siendo la principal de entre ellas.

Algo menos de cuatro de cada diez de los jóvenes encuestados se declaran consumidores habituales del tabaco (fumador); en torno a uno de cada ocho afirma haber dejado de fumar y algo más de la mitad de los consultados manifiesta no haberse iniciado el consumo de tabaco. Efectivamente se aprecia un mayor porcentaje de mujeres que de hombres. La edad media de inicio se sitúa en los 16 años. Es evidente la estrecha relación entre consumo de tabaco y las pautas de ocio juvenil por el hecho de que se consumen más cigarrillos los fines de semana. Un poco más de la mitad afirma la intención de dejar de fumar por razones de ganar en salud y en años de vida.

La mayoría (seis de cada diez) de los consultados afirma ser consumidor de bebidas alcohólicas y uno de cada cinco jóvenes entrevistados afirma haber probado en alguna ocasión sustancias consideradas como drogas siendo los jóvenes varones en la mayoría y dando la razón más bien de curiosidad de probar algo nuevo. Los principales motivos que citan por iniciarse en el consumo son en orden de importancia: la integración en el grupo de amigos; para probarla; y para animarse o divertirse. La mayoría de los consumidores declara que los efectos que provocan son perjudiciales y estimulantes en igual proporción, en cambio los que nunca los han probado destacan con más énfasis los efectos nocivos y dañinos. Los hombres policonsumidores triplican a las mujeres.

El conocimiento que tienen sobre los Planes Integrales de Juventud es escaso. Lo que más se demanda de tales Organismos Públicos es orientación sobre aquellos temas que más les afectan: de hecho cómo buscar empleo el 21%, cómo conseguir becas 13% y sobre sexo, drogas y alcohol un 10%.

El Injuve es conocido por el 20%. Por último falta destacar que las campañas promovidas por Injuve durante el ultimo año han sido vistas por dos de cada cinco, principalmente las que trataban de anorexia, bulimia y racismo.

Writing

Los medios de comunicación

1 Escribe unas **150** palabras.

Da dos ejemplos de la prensa responsable y dos de la irresponsable.
¿Tú, qué opinas de la prensa de hoy?

2 Escribe unas **250** palabras.

Da cuatro ejemplos de cómo la publicidad influye a la gente.
¿Tiene una influencia buena o mala, en tu opinión?

Las artes

1 Escribe unas **150** palabras.

Da dos ejemplos de las artes en España hoy.
¿Cómo contribuyen a la cultura moderna?

2 Escribe unas **250** palabras.

Las artes sirven para unir a la gente.
Da unos ejemplos y tu opinión sobre esta frase.

La contaminación y la conservación del medio ambiente

1 Escribe unas **150** palabras.

Da dos ejemplos de especies en peligro de extinción.
¿Qué se puede hacer a nivel personal y a nivel mundial para aliviar la situación?

2 Escribe unas 250 palabras.

Da cuatro ejemplos de grupos ecológicos que ayudan a proteger el medio ambiente.
¿Crees que su trabajo vale la pena y que puede remediar la situación?

La inmigración y la sociedad pluralista

1 Escribe unas **150** palabras.

Explica dos problemas que enfrenta la gente marginada en España.
¿Cuál es tu reacción en cuanto a este tipo de problema?

2 Escribe unas **250** palabras.

Da cuatro ejemplos de intolerancia en el mundo.
¿Cómo se puede enfrentar tales actitudes?

España frente a Europa

1 Escribe unas **150** palabras.

Da dos ejemplos de cómo España se ha beneficiado al adherirse a la Unión Europea.
¿Crees que esto aumenta el sentido regionalista?

2 Escribe unas **250** palabras.

La Unión Europea es demasiado grande.
Comenta la frase y da tu opinión sobre la ampliación de la UE.

El mundo hispanohablante

1 Escribe unas **150** palabras.

Da dos ejemplos de cómo los países latinos han beneficiado del imperio español.
¿Cuál es tu opinión sobre el imperialismo?

2 Escribe unas **250** palabras.

Presenta un análisis breve de cuatro países hispanohablantes.
¿Qué han aportado a la cultura hispana?

(150 words = 36 marks,
250 words = 54 marks)

Speaking A

Look at this material and prepare your response to the questions.

(10 marks)

1

Poderoso Don Dinero

> Los jóvenes españoles no suelen recibir ni gastar tanto dinero como en otros países europeos. Pasan más tiempo saliendo con los amigos y familia. De los jóvenes entre 16 y 19 años sólo sobre el 15% tiene un empleo y esto es normalmente con contrato eventual. En cambio cerca del 25% de los jóvenes de otros países europeos trabaja.

Questions
- ¿Recibes una paga semanal o mensual? ¿De quién?
- ¿Cuánto gastas aproximadamente cada semana?
- ¿En qué gastas tu dinero?
- ¿Crees que la gente joven debe tener un empleo?
- ¿Hasta qué edad crees que los jóvenes deben recibir una paga?

(10 marks)

2 Apoyo juvenil – ¿Tienes un problema?

Questions
- ¿Con quién hablas más acerca de tus problemas?
- ¿Encuentras apoyo suficiente en tu instituto?
- ¿Crees que el estado debe ofrecer más apoyo a los jóvenes?
- ¿Qué clase y cómo debe ser?
- ¿Qué imagen tiene el público de las personas jóvenes?

Speaking B

1 Prepara una presentación oral sobre uno de los siguientes temas. Habla durante dos minutos como máximo y prepárate para responder a las preguntas de tu profesor(a).

(each = 10 marks)

La familia
- La estructura de la familia tradicional ya no existe.
- Los problemas familiares son los mismos de siempre.

El ocio
- La importancia del turismo – el papel que desempeña
- El ocio es indispensable para la vida actual.

La educación
- La educación es un derecho fundamental y universal.
- Compara el sistema español con el inglés.

La inmigración y el multiculturalismo
- La integración de las culturas es una ideal poco realista.
- El racismo – causas, ejemplos y soluciones

España frente a Europa
- España moderna y europea
- El futuro de la Unión Europea

El mundo hispanohablante
- El papel de España en el mundo hispano
- Perfil de un país hispanohablante

2 Prepara una respuesta de un minuto como mínimo a cada pregunta.

(each = 30 marks)

Derechos y responsabilidades
a ¿Qué significa para ti ser joven responsable?

b ¿Qué derechos debe tener la gente joven?

c ¿Ejerces tu derecho de votar? ¿Por qué (no)?

d ¿Cuáles son los problemas a que se enfrentan los jóvenes de hoy?

La salud
a ¿Llevas una vida sana? ¿Por qué (no)?

b ¿Qué soluciones propones para combatir la drogadicción?

c ¿Qué otros problemas de adicción existen para la juventud de hoy?

d ¿Qué sabes y opinas de la dieta mediterránea?

El mundo laboral
a ¿Crees que los estudiantes reciben suficiente apoyo de orientación?

b ¿Existe un empleo ideal?

c ¿Cuáles son tus recomendaciones para un joven parado?

d ¿Cómo se puede alcanzar la igualdad de oportunidades en el mundo laboral?

Los medios de comunicación
a ¿Crees que la publicidad tiene demasiada influencia sobre nuestra vida?

b ¿Cuál debe ser el papel de la televisión?

c ¿Cómo se puede controlar los delitos en la Red?

d ¿Cómo ves el futuro de la tecnología en los medios?

Las artes
a ¿Qué entiendes por el término "cultura"?

b ¿Cómo participas en la vida cultural?

c ¿Qué papel debería tomar el gobierno en fomentar las artes?

d ¿Qué aspecto de las artes te gusta más?

La contaminación y la conservación del medio ambiente
a ¿Qué haces para aliviar los problemas medioambientales?

b ¿Cómo pueden ayudar las energías renovables?

c ¿Crees que la agricultura orgánica tiene un futuro?

d ¿Qué valor tienen los grupos como Greenpeace?

Grammar

This section sets out the grammar covered in *Ánimo* 1 as a comprehensive unit but is not a complete grammar. Students should also refer to the Spanish Grammar Workbook and other reference books.

1 Nouns and determiners

Nouns are the words used to name people, animals, places, objects and ideas.

1.1 Gender: masculine and feminine

All nouns in Spanish are either masculine or feminine. Endings of nouns **often** indicate their gender, but do not always do so. Many of the exceptions are fairly common words.

Masculine endings	Exceptions
-o	*la radio, la mano, la modelo, la foto*
-e	*la calle, la madre*
-i	*la bici*
-u	*la tribu*
-or	*la flor*

Also masculine are:
- words ending in a stressed vowel, e.g. *el café*
- rivers, seas, lakes, mountains and fruit trees
- cars, colours, days of the week, points of the compass.

Feminine endings	Exceptions
-a	*el poeta, el futbolista, el planeta, el día, el problema*
-ión	*el avión, el camión*
-ad/-tad/-tud	
-z	*el pez, el lápiz*
-is	*el análisis, el énfasis*
-ie	*el pie*
-umbre	
-nza	
-cia	

Also feminine are:
- letters of the alphabet, islands and roads
- countries, cities and towns, though there are exceptions such as *el Japón* and *el Canadá*.
- Nouns referring to people's jobs or nationalities usually have both a masculine and a feminine form:

  *el actor/la actriz   el profesor/la profesora
  el abogado/la abogada*

- Sometimes there is only one form used for both masculine and feminine:

  el/la cantante   el/la periodista   el/la artista   el/la juez

- Some nouns referring to animals have only one gender whatever their sex:

  la serpiente, el pez

- Some nouns have two genders which give them different meanings:

  el corte – cut of hair or suit; *la corte* – the royal court

el capital – money; *la capital* – capital city
el policía – policeman; *la policía* – police force
el pendiente – earring; *la pendiente* – slope

1.2 Singular and plural

Singular refers to one of something; plural refers to more than one. To form the plural:

Add -*s* to nouns ending in a vowel or stressed *á* or *é*

el libro (book)	→	*los libros*
la regla (ruler)	→	*las reglas*
el café (café)	→	*los cafés*

Add -*es* to nouns ending in a consonant

el hotel	→	*los hoteles*
el profesor	→	*los profesores*

except for words ending in an -*s* which do not change in the plural

el lunes	→	*los lunes*
la crisis	→	*las crisis*

Some words add or lose an accent in the plural:

el joven	→	*los jóvenes*
el jardín	→	*los jardines*

Words that end in -*z* change this to *c* and add -*es*:

el lápiz	→	*los lápices*
la voz	→	*las voces*

- Some words use a masculine plural but refer to both genders:
  los reyes – the king and queen
  los hermanos – brothers and sisters
  los padres – parents
- Surnames do not change in the plural:
  los Ramírez, los Alonso
- Some nouns are used only in the plural:
  las gafas/los lentes – spectacles
  los deberes – homework
  las vacaciones – holidays

1.3 Determiners: definite and indefinite articles

Determiners are used with nouns and limit or determine the reference of the noun in some way. They can tell you whether the noun is masculine (m.), feminine (f.), singular (sing.) or plural (pl.).

The **definite article** (**the**) and the **indefinite article** (**a/an**, **some**, **any**) are the most common determiners.

	singular		plural	
	m.	f.	m.	f.
the	el	la	los	las
a/an	un	una	unos	unas

Note: A word which begins with a stressed *a* or *ha* takes *el/un* because it makes it easier to pronounce, but if it is feminine, it needs a feminine adjective:
El agua está fría.   *Tengo mucha hambre.*
This does not apply if the noun has an adjective before it:
la fría agua.

- The article is not used when
  – you refer to someone's profession, religion, nationality or status:
  Soy profesora.   *María es española.*
  Quiere ser astronauta.   *Su padre es senador.*
  Juan es católico.
  except if there is an adjective:
  Es una buena profesora.   *Es un francés muy educado.*
  – you say you haven't got something:
  No tengo hermanos. No tenemos dinero.
  – the noun refers to a general group:
  Siempre comemos espaguetis con tomates.
- Use the definite article before *señor/señora* when speaking about someone but not when speaking to someone.

  Lo siento, el señor Ruíz no está. but *Buenos días, señor Ruíz.*

- Use the definite article with parts of the body and clothes, with languages (but not after *hablar, estudiar* or *saber*), with mountains, seas and rivers, and with certain countries and cities and people's official titles.

  Tengo la nariz larga. Me duele la cabeza.
  Me pongo el uniforme para el colegio pero en casa llevo los vaqueros y una camiseta.
  El español es fácil. Estudio francés desde hace dos años.
  He visitado la India y la Ciudad de Guatemala.
  el Rey don Juan Carlos I, la Reina doña Sofía

- When *a* or *de* comes before *el* then a single word is formed:

a + el → al
de + el → del

1.4 The neuter article *lo*

This is used with an adjective to make an abstract noun.
Lo bueno es que … The good thing (about it) is …
No sé lo que quieres decir con esto. I don't know what you mean by that.

1.5 Demonstrative adjectives and pronouns

Demonstrative adjectives are used to point out an object or person. They always come before the noun.

singular m.	f.	plural m.	f.	things or persons
este	esta	estos	estas	this/these: things or persons near the speaker (aquí)
ese	esa	esos	esas	that/those: near to the person spoken to (allí)
aquel	aquella	aquellos	aquellas	that/those: further away (ahí)

Me gusta esta camisa pero no me gusta esa camiseta ni aquella chaqueta. I like this shirt, but I don't like that t-shirt or that jacket over there.
Demonstrative pronouns take an accent and agree with the noun they are replacing. They **never** have a definite or indefinite article before them.

éste	ésta	éstos	éstas	something near to the speaker
ése	ésa	ésos	ésas	something near to the person being spoken to
aquél	aquélla	aquéllos	aquéllas	something further away from both of them

Hablando de camisas ésta es mucho más bonita que ésa.
Tal vez pero prefiero el color de aquélla.
Note: The forms *esto* and *eso* refer to general ideas or unknown things.
¿Qué es esto? ¡Eso es! ¿Eso es todo?

1.6 Possessive adjectives and pronouns

Possessive **adjectives** show who or what something belongs to. They come before the noun and take the place of the definite or indefinite article. Like all adjectives they agree with the noun they describe.

singular masculine	feminine	plural masculine	feminine	
mi	mi	mis	mis	my
tu	tu	tus	tus	your
su	su	sus	sus	his/her/your (formal)
nuestro	nuestra	nuestros	nuestras	our
vuestro	vuestra	vuestros	vuestras	your
su	su	sus	sus	their/your plural (formal)

¿Es mi libro o su libro?
Nuestro colegio es pequeño.
¿Cuáles son tus asignaturas preferidas?

Remember to use a definite article with parts of the body and clothes and not a possessive adjective.
Voy a lavarme el pelo. Tienes que ponerte el abrigo.
Possessive **pronouns** are used instead of the noun. They **do have** a definite article before them.

singular masculine	feminine	plural masculine	feminine
(el) mío	(la) mía	(los) míos	(las) mías
tuyo	tuya	tuyos	tuyas
suyo	suya	suyos	suyas
nuestro	nuestra	nuestros	nuestras
vuestro	vuestra	vuestros	vuestras
suyo	suya	suyos	suyas

Other determiners are:
◆ indefinite adjectives or pronouns and quantifiers: some(one), some(thing), any, each, other, another
otro día, otra persona
alguno (algún), alguna
todo
mucho

These two do not change before a noun:
cada – cada día (each/every day)
cualquier – cualquier cosa que necesitas (whatever you need)
However, *cualquiera* is used after a noun of both masculine and feminine forms.

2 Adjectives

Adjectives are the words used to describe nouns.

2.1 Making adjectives agree

In English the adjective always stays the same whatever it is describing. In Spanish it changes to agree with the word it is describing according to whether this is masculine, feminine or plural.

◆ Many adjectives ending in -o (masculine) change to -a for the feminine form and add -s for the plural.

negro – negra – negros – negras
bonito – bonita – bonitos – bonitas

◆ Many other adjectives have a common form for masculine and feminine:

un loro verde/una culebra verde
unos loros verdes/unas culebras verdes

◆ Adjectives ending in -án, -ón, -ín and -or add an -a/-as for the feminine form and lose their accent:

holgazán – holgazana
ricachón – ricachona
parlanchín – parlanchina
hablador – habladora

◆ To make an adjective plural, follow the same rule as for nouns.

Add -s to a vowel: unos pájaros rojos, unas tortugas pequeñas
Add -es to a consonant: unos ratones grises, unos perros jóvenes
Change -z to -ces: un ave rapaz, unas aves rapaces

◆ Some adjectives of colour never change:

el vestido rosa, el jersey naranja

◆ When an adjective describes two or more masculine nouns or a mixture of masculine and feminine nouns, usually the masculine plural form is used.

◆ If the adjective comes before the noun it tends to agree with that noun:

Tiene una pequeña casa y coche.

2.2 Shortened adjectives

Some adjectives lose their final -o before a masculine singular noun.

buen, mal, primer, tercer, ningún, algún
Es un muy buen amigo.

Any compound of -un shortens also:
Hay veintiún chicos en la clase.

Grande and cualquiera shorten before both masculine and feminine nouns:
Es un gran hombre.
Cualquier día llegará.

Santo changes to San except before Do- and To-:
San Miguel, San Pedro
but Santo Domingo, Santo Tomás

Ciento shortens to cien before **all** nouns (see section 19).

2.3 Position of adjectives

In English, adjectives always come before the noun: My little sister has a black cat.

In Spanish, adjectives usually come after the noun: Mi hermana pequeña tiene un gato negro.

Numbers, possessive adjectives and qualifiers come before nouns:

mi primer día en el cole	poca gente
su último recuerdo	tanto dinero
muchas personas	otra semana
cada día	

◆ Sometimes whether an adjective is positioned before or after the noun affects its meaning.

un pobre niño = an unfortunate child
but un niño pobre = a poor (penniless) child
un gran hombre = a great man
but un hombre grande = a tall man
Other adjectives which vary in this way are:
antiguo – former/ancient
diferente – various/different
varios – several/different
nuevo – another/brand new
medio – half/average
mismo – same/self
puro – pure/fresh

◆ Some adjectives have different meanings according to the context:
extraño – unusual, rare/strange, weird
falso – not true/false in the sense of counterfeit
simple – only/not very bright/simple in taste
verdadero – true/real, original

3 Adverbs

Adverbs are used to describe the action of a verb. They do not agree with the verb, so unlike adjectives they do not change. They can also describe adjectives or another adverb.

◆ Many adverbs are formed by adding *-mente* to an adjective:
fácil → fácilmente
posible → posiblemente
normal → normalmente

◆ If the adjective has a different feminine form, you add *-mente* to this:
lento → lenta + -mente = lentamente
rápido → rápida + -mente = rápidamente

◆ Sometimes it is better to use a preposition and a noun:
con frecuencia, con cuidado

◆ Sometimes an adjective is used as an adverb, e.g. *duro.*

◆ Some adverbs which do not end in *-mente*:
siempre   nunca   muy   mucho   poco   bien   mal   rara vez
muchas   veces   a menudo   algunas veces   a veces

Bastante and *demasiado* can be both adjectives and adverbs.

◆ It is better not to start a sentence in Spanish with an adverb but there are some exceptions such as *solamente/sólo* and *seguramente.*

◆ When two or more adverbs are used together then only the last one has *-mente* added to it:
El ladrón entró cautelosa, silenciosa y lentamente.

◆ Make sure adverbs of time are placed next to the verb.
Hoy vamos a trabajar mucho.

4 Comparisons

Adjectives and adverbs follow the same rules.

4.1 The comparative

To compare one thing, person or idea with another in Spanish use:

más ... que	España es más grande que Guatemala.
	José habla más despacio que Pepe.
menos ... que	Hay menos gente en Guatemala que en España.

◆ When *más* or *menos* is used with a number or a quantity, *de* is used in place of *que.*
En mi colegio hay más de mil estudiantes pero en mi clase hay menos de treinta.

◆ To say one thing is similar to or the same as another, you can use:
el/la mismo/a que – the same as
tan ... como – as ... as
tanto ... como – as much ... as

◆ To say the more/the less use:
cuanto más/menos ... (tanto) menos/más ...
Cuanto más considero el problema tanto más me confundo.
Cuanto más trabajo parece que menos gano.

4.2 The superlative

The superlative compares one thing, person or idea with several others. To make a superlative, use:
el más   la más   los más`   las más/menos
(mejor/mejores peor/peores)
Este libro es el más interesante que he leído en años.
Las películas de terror son las menos divertidas de todas.

◆ If the superlative adjective immediately follows the noun you leave out the *el/la/los/las*:
Es el río más largo del mundo.

◆ Note that *de* translates 'in' after a superlative.

◆ Note that you need to add *lo* if the sentence contains more information:
Me gustaría llegar lo más pronto posible.

◆ Absolute superlatives – *-ísimo, -ísima, -ísimos, -ísimas* – are added to adjectives to add emphasis and express a high degree of something.
Tengo muchísimas ganas de verte.
La comida estaba muy rica – riquísima.

Irregular forms of the comparative and superlative
These do not have different masculine and feminine forms.

bueno/a	*mejor*	*el mejor/la mejor*
malo/a	*peor*	*el peor/la peor*

Menor and *mayor*, meaning older and younger, can be used to mean bigger and smaller also.

5   Prepositions and linking words

5.1   Prepositions

Prepositions are used before nouns, noun phrases and pronouns, usually indicating where a person or object is and linking them to the other parts of the sentence.

♦ Prepositions can be single words: *de, con, por* etc.

or made up of more than one word: *al lado de, junto a* etc.

♦ When a verb follows the preposition in Spanish it must be in the infinitive form:

después de entrar, al volver a casa

♦ Some verbs have a specific meaning when combined with a preposition:

tratarse de – to be a question of
pensar en – to think about
pensar de – to think of

♦ Some prepositions tell you when something happens:
durante, hasta, desde

Some common uses:

♦ *a* = direction or movement to/at a specific point in time

♦ *en* = in and on and sometimes by
en la mesa
en el cuarto de baño
en coche/en tren

♦ Many other prepositions are followed by *de*:

delante de	*cerca de*	*detrás de*	*al lado de*
enfrente de	*debajo de*	*encima de*	

Remember *a + el = al*   *Vamos al mercado.*
                          La cama está junto al armario.
     de + el = del   *Salen del cine a las siete.*
                          Hay una silla delante del escritorio.

♦ Both *por* and *para* are usually translated by 'for' in English, but they have different uses:
Por is used to mean:
– along/through: *por la calle*
– by/how: *por avión*
– in exchange for something: *Quiero cambiarla por aquella camisa.*
                             Gana ocho euros por hora.

– a period or length of time: *Voy a quedarme por un mes.*
– cause: *¿Por qué estás estudiando?*
          Porque quiero sacar buenas notas.
– It is also used with the passive: *hecho por los Romanos*

Para is used to show:
– who or what something is for: *Este regalo es para mi padre.*
                                Tenemos un garaje para dos coches.

– purpose: *¿Para qué es esto?* What's this for?
– in order to: *Estudió mucho para pasar los exámenes.*
– future time: *Lo haré para cuando regreses.*

Some useful expressions:

por supuesto	*¿Por qué? Porque …*
por eso	*por lo general*
por lo visto	*por fin*

estar por: El tren está por salir (the train is now departing)
estar para: El tren está para salir (the train is ready to leave)

♦ **The personal *a***

This is not translated into English, but is used before object pronouns and nouns referring to specific and defined people and animals. It is a mark of respect to distinguish living things from objects.
Busco a mi hermano. Quiero a mis abuelos. Pregunta a tu profe.
It is not used after *tener*: *Tengo un hermano y dos primas.*
It is not used if the person has not yet been specified:
Se busca dependiente.

5.2   Conjunctions

Conjunctions are used to connect words, phrases and clauses.

♦ Co-ordinating conjunctions link words or sentences of similar length:
y, o, ni, pero, sino

♦ *Y* is used to mean 'and' unless it is followed by a word beginning with *i* or *hi* (not *hie*) when it changes to *e*:
Paco e Isabel, geografía e historia
but *granito y hierro*

♦ *O* is used to mean 'or' unless it is followed by *o* or *ho* when it changes to *u*:
siete u ocho albergues u hoteles

♦ *Pero* and *sino* both mean 'but'.

– Use *sino* when the second part of the sentence contradicts the previous part with a negative.
No quiero comer nada sino fruta.

– Use *sino que* when both parts of the sentence have finite verbs:

No sólo perdió su casa sino que murió su familia en el desastre.

◆ Subordinating conjunctions introduce a clause that is dependent on the main clause:

aunque, cuando, mientras, porque, ya que

Echa esta carta al buzón ya que te vas a Correos.

6 Pronouns

A pronoun is a word that can be used instead of a noun, idea or even a phrase. It helps to avoid repetition.

6.1 Subject pronouns

yo	I
tú	you singular (informal)
él, ella, usted	he, she, you (formal)
nosotros/as	we
vosotros/as	you plural (informal)
ellos, ellas, ustedes	they (m/f), you plural (formal)

The subject pronouns are not often used in Spanish as the verb ending generally indicates the subject of the verb. You might use them for emphasis or to avoid ambiguity.

¿Cómo te llamas?

¿Quién – yo?

Sí, tú, ¿cómo te llamas?

Pues, yo me llamo Patricia.

To refer to a group of people with one or more males in it, use the masculine plural form.

Y ellos, ¿cómo se llaman?

Él se llama Jairo y ella se llama Elisa.

6.2 *Tú* and *usted*, *vosostros/as* and *ustedes*

There are four ways of saying 'you' in Spanish.

	familiar	formal
singular	tú	usted (often written vd, takes the 'he/she'part of the verb)
plural	vosotros/as	ustedes (vds)

Tú and *vosotros/as* are used with people you know and with young people.

Usted and *ustedes* are used with strangers and people you do not know very well or to whom you want to show respect. They are used much more widely in Latin America than in Spain where the *tú* and *vosotros/as* form of address is generally encouraged.

6.3 Reflexive pronouns

Reflexive pronouns are used to form reflexive verbs and refer back to the subject of the verb.

me	nos
te	os
se	se

They are often not translated into English:

Me levanto a las siete y después me ducho. I get up at seven and then I have a shower.

Remember when you use the perfect tense that the pronoun comes before the auxiliary *haber*. *Esta mañana me he levantado muy tarde.* I got up very late this morning.

When you use the immediate future or a present participle it attaches to the end: *Voy a levantarme muy tarde el sábado.* I'm going to get up very late on Saturday. *Estoy levantándome ahora mismo.* I'm getting up this very minute.

6.4 Direct object pronouns

Direct object pronouns are used for the person or thing directly affected by the action of the verb. They replace a noun that is the object of a verb.

me	nos
te	os
le/lo/la	les/los/las

Te quiero mucho.

Le veo cada día.

6.5 Indirect object pronouns

An indirect object pronoun replaces a noun (usually a person) that is linked to the verb by a preposition, usually *a* (to).

¿Quién te da el dinero de bolsillo?

◆ You also use them to refer to parts of the body.

Me duelen los oídos. My ears ache (I've got earache).

◆ When there are several pronouns in the same sentence and linked to the same verb they go in this order:

reflexive – indirect object – direct object

6.6 Two pronouns together

When two pronouns beginning with *l* (*le*/*lo*/*la*/*les*/*los*/*las*) come together then the indirect object pronoun changes to *se* (*se lo*/*se la*/*se los*/*se las*).
Quiero regalar un libro a mi padre.
Se lo quiero regalar. Quiero regalárselo.

6.7 Position of pronouns

Reflexive, direct object and indirect object pronouns usually
♦ immediately precede the verb:
   No la veo. Sí la quiero. Se llama Lucía. Te doy mil euros.
♦ attach to the end of the infinitive:
   Voy a verla mañana. Tengo que levantarme temprano. Voy a darte un regalo. ¿Cuándo? Voy a dártelo enseguida.
♦ attach to the end of the present participle:
   Estoy mirándolo ahora. Está bañándose. Estoy hablándote: ¿No me oyes?
However, it is now widely accepted to put them before the infinitive or the present participle.
♦ They are also attached to the end of a positive command.
Ponlo aquí. Levantaos enseguida. Dámelo.
Póngalo aquí. Levántense enseguida. Démelo.
For possessive pronouns see section 1.6.

6.8 Disjunctive pronouns

These are used after a preposition (see section 4).

para mí	detrás de nosotros/as
hacia ti	entre vosotros/as
junto a él/ella/usted	cerca de ellos/ellas/ustedes

Remember with *con* to use *conmigo*, *contigo*, *consigo*.

6.9 Relative pronouns and adjectives

Some of these are determiners as well.
♦ The relative pronoun *que* – who, which or that – is always used in Spanish and not left out of the sentence as it often is in English.
   Ese es el vestido que me gusta. That is the dress (that) I like.
   Señala a la persona que habla. Point to the person (who is) speaking.

♦ When a relative pronoun is used after the prepositions *a*, *de*, *con* and *en* then you need to use *que* for things and *quien*/*quienes* for people.
   José es un amigo con quien estudiaba.
   El programa de que hablas se llama El rival más débil.

♦ After other prepositions use *el cual*, *la cual*, *los cuales*, *las cuales*.
   La casa dentro de la cual se dice que hay un fantasma ya está en ruinas.

♦ Sometimes *donde* is used as a relative pronoun.
   La ciudad donde vivo se llama Bilbao.

♦ *cuyo*/*cuya*/*cuyos*/*cuyas* are used to mean 'whose' and are best treated as an adjective as they agree with the noun they refer to.
   Mi madre, cuyos perros no me gustan, viene a pasar unos días conmigo.

6.10 Neuter pronouns

Eso and *ello* refer to something unspecific such as an idea or fact:
No me hables más de eso.
No quiero pensar jamás en ello.

Lo que/*lo cual*
These relative pronouns refer to a general idea or phrase rather than a specific noun.
Ayer hubo una huelga de Correos lo cual me causó mucha inconveniencia.

7 Interrogatives and exclamations

7.1 Direct questions and exclamations

Asking questions and making exclamations in Spanish is straightforward: simply add question marks and exclamation marks at the beginning and end of the sentence, like this: ¿ … ? ¡ … ! There is no change to the words themselves or the word order.

♦ Make your voice rise slightly at the beginning when asking a question.
   Tienes hermanos. = statement
   ¿Tienes hermanos? = question

- Here are some common question words. Note that they all have accents.

  ¿Qué?   ¿Qué haces?

  ¿Por qué?   ¿Por qué hiciste eso?

  ¿Cuándo?   ¿Hasta cuándo te quedas? ¿Desde cuándo vives en tu casa?

  ¿Cómo?

  ¿Dónde?

  ¿Adónde?

  ¿De dónde?

  ¿Quién? ¿Quiénes? ¿Con quién vas?

  ¿Cuál? ¿Cuáles?

  ¿Cuánto? / ¿Cuánta? / ¿Cuántos? / ¿Cuántas?

- Here are some common exclamation words. Note that they all have accents.

  ¡Qué! ¡Cómo! ¡Cuánto / a / os / as!

7.2   Indirect questions and exclamations

- Indirect question words and exclamations also take an accent:

  No me dijo a qué hora iba a llegar.

  No sabes cómo y cuánto lo siento.

- If the adjective follows the noun then más or tan is added:

  ¡Qué niña más bonita!

8   Negatives

You can make a statement negative in Spanish simply by putting no before the verb:

No quiero salir.

No me gusta la historia.

- Some other common negatives are:

  ninguno (ningún) / ninguna = no (adjective)

  nada = nothing

  nadie = nobody

  nunca / jamás = never

  ni ...ni ... = neither ... nor ...

  tampoco (negative of también) = neither

- If any of these words is used after the verb, you have to use no as well. But if the negative word comes before the verb, no is not needed.

  No he fumado nunca.

  Nunca he fumado.

- You can use several negatives in a sentence in Spanish.

  Nadie sabía nada acerca de ninguno de ellos.

9   Verbs: the indicative mood

A verb indicates **what** is happening in a sentence and the tense indicates **when**.

9.1   The infinitive

This is the form you will find when you look a verb up in the dictionary, a word list or vocabulary section. It will indicate which endings you should use for each tense and person. You will need to follow and understand the patterns of verbs and the various tenses so that you can check them in the verb tables in section 23.

In Spanish, verbs fall into three groups. These are shown by the last two letters of the infinitive:

-ar: comprar (to buy); -er: comer (to eat); -ir: subir (to go up)

The endings of Spanish verbs change according to the tense and the person or thing doing the action, and the group a verb belongs to indicates which endings you should use for each tense and person.

- The infinitive itself is often used after another verb. Common verbs usually followed by an infinitive are:

querer	to want	Quiero ver la tele esta noche.
gustar	to please	Me gusta bailar. Me gustaría ir al cine.
poder	to be able to	No puedo salir contigo.
tener que	to have to	Tengo que cocinar.
deber	to have to, must	Debemos hablar en voz baja.

- Soler, used only in the present and imperfect tenses, indicates what usually happens:

  Suelo levantarme temprano. I usually get up early.

  ¿Qué solías hacer cuando eras joven, abuela? Solía jugar como tú. What did you used to do when you were little, grandma? I used to play just like you.

- The infinitive is used:

  – in impersonal commands and instructions:

  No arrojar escombros.

  Abrir con cuidado.

  – as a noun:

  Estudiar es duro cuando hace calor.

For verbs which take a or de + infinitive, see section 18.1. The infinitive also follows prepositions: see section 18.2. For the past infinitive see section 9.9.

9.2 The present tense

To form the present tense of regular verbs, add the following endings to the stem of the verb.

Regular verbs			Reflexive verbs
comprar	comer	subir	levantarse
compro	como	subo	me levanto
compras	comes	subes	te levantas
compra	come	sube	se levanta
compramos	comemos	subimos	nos levantamos
compráis	coméis	subís	os levantáis
compran	comen	suben	se levantan

♦ Spelling changes
Some verbs change their spelling to preserve the same sound as in the infinitive:
coger – cojo, coges, coge etc.
seguir – sigo, sigues, sigue etc.

♦ Some verbs add an accent:
continuar – continúo, continúas, continúa etc.
enviar – envío, envías, envía etc.

♦ Radical changes: where the stem of the verb changes

o > ue	**contar** – cuento, cuentas, cuenta, contamos, contáis, cuentan
	dormir – duermo, duermes, duerme, dormimos, dormís, duermen
u > ue	**jugar** – juego, juegas, juega, jugamos, jugáis, juegan
e > ie	**empezar** – empiezo, empiezas, empieza, empezamos, empezáis, empiezan
e > i	**pedir** – pido, pides, pide, pedimos, pedís, piden

♦ Irregular verbs
The most common you will need are:

ser	soy, eres, es, somos, sois, son
estar	estoy, estás, está, estamos, estáis, están
ir	voy, vas, va, vamos, vais, van
tener	tengo, tienes, tiene, tenemos, tenéis, tienen
hacer	hago, haces, hace, hacemos, hacéis, hacen

Some verbs are only irregular in the first person of the present tense then follow the regular pattern:
poner – pongo, pones etc.
salir – salgo, sales etc.
caer – caigo, caes etc.
conducir – conduzco, conduces etc.

See the verb tables in section 23.

Note: *Hay* = there is/there are

♦ Use the present tense
– to indicate what is happening
¿Adónde vas? Voy al cine.
– to express what happens regularly, a repeated action or habit
Veo la tele cada noche a las siete.
– to refer to something that started in the past and continues into the present
Vivo aquí desde hace años.
– to refer to historical events (the historical present)
Aquella noche, el 23 de febrero de 1981, habla el Rey por la radio y la tele …
– to refer to something timeless or universal
El planeta tierra gira alrededor del sol.
– to express the future
Adiós. Nos vemos mañana.

9.3 The present continuous

This is formed by taking the present tense of *estar* and the present participle of the main verb, formed as follows:
ar → ando   er → iendo   ir → iendo
Exceptions are *leyendo, durmiendo, divirtiendo.*
¿Qué estás leyendo?
¡Callaos! Están durmiendo.

♦ It indicates what is happening at the time of speaking or that one action is happening at the same time as another. It follows the English pattern closely.

♦ It is often used with *pasar* to express how you spend time.
Paso el tiempo divirtiéndome, mirando la tele, haciendo deporte.

♦ It is often used also after *seguir, ir* and *llevar.*
Sigo estudiando a los treinta años.
Los precios van subiendo cada día más.
Llevo cinco años estudiando medicina.

9.4 The preterite tense

This is formed by adding the following endings to the stem of the verb:

-ar:	-é -aste -ó -amos -asteis -aron
-er/-ir:	-í -iste -ió -imos -isteis -ieron

Regular verbs		
comprar	**comer**	**subir**
compré	comí	subí
compraste	comiste	subiste
compró	comió	subió
compramos	comimos	subimos
comprasteis	comisteis	subisteis
compraron	comieron	subieron

◆ Spelling changes
Some verbs change their spelling to preserve the same sound as in the infinitive:

c → *qu* before *e*: *sacar – saqué, sacaste, sacó* etc.

g → *gu* before *e*: *pagar – pagué, pagaste, pagó* etc.

z → *c* before *e*: *empezar – empecé, empezaste, empezó* etc.

i → *y*: *creer – creí, creiste, creyó, creimos, creisteis, creyeron* (also *leer, oír, caer*)

gu → *gü*: *averiguar – avergüé, averiguaste, averguó* etc.

◆ Radical changes
-ir verbs change in the third person singular and plural:

o → *u*: *morir – murió, murieron* (also *dormir*)

e → *i*: *pedir – pidió, pidieron* (also *sentir, mentir, seguir, vestir*)

◆ Some common irregular verbs. Note that there are no accents.
It helps to learn irregulars in groups; some follow a pattern of *uve*:

andar	*anduve, anduviste, anduvo, anduvimos, anduvisteis, anduvieron*
estar	*estuve, estuviste, estuvo, estuvimos, estuvisteis, estuvieron*
tener	*tuve, tuviste, tuvo, tuvimos, tuvisteis, tuvieron*

Note *ser* and *ir* have the same form so *fui* can mean 'I went' or 'I was'.

fui
fuiste
fue
fuimos
fuisteis
fueron

Dar and *ver* follow a similar pattern.

dar – di, diste, dio, dimos, disteis, dieron

ver – vi, viste, vio, vimos, visteis, vieron

A larger group are quite irregular:					
hacer	**haber**	**poder**	**poner**	**querer**	**venir**
hice	hube	pude	puse	quise	vine
hiciste	hubiste	pudiste	pusiste	quisiste	viniste
hizo	hubo	pudo	puso	quiso	vino
hicimos	hubimos	pudimos	pusimos	quisimos	vinimos
hicisteis	hubisteis	pudisteis	pusisteis	quisisteis	vinisteis
hicieron	hubieron	pudieron	pusieron	quisieron	vinieron

◆ Use the preterite
– to refer to events, actions and states started and completed in the past
El año pasado hubo una huelga de los empleados del metro.
– to refer to events, actions or states which took place over a defined period of time but are now completely finished
Mis padres vivieron en Guatemala durante tres años.

9.5 The imperfect tense

This is formed by adding the following endings to the stem:

-ar:	-aba -abas -aba -ábamos -abais -aban
-er/-ir:	-ía -ías -ía -íamos -íais -ían

There are only three irregular verbs (*ir*, *ser* and *ver*).

comprar	**comer**	**subir**	**ir**	**ser**	**ver**
compraba	comía	subía	iba	era	veía
comprabas	comías	subías	ibas	eras	veías
compraba	comía	subía	iba	era	veía
comprábamos	comíamos	subíamos	íbamos	éramos	veíamos
comprabais	comíais	subíais	ibais	erais	veíais
compraban	comían	subían	iban	eran	veían

◆ Use the imperfect tense:
– to indicate what used to happen (a regular or repeated action in the past)
De niño iba a pie al colegio.
– to say what happened over a long (indefinite) period of time
Durante el invierno hacía mucho frío.
– to say what was happening (a continuous action)
Mirábamos la puesta del sol.
– to describe what someone or something was like in the past
Josefa era una chica muy formal.
– to describe or set the scene in a narrative in the past
La lluvia caía como una cortina gris.

– in expressions of time (where English would use a pluperfect)

Acababa de llegar cuando tuvo una sorpresa grande.

Esperaba su respuesta desde hacía más de un mes.

– to make a polite request

Quería pedirte un gran favor.

9.6 The imperfect continuous

This is formed by taking the imperfect form of *estar* – *estaba* – and adding the present participle.

¿Qué estabas haciendo? Estaba bañándome.

¿Qué es lo que estaba pasando? Estaban divirtiéndose bastante.

Just like the present continuous it indicates what was happening at a particular moment – in this case in the past. It is also used to describe one action interrupted by another:

Estaba leyendo el periódico cuando llegó el correo.

9.7 The future tense

This is formed by taking the infinitive of regular verbs and adding the following endings:

-é -ás -á -emos -éis -án

Irregular futures have the same endings as the regular ones – it is the stem that changes.

comprar	comer	subir	Some common irregular verbs
compraré	comeré	subiré	decir → diré
			haber → habré
comprarás	comerás	subirás	hacer → haré
			poder → podre
comprará	comerá	subirá	poner → pondré
			querer → querré
compraremos	comeremos	subiremos	saber → sabré
			salir → saldré
compraréis	comeréis	subiréis	tener → tendré
			venir → vendré
comparán	comerán	subirán	

- Use the future to:
  – indicate what will happen or take place
  Vendrán a las cinco.
  – express an obligation
  No pasarán.
  – express a supposition, probability or surprise
  No tengo la menor idea qué hora será.
  Tendrá unos doce años.

- To express willingness or a request use *querer*:
  ¿Quieres decirlo otra vez?

9.8 The immediate future

Another way to indicate what is going to happen is to take the verb *ir* + *a* and add the infinitive.

Voy a escribir una carta.

¿A qué hora vas a venir?

9.9 The conditional tense

This is formed by taking the infinitive of regular verbs and adding the following endings:

-ía -ías -ía -íamos -íais -ían

Irregular conditionals have the same endings as the regulars – it is the stem that changes, in the same way as in the future tense (see 9.7 above).

comprar	comer	subir
compraría	comería	subiría
comprarías	comerías	subirías
compraría	comería	subiría
compraríamos	comeríamos	subiríamos
compraríais	comeríais	subiríais
comprarían	comerían	subirían

- Use the conditional to:
  – indicate what would, could or should happen
  Sería imposible irnos enseguida.
  Me gustaría visitarla en la clínica.
  – in 'if' clauses to say what could happen
  Sería una maravilla si llegaras a tiempo.
  – express supposition or probability in the past
  Tendría unos cinco años cuando nos mudamos de casa.
  – refer to a future action expressed in the past
  Dijo que vendría a las ocho en punto.

9.10 Compound tenses: the perfect tense

Compound tenses have two parts – an auxiliary verb and a past participle. The two parts must never be separated. The perfect tense is formed by using the present tense of *haber* (the auxiliary verb) plus the past participle of the verb you want to use.

haber	comprar	comer	subir	cortarse
he	comprado	comido	subido	me he cortado
has				te has
ha				se ha
hemos				nos hemos
habéis				os habéis
han				se han

Reflexive verbs in the perfect tense need the reflexive pronoun before the auxiliary verb *haber*.
¿Qué te ha pasado? Me he cortado el dedo.

Some common irregular past participles

abrir → abierto	morir → muerto
cubrir → cubierto	poner → puesto
decir → dicho	romper → roto
escribir → escrito	ver → visto
hacer → hecho	volver → vuelto

Compound verbs have the same irregular past participle as the original verb.
descubrir → descubierto

The perfect tense is used in the same way as in English to indicate an action which began and ended in the same period of time as the speaker or writer is describing. It is used in a question which does not refer to any particular time.

♦ Two important exceptions:
   – talking about how long: Spanish uses the present tense where English uses the perfect
   Hace más de una hora que te espero.
   – to translate 'to have just': *acabar de – acabo de llegar*
♦ The perfect infinitive
   This is formed by using the infinitive of the verb *haber* plus the appropriate past participle.
   De haberlo sabido …
   Me gustaría haberlo terminado antes de las cinco.

9.11 Compound tenses: the pluperfect tense

This is formed by using the imperfect of the auxiliary *haber* and the past participle of the verb required.
había, habías, había etc. *comprado, comido, subido, dicho, hecho* etc.

Just as in English it is used to refer to an action which happened before another action took place in the past.
La cena ya se había terminado cuando ellos llegaron.

♦ The same two exceptions apply as for the perfect tense:
   – *hacer* in time clauses: where English uses the pluperfect 'had', Spanish uses the imperfect *hacía*.
   – *acabar de* – 'had just': *Acababa de llegar cuando empezó a llover.*

9.12 The future and conditional perfects

Use the future or conditional of the auxiliary verb *haber* and the past participle of the verb required.
Habré terminado dentro de dos horas.
Habría terminado antes pero no vi la hora.

9.13 Direct and indirect speech

♦ Direct speech is used when you quote the exact words spoken.
♦ Indirect speech is used when you want to explain or report what somebody said.

Remember you will need to change all parts of the sentence that relate to the speaker, not just the verb.

10 Verbs: the subjunctive mood

So far all the tenses explained have been in the indicative 'mood'. Remember the subjunctive is not a tense but a verbal mood. For its uses see 10.4. It is not used very often in English but is used a lot in Spanish.

10.1 The present subjunctive

This is formed by adding the following endings to the stem of the verb:

```
-ar: -e -es -e -emos -éis -en
compre, compres, compre, compremos, compréis, compren
-er/-ir: -a -as -a -amos -áis -an
coma, comas, coma, comamos, comáis, coman
suba, subas, suba, subamos, subáis, suban
```

Remember that some verbs change their spelling to preserve their sound, and that others – radical-changing verbs – change their root in the first, second and third person singular and plural. They follow this same pattern in the present subjunctive:

```
coger – coja, cojas, coja, cojamos, cojáis, cojan
cruzar – cruce, cruces, cruce, crucemos, cruzéis, crucen
pagar – pague, pagues, pague, paguemos, paguéis, paguen
jugar – juegue, juegues, juegue, juguemos, juguéis, jueguen
dormir – duerma, duermas, duerma, durmamos, durmáis, duerman
preferir – prefiera, prefieras, prefiera, prefiramos, prefiráis, prefieran
```

Irregular verbs

Many of these are not so irregular if you remember that they are formed by taking the first person singular of the present indicative:

hacer → hago → haga, hagas, haga, hagamos, hagáis, hagan
Tener, caer, decir, oír, poner, salir, traer, venir and *ver* follow this pattern.

A few have an irregular stem:

dar – dé, des, dé, demos, deis, den
estar – esté, estés, esté, estemos, estéis, estén
haber – haya, hayas, haya, hayamos, hayáis, hayan
ir – vaya, vayas, vaya, vayamos, vayáis, vayan
saber – sepa, sepas, sepa, sepamos, sepais, sepan
ser – sea, seas, sea, seamos, seáis, sean

10.2   The imperfect subjunctive

There are two forms of the imperfect subjunctive. Both forms are used but the *-ra* form is slightly more common and is sometimes used as an alternative to the conditional.

Take the third person plural of the preterite form minus the *-ron* ending and add the following endings:

compra -ron	comie -ron	subie -ron
comprara/se	comiera/se	subiera/se
compraras/ses	comieras/ses	subieras/ses
comprara/se	comiera/se	subiera/se
compráramos/semos	comiéramos/semos	subiéramos/semos
comprarais/seis	comierais/seis	subierais/seis
compraran/sen	comieran/sen	subieran/sen

Spelling change, radical-changing and irregular verbs all follow the rule of the third person plural preterite form.

hacer – hicieron – hiciera, hicieras
tener – tuvieron – tuviera, tuvieras
pedir – pidieron – pidiera, pidieras
dormir – durmieron – durmiera, durmieras
oír – oyeron – oyera, oyeras

10.3   The perfect and pluperfect subjunctives

These both use the auxiliary verb *haber* plus the past participle.

- The perfect uses the present subjunctive:
  haya comprado, hayas comprado, haya comprado, hayamos comprado, hayáis comprado, hayan comprado
- The pluperfect uses the imperfect subjunctive:

hubiera / hubiese comido, hubieras / hubieses comido, hubiera / hubiese comido, hubiéramos / hubiésemos comido, hubierais / hubieseis comido, hubieran / hubiesen comido

10.4   Uses of the subjunctive

The subjunctive is used widely in Spanish, above all in the following cases.

- When there are two different clauses in the sentence and the subject of one verb
  – influences the other (with *conseguir, querer, permitir, mandar, ordenar, prohibir, impedir*)
  Quiero que vengas a verme esta tarde.
  – expresses a preference, like or dislike (with *gustar, odiar, alegrarse*)
  No me gusta que hagan los deberes delante de la tele.
  – expresses feelings of fear, regret, doubt or possibility
  Temo que no vayan a poder hacerlo.

- With impersonal expressions with adjectives
  es importante que, es necesario que, es imprescindible que
  Es muy importante que tengas buena presencia en la entrevista.

- After expressions of purpose
  Hablamos en voz baja para que los niños siguiesen durmiendo.

- After expressions referring to a future action
  Cuando vengas te lo explicaré.

- After expressions referring to concessions or conditions
  – provided that, unless
  Puedes acompañarme con tal de que te portes bien.

- In clauses describing a nonexistent or indefinite noun
  Buscamos una persona que pueda ayudarnos.

- In main clauses
  – after *ojalá* ('if only')
  – after words indicating 'perhaps' (*tal vez, quizás*)
  – after *como si*
  – after *aunque* meaning 'even if' (but not 'although')
  – in set phrases
  digan lo que digan, sea como sea, pase lo que pase

- after words ending in *-quiera* ('-ever')
  cualquiera, dondequiera

Don't forget that when you make a sentence negative this often gives it an element of doubt:
Creo que llegarán a tiempo
but
No creo que lleguen a tiempo

Note the sequence of tenses using the subjunctive:

main verb	subjunctive verb
present	
future	present or perfect
future perfect	
imperative	
any other tense (including conditional)	imperfect or pluperfect

Exceptions:

'If I were to do what you are saying' = imperfect subjunctive: *Si hiciera lo que me dices*

'If I had' + past participle = pluperfect subjunctive – *Si lo hubiera sabido*: 'If (only) I had known'

11 The imperative

The imperative is used for giving commands and instructions. Positive form:

	tú	vosotros/as	usted	ustedes
comprar	compra	comprad	compre	compren
comer	come	comed	coma	coman
subir	sube	subid	suba	suban

Irregular verbs in the *tú* form:

decir → *di*   *hacer* → *haz*   *oír* → *oye*   *poner* → *pon*
salir → *sal*   *saber* → *sé*   *tener* → *ten*   *venir* → *ven*   *ver* → *ve*

NB Reflexive forms in the *vosotros* form drop the final *d*:
levantad + *os* = *levantaos*   *sentad* + *os* = *sentaos*
and the final *s* in the *nosotros* form:
levantémonos, sentémonos
Exception: *irse* = *idos*

Negative forms are the same as the present subjunctive.

	tú	vosotros/as	usted	ustedes
comprar no	compres	compréis	compre	compren
comer no	comas	comáis	coma	coman
subir no	subas	subáis	suba	suban

Note how the positive and negative forms for *usted* and *ustedes* are the same.

Remember the use of the infinitive to give impersonal negative commands:
No fumar

12 Reflexive verbs

The reflexive pronoun – *me, te, se, nos, os, se* – is attached to the end of the infinitive form, the gerund and a positive imperative but is placed before all other forms.

◆ True reflexive forms are actions done to oneself:
Me lavé la cara
but
Lavé el coche viejo de mi tío

◆ Some verbs change their meaning slightly in the reflexive form:
dormir (to sleep) – *dormirse* (to fall asleep)
poner (to carry) – *ponerse* (to put on clothes)

◆ Some verbs have a reflexive form but do not appear to have a truly reflexive meaning:
tratarse de, quedarse, quejarse de

◆ Use the reflexive pronoun to mean 'each other':
Nos miramos el uno al otro.

◆ The reflexive form is often used to avoid the passive (see section 14).

13 *Ser* and *estar*

Both these verbs mean 'to be' but they are used to indicate different circumstances.

◆ *Ser* denotes time and a permanent situation or quality, character or origin.
Son las cinco en punto.
Es abogado y es muy bueno.

It is also used in impersonal expressions and with the past participle to form the passive.

◆ *Estar* denotes position and a temporary situation, state of health or mood.
Tus libros están encima del piano.
Estás muy guapa hoy.

It indicates when a change has taken place.
¿Está vivo o está muerto? Está muerto.
Mi hermano estaba casado pero ya está divorciado.

It is used with the gerund to form the continuous tenses (see sections 9.3 and 9.6).

◆ Some adjectives can be used with either *ser* or *estar*:
Mi hermana es bonita.

Mi hermana está bonita hoy.
but some adjectives clearly have a different meaning when used with *ser* or *estar*:

listo	(clever/ready)
aburrido	(boring/bored)
bueno	(good by nature/something good at the time of speaking e.g. a meal)
cansado	(tiring/tired)
malo	(bad by nature/something bad at the time of speaking e.g. inedible)
nuevo	(new/in a new condition)
vivo	(lively/alive)
triste	(unfortunate/feeling sad)

14 The passive

The passive is used less in Spanish than in English and mostly in a written form.
The structure is similar to English.
Use the appropriate form of *ser* plus the past participle which **must agree** with the noun. Use *por* if you need to add by whom the action is taken.

La ventana fue rota por los chicos que jugaban en la calle.
La iglesia ha sido convertida en un museo.

There are several ways to avoid using the passive in Spanish:
◆ Rearrange the sentence into an active format but remember to use a direct object pronoun.
◆ Use the reflexive pronoun *se*.
◆ Use the third person plural with an active verb.

15 Some verbs frequently used in the third person

The subject is often a singular or plural idea or thing.
gustar, encantar, interesar, molestar, preocupar, hacer falta
Me gustan las manzanas.   Sí, me interesa mucho esa idea.
Te encanta la música, ¿verdad?   Nos hacen falta unas vacaciones.

16 Impersonal verbs

Se is often used to indicate the idea of 'one' or 'you'/'we' in a general way (often in notices) and to avoid the passive in Spanish.

Aquí se habla inglés. English is spoken here.
Se prohíbe tirar basura. Do not throw litter.
Se ruega guardar silencio. Please keep quiet.
No se puede entrar. No entry.

Another useful impersonal expression is *hay que*:
Hay que salir por aquí. You have to go out this way.

Other impersonal verbs are *llover* and *nevar* and expressions of weather with *hacer*.

17 Expressions of time

Hace and *desde hace* are used to talk about an action that started in the past and continues into the present. They are used with the present tense to indicate that the action is still going on.
¿Desde cuándo vives aquí?
¿Desde hace cuánto tiempo estudias español? Estudio español desde hace un año.
They are also used with the imperfect tense for actions that happened in the past.
¿Cuántos años hacía que vivías allí? Hacía tres años que vivía allí.

18 Verbs: miscellaneous

18.1 Some useful expressions which take an infinitive

Soler is used only in the present and imperfect to indicate the idea of 'usually'. *Suelo levantarme temprano*
Acabar de is used to indicate 'to have just':
Acabo de entrar.
Ponerse a is used to indicate to set about doing something:
Me pongo a estudiar.
Volverse a is used to indicate doing something again:
Vuelve a salir.
Tener que is used to indicate having to do something:
Tengo que cocinar.
Deber is used to indicate to have to or 'must':
Debemos hablar en voz baja.

18.2 Some prepositions plus an infinitive: English '-ing'

antes de: *antes de comenzar* – before beginning …
después de: *después de terminar* – after finishing …

al + infinitive: *al entrar* – upon entering …
en vez de: *en vez de llorar* – instead of crying …

18.3 Some useful expressions with *tener, dar* and *hacer*

tener	dar (se)	hacer
cuidado	de comer a	buen/mal tiempo
en cuenta	las doce	una semana
éxito	las gracias	caso de
frío	la vuelta	daño
ganas de	los buenos días	señas
miedo	pena	cola
prisa	cuenta de	las maletas
razón	prisa	lo posible
sed	un paseo	el papel de
sueño	dar a	hacer a algn hacer algo
suerte	la gana	hacerse

. . . .

19 Numbers

19.1 Cardinal numbers

The number one and other numbers ending in *-uno* or *-cientos* agree with the noun they describe. No other numbers agree.

Doscientos cincuenta gramos de mantequilla, por favor.

Uno changes to *un* before a masculine noun:
un litro de leche   *veintiún niños*

Ciento changes to *cien* before masculine and feminine nouns and before *mil* and *millones*:
cien gramos de tocineta, por favor
cien niñas   cien mil   cien millones

but

Ciento cincuenta gramos de salchichón.
Doscientos gramos de queso, por favor.

1	uno/una	11	once	21	veintiuno
2	dos	12	doce	22	veintidós
3	tres	13	trece	23	veintitrés
4	cuatro	14	catorce	24	veinticuatro
5	cinco	15	quince	25	veinticinco
6	seis	16	dieciséis	26	veintiseis
7	siete	17	diecisiete	27	veintisiete
8	ocho	18	dieciocho	28	veintiocho
9	nueve	19	diecinueve	29	veintinueve
10	diez	20	veinte	30	treinta

31	treinta y uno	200	doscientos/as
32	treinta y dos	500	quinientos/as
40	cuarenta	700	setecientos/as
50	cincuenta	900	novecientos/as
60	sesenta	1000	mil
70	setenta	2000	dos mil
80	ochenta	1 000 000	un millón
90	noventa	2 000 000	dos millones
100	cien/ciento		

19.2 Ordinal numbers

primero, segundo, tercero, cuarto, quinto, sexto, séptimo, octavo, noveno, décimo

From 11 (eleventh) onwards, cardinal numbers are usually used.

Carlos quinto but *Alfonso doce*

The ordinal numbers agree with the noun they describe:
primero primera primeros primeras
último última últimos últimas

Primero changes to *primer* and *tercero* changes to *tercer* before a masculine noun:

el primer piso del edificio but *El primero de enero es el Año Nuevo.*
Es el tercer viaje y la tercera vez que perdemos el tren este año.

. . . .

20 Useful expressions

20.1 Days of the week

lunes martes miércoles jueves viernes sábado domingo

These are written with a small letter except at the beginning of a sentence.
Some useful expressions:
el lunes pasado   la semana pasada
ayer   anteayer   mañana   pasado mañana   el año que viene
el mes entrante
en Semana Santa / Navidades
por la madrugada / mañana / tarde / noche
al amanecer / al atardecer
durante las vacaciones / después de las clases / el otro día

20.2 Months of the year

enero febrero marzo abril mayo junio julio agosto
se(p)tiembre octubre noviembre diciembre

These are not usually written with a capital letter.

20.3 The time

The clock time uses the word *hora* except in the general expression *¡Cómo vuela el tiempo!*

¿Qué hora es?

Es la una but *Son las dos/tres/cuatro* etc.

Es el mediodía/Es la medianoche

Es la una y cinco/y diez

Son las tres y cuarto/y media

Son las cinco menos veinte/menos cuarto

a eso de las tres (at about three o clock)

sobre las cinco (around five)

21 Suffixes

These are endings which are added to nouns and sometimes adjectives and adverbs to give a particular emphasis or nuance to their meaning.

◆ The diminutives – *-ito/a*, *-cito/a*, *-illo/a* – add a feeling of affection and mean 'little'.

¡Qué hombrecito tan lindo! Es un chiquillo pequeñito pero adorable.

Háblame más despacito, por favor.

◆ Augmentatives – *-azo/a*, *-ón/ona*, *-ote/ota* – emphasize the size of something.

¡Qué golpazo dio a la puerta!

Es un muchachón grandote.

Qué mujerona tan anchota.

◆ Pejoratives – *-uco/a*, *-ucho/u*, *-uzo/u* – need to be used with care as they can cause offence!

¡Esa gentuza feúca vive en unas casuchas destartaladas allí en el barrio bajo!

22 Stress and accents

Written accents are used for two important reasons:

1 To mark the spoken stress on a word which breaks the rules of stress.

◆ Words which end in a vowel, an *-s* or an *-n* have the stress on the second to last syllable.

All words which end in a consonant (other than *-s* or *-n*) have the stress on the last syllable.

Words which do not follow this rule have the stress marked by a written accent.

◆ Words which have two vowels together stress the 'strong' vowel (*a, e, o*) or if both are weak vowels (*i, u*) the stress falls on the second vowel.

paella, delicioso, tierra

Again if the word does not follow this rule the stress is marked by a written accent.

país, oír, continúo (from *continuar*), *reúno* (from *reunir*)

2 To point up the difference between two words.

el the	*él* he
tu your	*tú* you
mi my	*mí* (to) me
si if	*sí* yes
se self	*sé* I know/be (imperative)
de of	*dé* give (imperative)
te (to) you	*té* tea
aun even	*aún* still
solo alone	*sólo* only
mas but	*más* more
hacia towards	*hacía* he/she/it used to do

Take care with verbs:

hablo I speak	*habló* he spoke

But these forms are the same:

río I laugh	*un río* a river
sed thirst	*sed* be (imperative)
ve he sees	*ve* go (imperative)
me siento I sit down	*lo siento* I'm sorry

Remember that all interrogative, exclamative and demonstrative pronouns take an accent.

23 Verb tables

Regular verbs

Infinitive Present participle Past participle	Present	Imperative	Preterite	Imperfect	Future	Conditional	Subjunctive
-ar	compro	compra	compré	compraba	compraré	compraría	compre
comprar	compras		compraste	comprabas	comprarás	comprarías	compres
to buy	compra	compre	compró	compraba	comprará	compraría	compre
comprando	compramos		compramos	comprábamos	compraremos	compraríamos	compremos
comprado	compráis	comprad	comprasteis	comprabais	compraréis	compraríais	compréis
	compran	compren	compraron	compraban	comprarán	comprarían	compren
-er	como	come	comí	comía	comeré	comería	coma
comer	comes		comiste	comías	comerás	comerías	comas
to eat	come	coma	comió	comía	comerá	comería	coma
comiendo	comemos		comimos	comíamos	comeremos	comeríamos	comamos
comido	coméis	comed	comisteis	comíais	comeréis	comeríais	comáis
	comen	coman	comieron	comían	comerán	comerían	coman
-ir	subo	sube	subí	subía	subiré	subiría	suba
subir	subes		subiste	subías	subirás	subirías	subas
to go up	sube	suba	subió	subía	subirá	subiría	suba
subiendo	subimos		subimos	subíamos	subiremos	subiríamos	subamos
subido	subís	subid	subisteis	subíais	subiréis	subiríais	subáis
	suben	suban	subieron	subían	subirán	subirían	suban

Reflexive verbs

Infinitive	Present	Imperative	Perfect
levantarse	me levanto	levántate	me he levantado
to get up	te levantas	levántese	te has levantado
levantando	se levanta	levantémonos	se ha levantado
levantado	nos levantamos	levantaos	nos hemos levantado
	os levantáis	levántense	os habéis levantado
	se levantan		se han levantado

Radical-changing verbs

pensar	pienso piensas piensa pensamos pensáis piensan piensa piense pensad piensen pensando pensado
volver	vuelvo vuelves vuelve volvemos volvéis vuelven vuelve vuelva volved vuelvan volviendo vuelto
sentir	siento sientes siente sentimos sentís sienten siente sienta sentid sientan sintiendo sentido
dormir	duermo duermes duerme dormimos dormís duermen duerme duerma dormid duerman durmiendo dormido
pedir	pido pides pide pedimos pedís piden pide pida pedid pidan pidiendo pedido

Irregular verbs

Infinitive	Present	Future	Preterite	Imperfect	Participles
dar	doy	daré	di	daba	dando
to give	das	darás	diste	dabas	dado
	da	dará	dio	daba	
	damos	daremos	dimos	dábamos	
	dais	daréis	disteis	dabais	
	dan	darán	dieron	daban	
decir	digo	diré	dije	decía	diciendo
to say	dices	dirás	dijiste	decías	dicho
	dice	dirá	dijo	decía	
	decimos	diremos	dijimos	decíamos	
	decís	diréis	dijisteis	decíais	
	dicen	dirán	dijeron	decían	
estar	estoy	estaré	estuve	estaba	estando
to be	estás	estarás	estuviste	estabas	estado
	está	estará	estuvo	estaba	
	estamos	estaremos	estuvimos	estábamos	
	estáis	estaréis	estuvisteis	estabais	
	están	estarán	estuvieron	estaban	
haber	he	habré	hube	había	habiendo
to have	has	habrás	hubiste	habías	habido
(auxiliary)	ha	habrá	hubo	había	
	hemos	habremos	hubimos	habíamos	
	habéis	habréis	hubisteis	habíais	
	han	habrán	hubieron	habían	
hacer	hago	haré	hice	hacía	haciendo
to do,	haces	harás	hiciste	hacías	hecho
make	hace	hará	hizo	hacía	
	hacemos	haremos	hicimos	hacíamos	
	hacéis	haréis	hicisteis	hacíais	
	hacen	harán	hicieron	hacían	
ir	voy	iré	fui	iba	yendo
to go	vas	irás	fuiste	ibas	ido
	va	irá	fue	iba	
	vamos	iremos	fuimos	íbamos	
	vais	iréis	fuisteis	ibais	
	van	irán	fueron	iban	
poder	puedo	podré	pude	podía	pudiendo
to be able	puedes	podrás	pudiste	podías	podido
	puede	podrá	pudo	podía	
	podemos	podremos	pudimos	podíamos	
	podéis	podréis	pudisteis	podíais	
	pueden	podrán	pudieron	podían	
poner	pongo	pondré	puse	ponía	poniendo
to put	pones	pondrás	pusiste	ponías	puesto
	pone	pondrá	puso	ponía	
	ponemos	pondremos	pusimos	poníamos	
	ponéis	pondréis	pusisteis	poníais	
	ponen	pondrán	pusieron	ponían	

Irregular verbs (continued)

Infinitive	Present	Future	Preterite	Imperfect	Participles
querer	quiero	querré	quise	quería	queriendo
to want,	quieres	querrás	quisiste	querías	querido
love	quiere	querrá	quiso	quería	
	queremos	querremos	quisimos	queríamos	
	queréis	querréis	quisisteis	queríais	
	quieren	querrán	quisieron	querían	
ser	soy	seré	fui	era	siendo
to be	eres	serás	fuiste	eras	sido
	es	será	fue	era	
	somos	seremos	fuimos	éramos	
	sois	seréis	fuisteis	erais	
	son	serán	fueron	eran	
tener	tengo	tendré	tuve	tenía	teniendo
to have	tienes	tendrás	tuviste	tenías	tenido
	tiene	tendrá	tuvo	tenía	
	tenemos	tendremos	tuvimos	teníamos	
	tenéis	tendréis	tuvisteis	teníais	
	tienen	tendrán	tuvieron	tenían	

Vocabulario

This vocabulary contains all but the most common words which appear in the book, apart from some which appear in the reading materials but which are not essential to understanding the item or where the meaning has been provided on the page. Where a word has several meanings only those which occur in the book are given.

Verbs marked * indicate stem changes or spelling changes; those marked ** are irregular.

Abbreviations:
m = masculine noun;
f = feminine noun;
pl = plural noun

A

a partir de from
a pesar de in spite of
a veces sometimes
abajo below
abarcar to take on, to cover
abogado m lawyer
abono m season ticket
abrazo m hug
abrigo m coat
abrir to open
abuelo/a m/f grandfather/grandmother
aburrido/a bored/boring
acabar (de) to finish (to have just)
aceite (de oliva) m (olive) oil
aceituna m olive
aconsejar to advise
acordarse (de) to remember
acostarse to go to bed
acostumbrarse to get used to
actriz f actress
actualmente now, currently
acudir to attend
adelante forward
además besides
adentro inside, within
adinerado/a wealthy
adiós goodbye
adivinar to guess

adjuntar to enclose
¿adónde? where to?
aduana f customs
afeitarse to shave
afiliarse to join
afiche m poster
afuera outside
afueras fpl outskirts
agotado/a exhausted
agradable pleasant
agradecer to thank
agricultor m farm worker
agua f potable drinking water
aguantar to bear, to put up with
agudo/a sharp
agujero m hole
ahogarse to drown
ahora now
ahorrar to save
aire m libre open air, fresh air
aislado/a lonely
ajedrez m chess
ajo m garlic
álamo m poplar tree
albañil m builder/bricklayer
albaricoque m apricot
albergue juvenil m youth hostel
alcalde m mayor
alcanzar to reach
alcázar m fortress
aldea f village, hamlet
alegrarse to be happy
alegre happy
alemán/alemana German
Alemania Germany
alfabeto m alphabet
alfabetización f literacy
alfombra f carpet
algo something
algodón m cotton
alguien somebody
algún, alguno/a some
alimento m food
aliviar to relieve
al lado de beside
allí over there
almacén m store, shop
almendra f almond
almohada f pillow
almorzar to have lunch
alojamiento m lodgings
alojarse to stay, to lodge

alpinismo m climbing
alquilar to hire
alrededor around
alto/a tall
alzar to raise up
amable kind
ama de casa f housewife
amanecer to dawn
amarillo/a yellow
ambiente m atmosphere
ambos/as both
amenazar to threaten
América del sur South America
a menudo often
amistad f friendship
ancho/a wide
anchoa f anchovy
andaluz(a) Andalucian
andar** to walk
andén m platform (train)
anillo m ring (finger)
ánimo m spirit
anoche last night
anteayer the day before yesterday
antes de before
antipático/a unkind
anuncio m advert
añadir to add
aparcamiento m car park
apartamento m appartment
apellido m surname
apenas hardly
aplastar to crush
apogeo m zenith
apoyo m support
apretar* to squeeze
aprobar* to pass exams
aprovecharse de to take advantage of
apuntar to note down
apuntes mpl notes
árbol m tree
arena f sand
argentino/a Argentine
argumento m plot
armario m wardrobe
arreglarse to get ready
arriba above
arroz m rice
artesanías fpl handicrafts
asado/a roasted
ascensor m lift

asco m disgust
asequible affordable; realistic
así so, thus
asignatura f school subject
asistir a to take part in, to be present at
asolar to devastate, to ravage
aspiradora f vacuum cleaner
asturiano/a Asturian
atar to tie (up)
aterrizar to land (plane)
atestado/a full, crammed
atrás behind
atravesar* to cross (over)
atrevido/a daring
atropellar to run over
atún m tuna
aula f classroom
aun even (so/if)
aún still, yet
aunque although
austriaco/a Austrian
autobús m bus
autocar m coach
autopista f motorway
autoservicio m self service
ave m bird
avión m aeroplane
avisar to warn
ayer yesterday
ayudar to help
Ayuntamiento m Town Hall
azafata f air stewardess
azotea f flat roof
azúcar m/f sugar
azul blue

B

bacalao m cod
bachillerato m school-leaving exam
bailar to dance
baile m dance
bajar to go down
bajo/a low
balcón m balcony
balón m (foot)ball
baloncesto m basketball
bandera f flag
bañarse to have a bath
baño m bath
barato/a cheap
barba f beard

barbilla f chin
barco m boat
barrer to sweep
barrio m quarter in town, area
bastante enough
basura f rubbish
basurero m refuse collector
batería f drum kit
bebida f drink
beca f grant
belga Belgian
besar to kiss
biblioteca f library
bicicleta f bicycle
bienvenido/a welcome
bigote m moustache
bilingüe bilingual
billete m ticket
billetero m wallet
bisabuelo m great-grandfather
bizcocho m biscuit
bocadillo m sandwich
boda f wedding
bodega f wine cellar
boina f beret
bolera f bowling alley
boletín m school report
bolígrafo m biro, ballpoint pen
bolsa f bag
bolsillo m pocket
bombero m fireman
bombones mpl sweets
borracho/a drunk
borrador m rubber; rough copy
borroso/a vague; cloudy
bonito/a pretty, good-looking
bosque m wood (place)
botella f bottle
bracero m seasonal worker
brazo m arm
brillar to shine
brisa f breeze
británico/a British
broma f joke
broncearse to tan, to get a suntan
brújula f compass
buceo m deep-sea diving
buenísimo/a very good
bueno/a good
bufanda f scarf
burbuja f bubble
burro m donkey
buscar to look for
butaca f armchair
buzón m letter box

C

caballero m gentleman
caballo m horse
caber** to fit in
cabeza f head
cabra f goat
caciquismo m tyranny
cada each
cadena f chain, TV channel
cadena musical f stereo system
caer(se)* to fall
cafetería f café
caja f box
cajero automático m cash point
calamares mpl squid
calcetín m sock
calculadora f calculator
calefacción f heating
calendario m calendar
calidad f quality
caliente hot
calor m heat
calvo/a bald
callar(se) to be quiet
camarero m waiter
cambiar to change
cambio m change
camello m camel
camino m pathway, road
camión m lorry
camisa f shirt
camiseta f T-shirt
campana f bell
campesino m peasant
campo m field, countryside
Canal de la Mancha m English Channel
cancela f gate
canción f song
cancha f sportsfield; court
cangrejo m crab
canguro (hacer de) to babysit
cansado/a tired
cantábrico/a Cantabrian
cantante m/f singer
cantar to sing
cantidad f quantity
cantina f canteen
caña de pescar f fishing rod
capa (de ozono) f (ozone) layer
capaz capable
capricho m whim
cara f face
¡caramba! goodness me!
caramelo m sweet
cárcel f prison
Caribe m Caribbean

cariño m love
carne f meat
carnet de conducir m driving licence
carnicería f butcher's shop
carnicero m butcher
caro/a expensive, dear
carpintero m carpenter
carrera f career
carretera f main road
cartero m postman
cartón m cardboard
casado/a married
casco m helmet; heart of a city
caserío m Basque farmhouse
casete m/f cassette tape
casete m cassette player
casi almost
castaño/a chestnut, brown
castañuelas fpl castanets
castellano/a Spanish, Castilian
Castilla Castille
castillo m castle
castigar to punish
catalán/catalana Catalan
Cataluña Catalunya
catedral f cathedral
católico/a Catholic
(a) causa (de) because of
caza f hunt
cebolla f onion
ceja f eyebrow
celoso/a jealous
cena f supper
cenar to have supper
cenicero m ashtray
central telefónica f telephone exchange
centro m centre
centro comercial m shopping centre
cepa f stock
cepillo m brush
cerámica f pottery, ceramics
cerca de near to
cereza f cherry
cerilla f match
cero zero
cerrar (con llave) to close (to lock)
cerveza f beer
césped m lawn, turf
cesta f basket
chabola f hut, slum
chaleco m waistcoat
chalet m detached house
champiñones mpl mushrooms
chanclas fpl flipflops
chándal m sweatshirt

chaqueta f jacket
charcutería f delicatessen
charlar to chat
cheque de viaje m traveller's cheque
chico/a m/f boy/girl
chileno/a Chilean
chimenea f chimney
chisme m gossip
chiste f joke
chivo m (expiatorio) (sacrificial) lamb
chocar to crash into
choque m crash
chorizo m pork sausage
chubasco m downpour
chucherías fpl junk food
chuleta f chop; (slang) crib, cheat
churros mpl fritters
ciego/a blind
cielo m sky
cien one hundred
ciencia f science
ciencia ficción f science fiction
cierto/a sure, certain
cifra f number
cigarrillo m cigarette
cine m cinema
cinta f tape
cinturón (de seguridad) m (seat) belt
circo m circus
circulación f traffic
cita f appointment, date
ciudad f city
claro/a clear; of course
clave key, major
cliente m/f client, customer
cobro revertido m reverse charge
cobrador m bus conductor
coche m car
cocina f kitchen
cocinero m chef
código postal m postcode
codo m elbow
coger* to catch, to grab
cojín m cushion
cojo/a lame, one-legged
cola f queue
colchón m mattress
cole m (slang) school
colegio m school
colgar* to hang up
colina f hill
colocar(se) to place, to put
collar m collar, necklace
comedor m dining room

comenzar* to begin, to start
comercio m business, commerce
comida f food, meal
comisaría f police station
como as, like
cómodo/a comfortable
compartir to share
comprobar* to check, to verify
comprometer to compromise
comunicando engaged (telephone)
concurrido/a busy, crowded
concurso m competition
conducir** to drive
conejo m rabbit
confitería f sweet shop
congelador m freezer
conocer* to know
conseguir* to get, to manage
consejo m advice
consultorio m surgery
contable m accountant
contaminación f pollution
contar* to count
contestar to reply, to answer
contra against
control remoto m remote control
convertirse* to change into
copiar to copy
corazón m heart
corbata f tie
corregir* to correct
Correos mpl Post Office
correo electrónico m e-mail
correr to run
correspondiente m pen friend
corrida f bull fight
cortar to cut
corte f royal court
corte m haircut
cortés polite
cortina f curtain
corto/a short
cosa f thing
cosecha f harvest
coser to sew
costa f coast
costar* to cost
costumbre f custom, habit
cotilleo m gossip
crecer to grow
creer* to believe
cristal m glass
cruento/a bloody
Cruz Roja f Red Cross
cuaderno m exercise book
cuadrado/a square
cuadro m picture; square

cuál which (of several)
cuando when
cuanto/a how much, how many
cuarto m room
cubo m bucket
cubrir to cover
cuchara f spoon
cuchillo m knife
(en) cuclillas squatting down
cuello m neck
cuenta f bill, account
cuero m leather
cuerpo m body
cueva f cave
¡cuidado! be careful!
culebra f snake
culebrón m soap opera
culpa f blame
cultivar to grow, to cultivate
cumbre f summit
cumpleaños mpl birthday
cumplir (años) to have a birthday
cura m priest
curso m course; year group
cuyo/a whose

D

daño m damage
dar** to give
darse cuenta de to realize
darse prisa to hurry up
datos mpl data
de repente suddenly
debajo (de) underneath
deber to owe, to have to, 'must'
deberes mpl homework
débil weak
deceleración f downturn
decepcionado/a upset
decir** to say
dedo m finger
dedo gordo m big toe
dedo pulgar m thumb
deforestación f deforestation
dejar to leave
delante (de) in front of
deletrear to spell
delgado/a thin, slim
delito m crime
demás the other, the rest
demasiado/a too much, too many
dentista m dentist
dentro (de) within, inside
dependiente m/f shop assistant

deporte m sport
deprimido/a depressed
derecha f right
derecho straight on
derechos mpl rights
derrotar to destroy
desarrollar to develop
desayunar to have breakfast
descansar to rest, to relax
desconocido/a unknown
describir** to describe
descuento m discount
desde (hace) since (time)
desempeñar to play a part
desempleo m unemployment
desmayarse to faint
desnudo/a bare
despacio slowly
despedirse* to say goodbye
despejado/a clear sky, cloudless
despertar(se)* to wake up
despilfarro m waste
después after
destacar to stand out
destape m liberalization
destruir* to destroy
desván m attic
detalle m detail
detrás (de) behind
día m day
diario/a daily
dibujar to draw, to sketch
dibujos animados m cartoon
diccionario m dictionary
diciembre m December
diente m tooth
difícil difficult
dígame Who is speaking (telephone)?
dinero m money
Dios m God
dirección f address
director m headteacher
dirigirse* to go towards
discapacitado/a disabled
disfrutar to enjoy
disminuir to lessen, to diminish
dispuesto/a willing
divertido/a amusing
divertirse* to enjoy oneself
docena f dozen
doler* to hurt
dolor m pain
domingo m Sunday
don masculine title, Mr
donde where
doña feminine title, Mrs
dormir* to sleep

dormitorio m bedroom
droguería f chemist shop
ducha f shower
dueño m owner
dulce sweet, kind
duro/a hard

E

echar to throw out, eject
echar de menos to miss (someone/something)
edad f age
edificio m building
EE.UU. acronym for United States
egoísta selfish
ejemplo m example
ejercicio m exercise
ejército m army
electrodomésticos mpl household goods
elefante m elephant
elegante elegant
elegir* to choose
emborracharse to get drunk
emisión f TV programme
emocionante moving
emoticones mpl 'smileys'
empadronar to register
empero however, but
empeñar to make an effort, to strive
empezar* to start, to begin
empleo m employment, job
empleado m employee
empresa f company, firm
empujar to push
encantar to like a lot, to be delighted with
encima (de) on top of
encontrar(se)* to find, (to meet)
encuesta f survey
enero m January
enfadado/a annoyed, angry
enfermera f nurse
enfermo/a sick, ill
enfrente (de) in front of, opposite
enhorabuena congratulations, well done
enojar to annoy
enorme enormous, huge
enriquecerse** to get rich
ensalada f salad
enseñar to teach
entender* to understand
enterarse de to find out

entonces then
entrada f entrance; cinema ticket
entre between
entremeses mpl strarters, hors d'oeuvres
entrevista f interview
enviar to send
envolver* to wrap up
eólico of the wind
época f period of time, epoch, age
equilibrio m balance
equipaje m luggage
equipo m team
equivocarse to make a mistake, to be mistaken
escalada f climbing
escalera f staircase
escasez f scarcity, lack
escocés/escocesa Scottish
Escocia Scotland
escribir** to write
escritorio m desk
escuchar to listen to
escuela f school
ese/a that
esforzarse* to make an effort
esfuerzo m effort
E.S.O. = Educación Secundaria Obligatoria
esmero m care
espada f sword
espalda f back
España Spain
español(a) Spanish
especie f species
espectáculo m show
espejo m mirror
espeleología f potholing
esperar to wait for, to hope
espíritu f spirit
esposo m husband
esquí m skiing
esquina f corner
estación f station; season of year
estadio m stadium
Estados Unidos United States
estanco m tobacconist's
estar de baja to be off work
estómago m stomach
estrago m devastation
estrecho/a tight, narrow
estrella f star
estresado/a stressed
estuche m pencil case
estudiar to study
etapa f stage of growth or plan
Europa Europe

evitar to avoid
exigir to insist
éxito m success
extranjero/a m/f foreigner
extraterrestre extraterrestrial
extrovertido/a extrovert
evaluación f assessment

F

fábrica f factory
fácil easy
factura f invoice
falda f skirt
faltar a clase to skip lessons
farmacia f chemist shop
fascinar to fascinate
fatal (slang) awful, rotten
febrero m February
fecha f date
felicidades congratulations
feliz happy
fenomenal phenomenal
feo/a ugly
ferrocarril m railway
ficha f card
fiebre f fever, temperature
fiesta f party, festival
fin de semana m weekend
finca f farm
física f physics
flaco/a thin, skinny
flojo/a lazy
flor f flower
florero m vase
florístería f florist's
folleto m brochure
fondo m bottom of
fontanero m plumber
forastero m stranger
formación f training
formulario m form (to fill in)
frambuesa f raspberry
francés/francesa French
Francia France
fregar* to wash up, to scrub
fresa f strawberry
fríjol m bean
frisar con/en to be getting on for
frontón m pelota
fuego m fire
fuegos artificiales mpl fireworks
fuente f fountain
fuera (de) outside
fuerte strong
fumar to smoke
funcionario m civil servant
furgoneta f van
furiosoa furious

G

gafas (de sol) fpl (sun)glasses
Gales Wales
galés/galesa Welsh
gallego/a Galician
galleta f biscuit
gallina f hen
gambas fpl prawns
gamberrada f hooliganism
ganar(se la vida) to win (to earn a living)
ganas fpl desire
ganga f bargain
garganta f throat
gasolina f petrol
gastar to waste, to spend
gato m cat
gazpacho m cold tomato soup
gemelo/a m/f twin
genio m genius
gente f people
gobierno m government
golosinas mpl sweets
golpe m blow, kick
goma f rubber
gordo/a fat
gorra f cap, beret
grabar to record
gracioso/a funny, amusing
Gran Bretaña Great Britain
grande large, big
granja f farm
granjero m farmer
granizo m hail
grave serious
Grecia Greece
griego/a Greek
grifo m tap
gris grey
gritar to shout
grueso/a bulky, solid
guante m glove
guapo/a handsome, attractive
guardia civil m civil guard
guatemalteco m Guatemalan
guerra f war
guerrillero m freedom fighter
guía m/f guide
guionista m screen/scriptwriter
guisante m pea
guitarra f guitar
gustar to like

H

habilidad f skill
habitación f (bed)room
hablador(a) talkative

hacer** to do, to make
hacer falta to be lacking
hacia towards
hambre f hunger
hámster m hamster
harina f flour
harto/a (slang) fed up
hasta luego see you soon
hechizo m spell
heladería f ice-cream shop
helado m ice cream
herido/a wounded
hermoso/a pretty, good-looking
herrumbre f rust
hielo m ice
hierba f grass
hierro m iron
hincha m/f (slang) football fan
hito m landmark, milestone
hogar m home
hoja f leaf
hollín m soot
hombre m man
hombro m shoulder
horario m timetable
hormigón m concrete
hueco m hole
huele bien it smells good
huelga f strike
huella f footprint/footstep
hueso m bone
huevo m egg
húmedo/a damp, wet
humo m smoke

I

idioma m language
iglesia f church
igual equal
impaciente impatient
impedir* to prevent
impermeable m raincoat
inalámbrico/a cordless
incendio m fire
incertidumbre f uncertainty
incluso including
incómodo/a uncomfortable
increíble incredible
indicar to point out
indígena native, indigenous
índole f kind, nature
infierno m hell
informática f information technology
ingeniero m engineer
Inglaterra England
inglés/inglesa English

inmediato/a immediate, close
inmobiliario m property
insolación f sunstroke
insoportable unbearable
instalaciones fpl facilities
instituto m institute,
    secondary school
instruir* to instruct
intercambio m exchange
inundación f flood
inútil useless
invernadero m greenhouse
invierno m winter
ir** to go
Irlanda Ireland
irlandés/irlandesa Irish
irse** to go away
isla f island
itinerario m journey, itinerary
izquierda f left

J

jabón m soap
jamás never (ever)
jamón (serrano) m (cured) ham
jarabe m syrup
jardín m garden
jaula f cage
jefe m boss, leader
jerez m sherry
jornada f working day
jornalero m labourer
joven young
joya f jewel
joyería f jeweler's shop
judías (verdes) fpl (green) beans
judío/a Jewish
juego m game
juerga f (slang) partying
jueves m Thursday
juez m judge
jugar* to play
juicio m judgement
julio m July
junio m June
junto/a next to
justo/a just, fair
juventud f youth

I

labio m lip
lado m side
ladrón m thief
lago m lake
lana f wool
langosta f lobster
lámpara f lamp

lápiz m pencil
largo/a long
lástima f pity
lata f tin
lavabo m washbasin
lavadora f washing machine
lavaplatos m dishwasher
lavar(se) to wash
leche f milk
lechuga f lettuce
lectura f reading
leer* to read
legumbres mpl vegetables
lejos (de) far (from)
lema m motto
lengua f tongue, language
lento/a slow
letra f letter (alphabet)
letrero m notice
ley f law
libra esterlina f English pound
libre free
librería f bookshop
lidiar to fight
lienzo m canvas
ligero/a light
limón m lemon
limpiar to clean
lindo/a pretty
liso/a smooth, straight
listo/a ready; clever
llama f flame
llave f key
llegar to arrive
llenar to fill up
llevar to wear, to carry
llevarse bien/mal to get on
    well/badly
llorar to cry
llover* to rain
lluvia f rain
lo siento I'm sorry
loco/a mad
lograr to succeed; to manage
Londres London
loro m parrot
luchar to struggle
luego then, next
lugar m place
luna (de miel) f (honey)moon
lunes m Monday
luz f light

M

madera f wood
madrina f godmother
madrugada f dawn, early morning

madurar to mature
maestro m master, teacher
maleta f suitcase
malísimo/a very bad
malo/a bad, wicked
manchar to stain
manchego from La Mancha
mandar to send
manera f manner, way, fashion
mano f hand
mantequilla f butter
manzana f apple
mañana f morning
mañana tomorrow
mapa m map
máquina f machine
mar m/f sea
marcar to dial; to score a goal
marchar(se) to leave, to go away
marearse to be seasick, to
    feel dizzy
marido m husband
mariscos mpl seafood
marrón brown
marroquí Moroccan
martes m Tuesday
marzo m March
máscara f mask
matar to kill
matiz m nuance
matrimonio m wedding,
    married couple
maya Mayan
mayo m May
mayor greater, bigger, older
mecánico m mechanic
media pensión f half board
medianoche f midnight
medias fpl stockings
médico m doctor
medioa average
medio ambiente m environment
mediodía m midday
mejicano/mexicano/a Mexican
Méjico/México Mexico
mejilla f cheek
mejillones mpl mussels
mejor better
melocotón m peach
mendigo m beggar
menor lesser, younger, smaller
menos less
mensaje m message
mensualmente monthly
mentira f lie
menudo/a small
mercado m market
Mercado Común m Common
    Market

merecer* to merit
merienda f tea, snack, picnic
mes m month
meseta f plateau
meta f goal, aim
meter to put
mezclar to mix
miedo m fear
miel f honey
miembro m member
mientras while
miércoles m Wednesday
mil a thousand
minar to threaten
minusválidoa disabled
mirar to look
mismo/a same
mitad f half
mochila f school bag
moda f fashion
mojado/a wet
molestar to annoy
moneda f money, coin
monedero m purse
montaña f mountain
montar a caballo to go horse
    riding
montón m heap, pile
morado/a purple
morder* to bite
moreno/a dark-skinned, dark-
    haired
morir* to die
moro Moorish
mosca f fly
mostaza f mustard
mostrar* to show
motín m mutiny, rebellion
moto f motorbike
mozo m young man
muchedumbre f crowd
mucho/a much, a lot
mueble m piece of furniture
muela f tooth
muerto/a dead
mugre f dirt
mujer f woman
multa f fine
mundo m world
muñeca f doll; wrist
museo m museum
músico m musician
muslo m thigh
muy very

N

nacer* to be born
nada nothing

nadar to swim
nadie nobody, no one
naranja *f* orange
nariz *f* nose
natación *f* swimming
navegar Internet to surf the Net
Navidad *f* Christmas
negar* to deny
negocio *m* business
negro/a black
nervioso/a nervous
nevar* to snow
nevera *f* fridge
ni ...ni ... neither ... nor
niebla *f* fog
nieto/a *m/f*
    grandson/granddaughter
nieve *f* snow
ningún none, no
nivel *m* level
Nochebuena *f* Christmas Eve
Nochevieja *f* New Year's Eve
no obstante nevertheless
nocivo/a harmful
normas *fpl* code of conduct
noreste *m* northeast
noroeste *m* northwest
norte *m* north
notable very good
notas *fpl* results, marks
noticias *fpl* news
noveno/a ninth
novecientos nine hundred
noviembre *m* November
novio/a *m/f* fiancé(e),
    boy/girlfriend
nube *f* cloud
nublado/a cloudy
nuevo/a new
número *m* number
nunca never

O

obra *f* work (of art)
obrero *m* workman
ocio *m* leisure
octavo/a eighth
octubre *m* October
ocupado/a occupied, busy
odiar to hate
oeste *m* west
oferta *f* special offer
oído *m* hearing
oiga hello, who's there?
    (telephone)
oír** to hear
ojalá if only, (slang) you wish!
ojo *m* eye

ola *f* wave (sea)
¡olé! bravo!
olor *m* smell
olvidar (se) de to forget
ombligo *m* navel
opinar to have an opinion
    about
opuesto/a opposite, opposed to
ordenador *m* computer
oreja *f* ear
orientación *f* career's guidance
orilla *f* shore, bank of river
orgulloso/a proud
orín *m* rust
oro *m* gold
ortografía *f* spelling
oscuro/a dark
oso *m* bear
otoño *m* autumn
oveja *f* sheep
ozono *m* ozone

P

paciente patient
pacífico/a peaceful
padres *mpl* parents
país *m* country
País Vasco *m* Basque Country
paisaje *m* countryside,
    landscape
pájaro *m* bird
palabra *f* word
panadería *f* bakery
pandilla *f* gang
pantalla *f* screen
pantalón *m* trousers
pañuelo *m* handkerchief
papelería *f* stationer's
paquete *m* parcel
par even (number)
parabólica *f* satellite dish
parada *f* stop
parado/a out of work
parabrisas *m* windscreen
paraguas *m* umbrella
parapente *m* hang gliding
pararse to stop
parecido/a similar
parecerse a to look like
pared *f* wall
pareja *f* partner
pariente *m/f* relation, relative
paro *m* unemployment
parque de atracciones *mpl*
    funfair
partido *m* match
pasado mañana day after
    tomorrow

pasajero *m* passenger
pasarlo bien/bomba/mal to
    have a good/great/bad time
pasatiempo *m* hobby, pastime
Pascua *f* Easter
pasearse to stroll, to have
    a walk
paseo *m* walk, stroll
pasillo *m* passageway
pasta de dientes *f* toothpaste
pastel *m* pie, pastry
pastelería *f* cake shop
pastilla *f* pill
patera *f* raft
patinar to skate
patio *m* courtyard, patio
pato *m* duck
pauta *f* guideline
pavo *m* turkey
paz *f* peace
peaje *m* toll
pecho *m* chest
pedazo *m* piece, slice
pedir* to ask for
pegamento *m* glue
peinarse to comb/do your hair
película *f* film
peligro *m* danger
pelirrojo/a red-haired
pelo *m* hair
pelota *f* ball
pelota vasca *f* pelota
peluquería *f* hairdresser's
pena *f* grief, sorrow
pensar* to think
pensión *f* board and lodgings
peor worse
perder* to lose
perezoso/a lazy
perfil *m* profile
perfumería *f* perfume shop
periódico *m* newspaper
periodista *m/f* journalist
perjudicar to prejudice
permiso *m* permission,
    excuse me!
permitir* to allow, to give
    permission
perro *m* dog
perseguir* to pursue
persiana *f* roller blind
personaje *m* famous person
pesado/a boring
pesar to weigh
pesca *f* fishing
pescado *m* fish
pescador *m* fisherman
pescadería *f* fishmonger's
peso *m* peso (currency)

pez *m* fish
picante spicy
picar to sting
pie *m* foot
piedra *f* stone
piel *f* skin
pierna *f* leg
pillar to catch
pimiento *m* pepper (vegetable)
pincel *m* paintbrush
pintada *f* grafitti
piragüismo *m* rafting
Pirineos *mpl* Pyrenees
piscina *f* swimming pool
piso *m* floor, flat
planchar to iron
planta baja *f* ground floor
plátano *m* banana, plantain
playa *f* beach
plaza *f* square
pluma *f* feather
pobre poor, unfortunate
pobreza *f* poverty
poder** to be able
policía *f* police force
policía *m* policeman
polideportivo *m* sports centre
pollo *m* chicken
poner(se) (a)** to put; to
    begin to
por supuesto of course
portero *m* goalkeeper
portugués/portuguesa
    Portuguese
postal *f* postcard
postre *m* dessert
potable drinking (water)
precio *m* price
prefijo *m* dialling code
preguntar to ask (a question)
premio *m* prize
prensa *f* press
prestar to lend
primavera *f* Spring
primo/a *m/f* cousin
príncipe *m* prince
principio *m* beginning
priorizar to prioritize
probar* to try, to try on
procedente de coming from
profe *m* teacher
prohibido/a forbidden
pronóstico *m* forecast
pronto/a ready; early
propina *f* tip
propio/a own
proteger to protect
próximo/a near, close, next
prueba *f* proof

pueblo *m* village
puente *m* bridge
puerto *m* port
pues well then
puesto que since
pulsera *f* bracelet

Q

¿qué tal? how are you?
quedar(se) to stay, to remain
querer** to wish, to want, to love
querer decir** to mean
querido/a dear
queso *m* cheese
química *f* chemistry
quince días *mpl* fortnight
quincenal fortnightly
quinientos five hundred
quinto/a fifth
quiosco *m* kiosk, stand, stall
quisiera I wish, I would like
quitar(se) to take away, to remove
quizá(s) perhaps

R

ración *f* portion
raíz *f* root
rapaz (bird of) prey
rape close-shaved haircut
rápido/a fast
rasgar to scratch
ratón *m* mouse
rato(s) (libres) *m* short (free) time
razón *f* reason
realizar to realize, to fulfil
rebaja *f* reduction
recado *m* message
receta *f* recipe
rechazar to reject
recibir to receive
recibo *m* receipt
recoger* to collect, to tidy
recompensa *f* reward
recordar* to remember
recreo *m* break time
recto/a straight
recuerdos *mpl* souvenirs
red *f* network
redacción *f* editorial
redondo/a round
refresco *m* refreshment
regalar to give a present
regalo *m* present
regañar to tell off, to scold

regla *f* ruler
regresar to go back, to return
reina *f* queen
Reino Unido *m* United Kingdom
reír(se)* to laugh
relajar to relax
reloj *m* watch
rellenar to fill out (a form)
remedio *m* remedy
RENFE *f* Spanish national railway
renombrado/a renowned
repetir* to repeat
resaltar to stand out
reserva *f* reservation
reservado/a shy, reserved
resfriado *m* cold
residuos *mpl* waste
respirar to breathe
retraso *m* delay
retrato *m* portrait
retrete *m* lavatory
revalidar to retake (exams)
revés (al) inside out
revista *f* magazine
rey *m* king
rico/a rich
riesgo *m* risk
rincón *m* corner
río *m* river
risa *f* laughter
rizado/a curly
rodilla *f* knee
rojo/a red
romper to break
ronco/a hoarse
ropa *f* clothes
rosado/a pink
rostro *m* face
roto/a broken
rotulador *m* felt-tip pen
rubio/a fair-haired, blond
rueda *f* wheel
ruido *m* noise

S

sábado *m* Saturday
sábana *f* sheet
saber** to know
sabor *m* taste, flavour
sacapuntas *f* pencil sharpener
sacar* to take out
sal *f* salt
sala *f* (sitting) room
salado/a salty
salaz salacious
salchicha *f* sausage
salida *f* exit, way out

salir* to go out
salud *f* health
saludar to greet, to say hello
sangre *f* blood
sartén *m/f* frying pan
sastre *m* suit
savia *f* vitality
seco/a dry
secretaria *f* secretary
seda *f* silk
seguida (en) immediately
seguir* to follow
según according to
segundo/a second
sello *m* stamp
selva *f* forest, jungle
semáforo *m* traffic lights
semana *f* week
Semana Santa *f* Holy Week
semanalmente weekly
sembrar to sow
sencillo/a simple
sendero *m* path
senderismo *m* hiking
sentar(se)* to sit (down)
sentir(se)* to be sorry
señal *f* sign
señalar to signal
señor *m* Mr; man
señora *f* Mrs; woman
sentimientos *mpl* feelings
séptimo/a seventh
sequía *f* dry period
ser** to be
serio/a serious
servicios *mpl* public toilets
setecientos seven hundred
se(p)tiembre *m* September
sexto/a sixth
SIDA *m* Aids
sidra *f* cider
siempre always
sierra *f* mountain range
siesta *f* afternoon nap
siglo *m* century
significar to mean
siguiente following, next
silencio *m* silence
silla *f* chair
sillón *m* armchair
simpático/a kind, nice
sin without
sincero/a sincere, kind
sin embargo nevertheless, however
siniestro/a sinister
sino but
siquiera even
sitio *m* site, place

soberanía *f* sovereignty
sobre *m* envelope
sobre on top of
sobresaliente excellent
sobrino/a *m/f* nephew, niece
sociable sociable, friendly
socorro *m* help
sol *m* sun
solamente only
soldado *m* soldier
soler* to be used to
solicitud *f* application
solo/a alone
sólo only
soltero/a unmarried
sombra *f* shade, shadow
sombrero *m* hat
sonreír* to smile
sonrisa *f* smile
sordo/a deaf
sorprender to surprise
sorpresa *f* surprise
sortija *f* ring
soso/a silly
sótano *m* basement
suave smooth
subir to go up, to climb
subrayar to underline
sucio/a dirty
sudadera *f* sweatshirt
sudar to sweat
Suecia Sweden
sueco/a Swedish
sueldo *m* wage
suelo *m* ground
sueño *m* dream; sleep
suerte *f* luck
Suiza Switzerland
suizo/a Swiss
sumamente extremely
súper *f* four star petrol
suponer** to suppose
sur south
sureste southeast
suroeste southwest
susto *m* fright
susurro *m* whisper

T

tablao flamenco *m* flamenco show
tal vez perhaps
talla *f* size
taller *m* workshop
tamaño *m* size
también also, as well
tampoco neither, not ... either
tan so, as

tanto ... (como) as ... as ...
tapas *fpl* snacks
tapiz *m* tapestry
taquilla *f* ticket office
tardar en to take time, be long
tarde late
tarde *f* afternoon
tarea *f* task
tarifa *f* tariff, price list
tarjeta *f* card
taza *f* cup
teatro *m* theatre
tebeo *m* comic book
techo *m* roof
tejado *m* (roof) tile
tela *f* material
telaraña *f* spider's web
teléfono móvil *m* mobile phone
teletrabajo *m* teleworking
tempestad *f* storm
templado/a warm, mild
temporero *m* seasonal worker
temprano early
tenedor *m* fork
tercera edad *f* old age
tercero/a third
terminar to finish
ternera *f* calf; veal
terraza *f* terrace, pavement of café
tesoro *m* treasure
testigo *m* witness
tibio/a warm
tiempo *m* weather; time
tiempo libre *m* free time
tienda *f* shop
tierra *f* land
tijeras *fpl* scissors
timbre *m* bell
tímido/a shy, timid
tinieblas *fpl* dusk
tinto *m* red wine
tío/a *m/f* uncle/aunt
tirar to spill, to pour, to throw
tirita *f* plaster
títere *m* puppet
toalla *f* towel
tobillo *m* ankle
tocar* to touch; to play (instrument)
tocino *m* bacon
todavía still, yet
todo/a all
tolerada U-rated film
tomar to take
tomar el pelo to tease
tonto/a silly
tormenta *f* storm
toro *m* bull

torpe clumsy
tortilla *f* omelette
tos *f* cough
toxicómano *m* drug addict
trabajar to work
trabajador(a) hardworking
traducir* to translate
traer** to bring
tragar to swallow
traje *m* dress, suit
tranquilo/a quiet, calm
transgénico genetically modified
tras behind
tratar(se) de to be about
travieso/a naughty
tribu *f* tribe
trigo *m* corn
triste sad
trozo *m* piece, slice
turrón *m* nougat
tutoría *f* form period

U

último/a last
ultrajante outrageous
único/a unique, only
uña *f* finger nail
urbano/a urban
útil useful
utilizar to use
uva *f* grape

V

vaca *f* cow
vacaciones *fpl* holiday
vacío/a empty
vago/a lazy
vale fine! OK!
valer* to be worth
valle *m* valley
vaqueros *mpl* jeans
varios/as various
vasco/a Basque
vaso *m* glass
vecino/a *m/f* neighbour
vehículo *m* vehicle
vejez *f* old age
vela *f* sailing
venda *f* bandage
vender to sell
venir** to come
ventaja *f* advantage
ventana *f* window
ver** to see
verano *m* summer
verdad *f* truth

verde green
verdura(s) *fpl* greens, vegetables
vergüenza *f* shame
vertedero *m* rubbish dump
vertidos *mpl* spillage
vestido *m* dress, suit
vestirse* to dress
veterinario/a *m/f* vet
vez *f* time, occasion
vid *f* vine
vida *f* life
viajar to travel
videojuegos *mpl* video games
vidrio *m* glass
viejo/a old
viento *m* wind
vientre *m* stomach
vinagre *m* vinegar
vino *m* wine
víspera *f* eve
vista *f* view
viudo/a *m/f* widow/widower
vivienda *f* dwelling
vivir to live
Vizcaya *f* Biscay
volar* to fly
volver* to return
vomitar to be sick, to vomit
voz *f* voice
vuelo *m* flight

Y

ya already, now
yerno/a *m/f* son/ daughter-in-law

Z

zanahoria *f* carrot
zancos *mpl* stilts
zapatería *f* shoe shop
zapatillas *fpl* trainers
zapato *m* shoe
zarzuela *f* Spanish operetta
zuecos *mpl* clogs
zumo *m* fruit juice

OXFORD
UNIVERSITY PRESS

Great Clarendon Street, Oxford OX2 6DP

Oxford University Press is a department of the University of Oxford.
It furthers the University's objective of excellence in research,
scholarship, and education by publishing worldwide in

Oxford   New York

Auckland   Cape Town   Dar es Salaam   Hong Kong   Karachi
Kuala Lumpur   Madrid   Melbourne   Mexico City   Nairobi
New Delhi   Shanghai   Taipei   Toronto

With offices in

Argentina   Austria   Brazil   Chile   Czech Republic   France   Greece
Guatemala   Hungary   Italy   Japan   Poland   Portugal   Singapore
South Korea   Switzerland   Thailand   Turkey   Ukraine   Vietnam

Oxford is a registered trade mark of Oxford University Press
in the UK and in certain other countries

© Isabel Alonso de Sudea and Vincent Everett 2004

The moral rights of the author have been asserted

Database right Oxford University Press (maker)

First published 2004

British Library Cataloguing in Publication Data

Data available

ISBN-13: 978 0 19 912512 8
ISBN-10: 0 19 912512 0

10 9 8 7 6 5 4

Typeset by Fakenham Photosetting, Norfolk.

Printed in Singapore by KHL Printing Co Pte Ltd.

Acknowledgements

*The publishers would like to thank the following for permission to reproduce
photographs:*

p5ltc Fernando Alda/Corbis UK Ltd; **p5tc** Michael Busselle/Corbis UK Ltd;
p5tl Rosmi Duaso/Fototext; **p5c** Despotovic Dusko/Sygma/Corbis UK Ltd;
p5tr Vanni Archive/Corbis UK Ltd; **p5lbc** Bridgeman Art Library; **p5cr**
Jonathan Blair/Corbis UK Ltd; **p5bl** Little Blue Wolf Productions/Corbis UK
Ltd; **p5br** Yann Arthus-Bertrand/Corbis UK Ltd; **p6cl** Nik Wheeler/Corbis UK
Ltd; **p6l** Rick Gomez/Corbis UK Ltd; **p6cr** Oxford University Press; **p6r** Paul
Milsom/Alamy; **p7tl&bl** Oxford University Press; **p7tr** Richard Klune/Corbis
UK Ltd; **p7br** Abbie Enock/Travel Ink/Corbis UK Ltd; **p8l** Ethno Images/Pierre
Roussel/Alamy; **p8c** Michael & Patricia Fogden/Corbis UK Ltd; **p8r** Martin
Rogers/Corbis UK Ltd; **p9cl** Theo Allofs/Corbis UK Ltd; **p9l** Steve
Skjold/Alamy; **p9cr** David Hartley/Rex Features; **p9r** Joe Giddens/Empics;
p10rl R. Freck/Robert Harding Picture Library Ltd/Alamy; **p10tr** AKG
Images, **p10tl** Mithra/Index/Bridgeman Art Library; **p10ccl** Araldo de
Luca/Corbis UK Ltd; **p10ccr&cr&br** Bettmann/Corbis UK Ltd; **p10bl** Nik
Wheeler/Corbis UK Ltd; **p11ltc** Hulton-Deutsch Collection/Corbis UK Ltd;
p11tr Bettmann/Corbis UK Ltd; **p11ltl** Robert Capa/Magnum Photos; **p11lbc**
Despotovic Dusko/Sygma/Corbis UK Ltd; **p11bl** Fernando Alda/Corbis UK Ltd;
p11br Carofe/Rex Features; **p12tr&cl&ccr** AKG – Images, **p12tl&ccl&bl**
Archivo Iconografico, S.A./Corbis UK Ltd; **p12cr** Hulton|Archive/Getty
Images; **p12bcl** Sipa Press/Rex Features; **p12bcr** DPPI/Rex Features; **p12br**
Richard Young/Rex Features; **p13** Sipa Press/Rex Features; **p14l** Nik
Wheeler/Corbis UK Ltd; **p14r** Charles & Josette Lenars/Corbis UK Ltd;
p16tcl&tcr&tr&cl&bl&bcl&br Zooid Pictures; **p16tl** Leland Bobbè/Corbis
UK Ltd; **p16bcr** Bob Krist/Corbis UK Ltd; **p18** Rolf Bruderer/Corbis UK Ltd;
p21t Ronnie Kaufman/Corbis UK Ltd; **p21b** Oxford University Press; **p22t**

Paul Barton/Corbis UK Ltd; **p22b** Oxford University Press; **p26** Gabe
Palmer/Corbis UK Ltd; **p28** Ron Chappel/Taxi/Getty Images; **p29l** Gabe
Palmer/Corbis UK Ltd; **p29r** Ron Chappel/Taxi/Getty Images; **p30** Layne
Kennedy/Corbis UK Ltd; **p31t** Oxford University Press; **p31c** Rob
Lewine/Corbis UK Ltd; **p31b** Michael Prince/Corbis UK Ltd; **p36** PBNJ
Productions/Corbis UK Ltd; **p39** Danny Lehman/Corbis UK Ltd; **p40t** Stewart
Fraser/Colorsport; **p40b** Patrick Aventurier/Gamma/Katz Pictures; **p41** Jose
Luis Pelaez, Inc./Corbis UK Ltd; **p42** Fototext; **p43l** Adam Woolfitt/Corbis UK
Ltd; **p43r** Andrew Drysdale/Rex Features; **p44t** Philippe Caron/Sygma/Corbis
UK Ltd; **p44b** Action Press/Rex Features; **p45** Gideon Mendel/Corbis UK Ltd;
p46 Julio Donoso/Sygma/Corbis UK Ltd; **p48l** Leland Bobbè/Corbis UK Ltd;
p48r Randy Faris/Corbis UK Ltd; **p49l** Fototext, **p49r** Zooid Pictures; **p50l&r**
Oxford University Press; **p51** Tom & Dee Ann McCarthy/Corbis UK Ltd; **p52t**
Bill Varie/Corbis UK Ltd; **p52b** Corbis UK Ltd; **p54** Macduff Everton/Corbis
UK Ltd; **p56t** LWA-Stephen Welstead/Corbis UK Ltd; **p56b** Michael
Keller/Corbis UK Ltd; **p59** Michelle Chaplow/Andalucia Slide Library; **p60l**
Fototext; **p60r** John Walmsley/Education Photos; **p62** Will & Deni
McIntyre/Corbis UK Ltd; **p63l** Norbert Schaefer/Corbis UK Ltd; **p63r** Jose
Luis Pelaez, Inc./Corbis UK Ltd; **p65** Ulrike Preuss/Photofusion Picture
Library; **p66** Jose Luis Pelaez, Inc./Corbis UK Ltd; **p68** Fototext; **p69t** Gary
Houlder/Corbis UK Ltd; **p69b** Ariel Skelley/Corbis UK Ltd; **p70** Giansanti
Gianni/Sygma/Corbis UK Ltd; **p72** Helen King/Corbis Helen King/Corbis UK
Ltd; **p74** Bill Ross/Corbis UK Ltd; **p80** Jose Luis Pelaez, Inc./Corbis UK Ltd;
p83 Zooid Pictures; **p87** Sony Ericsson UK & Ireland; **p88** Spanish Tourist
Office; **p90** Oxford University Press; **p91cl** Archivo Iconografico, S.A./Corbis
UK Ltd; **p91tr** AKG – Images; **p91tl** Adam Woolfitt/Corbis UK Ltd; **p91ccl**
Abilio Lope/Corbis UK Ltd; **p91ccr** John and Lisa Merrill/Corbis UK Ltd;
p91cr Manuel Bellver/Corbis UK Ltd; **p91bl** Richard T. Nowitz/Corbis UK
Ltd; **p91br** Vanni Archive/Corbis UK Ltd; **p93cl** Fernando Alda/Corbis UK
Ltd; **p93l** Gregor Schmid/Corbis UK Ltd; **p93cr** Scottish Viewpoint; **p93r**
Charles & Josette Lenars/Corbis UK Ltd; **p94cl** Alte Pinakothek, Munich,
Germany/Bridgeman Art Library; **p94tr** Bettmann/Corbis UK Ltd.,
p94tl&rbc&br Bridgeman Art Library; **p94rtc** Archivo Iconografico,
S.A./Corbis UK Ltd; **p94bl** Index/Bridgeman Art Library; **p95** Dean
Pictures/Rex Features; **p96** Martin Mejia/AP photo; **p98** Riverside Studios;
p100l Christie's Images/Bridgeman Art Library; **p100r** Spanish Tourist
Office; **p101** Universal Pictorial Press Photo/TopFoto; **p102** David
Sanger/Alamy; **p103** Action Press/Rex Features; **p105** Paulo Fridman/Corbis
UK Ltd; **p106** Michael Busselle/Corbis UK Ltd; **p110** Pallava Bagla/Corbis UK
Ltd; **p111** Ian Harwood/Ecoscene/Corbis UK Ltd; **p113tl** Didier
Baverel/Sygma/Corbis UK Ltd; **p113cl** Regis Bossu/Sygma/Corbis UK Ltd;
p113bl Philip Wolmuth/Report Digital; **p113r** Bob Watkins/Photofusion
Picture Library/Alamy; **p114l** AKG – Images; **p114r** EPI Press/Alfaqui de la
Imagen/Sygma/Corbis UK Ltd; **p116tl** Andrew Bargery/Alamy; **p116tr**
Fototext; **p116b** Tom & Dee Ann McCarthy/Corbis UK Ltd; **p118** Michelle
Chaplow/Andalucia Slide Library; **p121** Tom & Dee Ann McCarthy/Corbis UK
Ltd; **p122** Corbis UK Ltd; **p124t** Peter Turnley/The Denver Post/Corbis UK
Ltd; **p124b** R.Visser/Greenpeace/Sygma/Corbis UK Ltd; **p126** Hulton-Deutsch
Collection/Corbis UK Ltd; **p128** Franz-Marc Frei/Corbis UK Ltd; **p132** EPA/PA
Photos, **p136** AKG – Images; **p137tcr** AKG – Images; **p137tcl** Ala
Nogues/Sygma/Corbis UK Ltd; **p137tl&bl&bcr&br** Bettmann/Corbis UK Ltd;
p137tr Christie's Images/Corbis UK Ltd; **p137bcl** Corbis UK Ltd; **p138t** Greg
Smith/Saba/Corbis UK Ltd; **p138b** Pablo Corral/Corbis UK Ltd; **p140l** Tony
Morrison/South American Pictures; **p140r** Nevada Wier/Corbis UK Ltd;
p141l Humberto Servin/Sygma/Corbis UK Ltd; **p141c** Stephane
Cardinale/People Avenue/Corbis UK Ltd; **p141r** Mike King/Corbis UK Ltd;
p143 Ralf-Finn Hestoft/Corbis UK Ltd; **p145tl** Galen Rowell/Corbis UK Ltd;
p145bl The Travel Library/Rex Features; **p145tr** Kit Houghton/Corbis UK
Ltd; **p145br** Pablo Corral V/Corbis UK Ltd.

t = top   b = bottom   c = centre   l = left   r = right

Cover image by Photodisc

Illustrations by Fakenham Photosetting, Norfolk

The authors and publishers would like to thank the following for their help and advice:

Olga Nuñez Pineiro (language consultant); Michelle Armstrong and Sally
Wood (editors).

*The authors and publishers would also like to thank everyone involved in the recordings
for Ánimo 1:*

Colette Thompson and Simon Humphries for sound production and all the
speakers involved.

Every effort has been made to contact copyright holders of material
reproduced in this book. If notified, the publishers will be pleased to rectify
any errors or omissions at the earliest opportunity.